www.ingramcontent.com/pod-product-compliance
Lightning Source LLC
Chambersburg PA
CBHW060247290526
45789CB00001B/233

ظلم و استحصال اور ناانصافی کے خلاف عوامی

کیسے کی جائے

دانیال رضا

چنگاری پبلی کیشن۔ جرمنی

WWW.Chingaree.Com

رابطے کے لیے ای میل

Chingaree@gmail.com

نام کتاب۔ پیش قدمی

مصنف۔ دانیال رضا

پبلیشرز۔ چنگاری پبلی کیشن جرمنی

اشاعت اول۔ 2013

دوسرا ایڈیشن۔ 2016

قیمت۔ 18 یورو

ٹائٹل۔بشکریہ شریف اکیڈمی جرمنی

انتساب

ان تمام انقلابی استادوں کے نام جنہوں نے مجھے ظلم کو جرات سے للکارنہ ، رجعت سے بے خوف ٹکرانا اور سماج کو حقیقی اور سائنسی طور پر بدلنا سیکھایا اور ان تمام ساتھیوں کے نام جو آج بھی میری ہمت اور طاقت ہیں اور ہمیشہ رہیں گئے۔

فہرست

پیش لفظ

مجھے حقیقی عوامی نقطہ نظر کو کھل کر جرات مندانہ اور ٹھوس انداز میں لکھنے اور اس کے لیے جدوجہد کی پاداش میں پاکستان اور جرمنی میں کافی سخت حالات سے گزرنا پڑا۔پاکستان تو پاکستان جرمنی میں بھی عوام دشمن قوتوں نے میرے جرات سے سچ لکھنے پر دو بار مقدمے کیے جو ابھی بھی جرمنی کی عدالت میں لگے ہوئے ہیں۔کیونکہ میرے لکھنے سے انکی مکرو استحصالی دوکانداریوں کو خطرہ لاحق ہو گیا ہے جو وہ معصوم انسانوں کے جذبات و احساسات پر اور دوھوکہ دہی سے کرتے ہیں جو آپ اس کتاب میں پڑھیں گئے۔

بعض اوقات انسان بڑی بڑی اور موٹی موٹی کتابوں سے وہ کچھ نہیں سیکھ سکتا جو چند جملوں اور مختصر مضامین سے سیکھ لیتا ہے اور خاص کر آج کی تیز ترین دنیا میں جب عام لوگوں کے پاس وقت کم ہوتا جا رہا ہے اور وہ مختلف موضوعات پر کچھ پڑھنے کے باوجود وقت کی کمی کے باعث پڑھ نہیں پاتے۔اسی چیز کو مد نظر رکھتے ہوئے اور بے شمار دوستوں کے اصرار پر میں نے اپنے اہم ترین مختلف موضوعات پر چند مضامین کی یہ کتاب ترتیب دی ہے جو یقینا آپ کو پسند آئے گئی اور امید کرتا ہوں آپ اپنی رائے سے بھی آگاہ کریں گئے جو میری ہمت افزائی اور طاقت ہو گی۔

میرے مخالفین میرے مضامین کے مقاصد اور مواد کی بجائے الفاظ اور جملوں پر اکثر کڑی

تنقید کرتے ہوئے کہتے ہیں کہ میں تحریروں میں صحافتی ادب وآداب ، شائستگی اور شگفتگی کو مد نظر نہیں رکھتا اور اکثر سخت اور سنگین الفاظ استعمال کرتا ہوں جو ادب وصحافت میں زیب نہیں دیتے۔انہیں ہمیشہ میرے تحریری انداز پر ہی اعتراز ہوتا ہے۔لیکن مجھے خوشی ہو اگر وہ میری لکھی ہوئی باتوں ، نظریات اور سوچ سے اختلاف کریں جن کا میں بڑی خوشی اور دلیل سے واضح جواب بھی دوں، لیکن شاید انکے پاس میری باتوں کا جواب نہ ہونے کی وجہ سے ہی یہ کسی گھٹیا مولوی نما دانشوار کی طرح جھاہلانہ فتوے صادر کرتے ہیں جنکی میں نے کبھی پرواہ نہیں کی اور جہاں تک میری تحریروں میں سخت اور ننگے الفاظ کا تعلق ہے وہ مجھے میرے عوام کے نامساعد ترین سماجی و اقتصادی حالات کی دین ہیں ، جن حالات کو ہمارے حکمرانوں نے اتنا بدصورت اور بھیانک بنا دیا ہے کہ زندگی سے خوبصورتی ، سائستگی اور حس جمالیاتی کا لفظ ہی مٹ گیا ہے۔زندگی عذاب اور موت اس کا مداوا بن گیا ہے۔ اس سے برا اور کیا ہو گا اور کیا ہو سکتا ہے۔اور یہ عقل کے اندھے دانش وار غلاظت کے ڈھیر پر خوش بو نہ آنے کا شکوہ کرتے یہ میت پر خوشی کے گیت اور ڈھول پیٹنے کی بات کرتے ہیں۔جب زخم لگے گا تو درد کی پکار تو اٹھے گئ۔

ویسے تو میں نے انقلابی سیاست اور صحافت کا آغاز کالج میں آتے ہی فسٹ ایئر سے کر دیا تھا اور میرا پہلا آرٹیکل روزنامہ جنگ لاہور میں 1986 میں شائع ہوا۔لیکن روزنامہ جنگ میں چند ہی مضامین کے بعد مجھے معروف صحافی زبیر رانا کے زریعے یہ پیغام دیا گیا کہ یہ نوجوان یا تو اپنی عوامی تحریریں بدلے یا پھر اخبار بدل لے کیونکہ جنگ گروپ میں عوامی نظریات کی کوئی جگہ نہیں ہے ان سے اشتہارات نہیں ملتے اور پیسے نہیں کمائے جا سکتے۔پھر میں نے اخبار بدل لیا اور روزنامہ مساوات میں آگیا جہاں میں اپنی مرضی سے لکھ سکتا تھا اور یہاں

بہت لمبے عرصہ تک مزدوروں کا صفحہ لکھتا رہا۔ جس کے بعد جریدہ مزدور جدوجہد میں کام کیا اس کے بعد طبقاتی جدوجہد کا پہلا ایڈیٹر بنا پاکستان اور انڈیا میں بے روزگار نوجوان تحریک منظم کی۔ تعلیم کے ساتھ ساتھ یہ عوامی جدوجہد ، سیاسی اور صحافتی انقلابی پلیٹ فارموں سے جاری رہی جو جرمنی آنے کے بعد بھی جاری ہے۔

تعارف

حقیقی عقل و دانش ، جدید فلسفے اور عوامی جدوجہد کا تقاضہ یہی ہے کہ سماج میں رونما ہونے والے واقعات کی پرستش نہ کی جائے اور نہ ہی ان کے بعد انکو بیان کرنے کی سطحی اور جعلی دانشورانہ ڈینگیں ماری جائیں جس طرح آج کل سماجی زوال اور ذہنی پسماندگی کی وجہ سے، کھمبوں کی طرح جگہ جگہ اوگے دانشوار مارتے ہیں ، بلکہ سیاسی ، سماجی اور معاشی افق پر کسی واقعہ کے وقوع پذیر ہونے سے پہلے اس کا پیش منظر بیان کر کے اس کا لائحہ عمل تیار کرنا ہے تا کہ عوامی جدوجہد کی درست سمت کا تعین کر کے حقیقی سماجی تبدیلی کے لیے پیش قدمی کر سکیں تا کہ ہم انسانی تاریخ اور سماجی ارتقا میں اپنا شعوری فریضہ ادا کرتے ہوئے جانواروں سے بلند ہو کر اپنا انسان ہونے کا حق جیت سکیں گئے۔

انسانی تاریخ آج اپنے پرانتشار ترین دور سے گزر رہی ہے۔2008 سے شروع ہونے والے تاریخی عالمی اقتصادی بحران کے بعد دنیا بھر میں سیاسی سماجی اور مالیاتی واقعات کے دھماکوں کا نہ رکنے والا ایک تسلسل جاری ہے جو انسانی شعور کو جھجوڑ رہا ہے اور اس زمینی کرہ ارض پر رہنے والا ہر انسان آج ایک حقیقی سماجی تبدیلی کی ضرورت کو محسوس کرتا ہے۔جس کو استعمال کر کے اوبامہ نے امریکہ کا دو بار صدراتی الیکشن جیتا اور پاکستان میں عمران خان اسی تبدیلی کے نام پر بڑے بڑے جلسے جلوس اور دھرنے دے رہا ہے یہی دھوکہ مسلم لیگ ن

نے دیا یعنی آج ہر سیاسی لیٹرے اور ڈاکو کا دھندہ بھی تبدیلی کے نعرے سے ہی شروع ہوتا ہے۔

وکی لیکس کے بعد پانامہ لیکس کا ہنگامہ جو دولت مندوں کی ظلم واستحصال سے لوٹی ہوئی کالی دولت کے خفیہ خزانے ہیں جو بری طرح بے نقاب ہو رہے ہیں اور یہ ان بڑے بڑے فرعونوں کے خزانوں کی ہلکی سی جھلک ہے جو ابھی بھی پوشیدہ ہیں۔عالمی سطح پر دولت کی اس غیر مساویانہ تقسیم نے ہی عوام کی زندگیوں کو ایک جبر مسلسل اور اذیت بنا کر رکھ دیا ہے اور بہتات کے دور میں بھی قحط اور قلت ہے۔جس کی نجات کا موجودہ نظام میں کوئی راستہ اور امید باقی نہیں رہی۔ولادی میر ایلچ اولیانوف نے لکھا ہے کہ موجودہ نظام زر عوام کے لیے ایک نہ ختم ہونے والی وحشت اور دہشت گردی ہے جو وقت کے ساتھ ساتھ زیادہ بھیانک اور خون ریز ہوتی چلی جائے گئی۔آج عالمی جنگ کی عدم موجودگی میں بھی موجودہ نام نہاد پرامن اور جمہوریت کے دور میں عالمی جنگوں سے زیادہ انسان ہلاک ہو چکے ہیں۔ بے گھر اور بے سروسامان مہاجرین کے ہر طرف ٹھاٹھیں مارتے سمندر ہیں جو دوسری عالمی جنگ سے بھی بڑے اور زیادہ ہیں۔جو لوگ ابھی تک مہاجرین نہیں بنائے گئے ، وہ اپنے ممالک میں مہاجرین کی سی زندگی گزرنے پر مجبور کر دیئے گئے ہیں جس نے یورپ اور دنیا کے بحران کو سنگین تر بنا دیا ہے ہر روز اس کی ٹوٹ اور انتشار کے آثار بڑھتے جا رہے ہیں۔

زندگی اور دنیا آج صرف امیروں کے لیے عیاشی اور پر لطف کا سامان ہے جبکہ عوام کے لیے یہی زندگی ایک دکھ ، تکلیف اور زخم بن کر رہ گئی ہے۔جدید صنعتی ترقی کی وجہ سے اشیا کی بہتات اور زائد پیداوار میں بھی ، انسانیت کی اکثریت دنیا بھر میں زندگی کی بنیادی

ضروریات کو ترس گئی ہے۔ایک طرف معاشی و ریاستی اور دوسری طرف انفرادی ومذہبی دہشت گردیاں انسانوں کے خون سے ہولی کھیل رہی ہیں۔ ظلم واستحصال اور بربریت کا وہ بازار آج ہر طرف گرم ہے جو دور وحشت کی یاد تازہ کرتا ہے۔ہمارے لیے ضروری کہ ہم سرمایے کے عتاب زدہ موجودہ انسانیت خور حالات کے خلاف کیسے اور کن نظریاتی بنیادوں پر پیش قدمی کرکے عوامی فتح حاصل کریں تاکہ صدیوں سے غلامی میں جکڑی انسانیت کو آزاد کرا سکیں اور انسانی تاریخ میں پہلی بار امیر اور غریب کے فرق کو ہمیشہ ہمیشہ کے لیے مٹا ڈالیں اور انسان کو انسان ہونے کا حق دلائیں۔آج کے ترقی یافتہ مادی حالات میں یہ بڑی آسانی سے ممکن ہے لیکن مروجہ نظام زر اسکی اجازت نہیں دیتا اس لیے آج ضرورت چہرے نہیں بلکہ ں نظام بدلنے کی ہے۔

سچ ہمیشہ ٹھوس ہوتا ہے یا نہیں ہوتا ، جیت ہمیشہ اسی سچ کی ہی ہوتی ہے دیر یا بادیر ۔کیونکہ وقت کو کوئی مات نہیں دے سکتا لیکن اس سے لڑ کر اسے تبدیل ضرور کیا جاسکتا ہے جس طرح انسانی تاریخ میں کئی بار ہوا ہے۔آو ایک ایسی ہی سرکشی اور پیش قدمی کی طرف جب ہم وقت سے ٹکرا جائیں اور اسے تبدیل کر دیں جو ساتوں آسمان کی خیلاتی جنت سے زیادہ حسین جنت کو حقیقت کے روپ میں اس دھرتی پر اتار لائیں ۔ جس کے لیے ہمیں چند بنیادی معاشی ، سیاسی ، سماجی اور ارتقائی سوالات کے جوابات تلاش کرنے ہیں جن کا اس کتاب میں بھرپور طریقے سے جواب دینے کی کوشش کی گئی ہے۔

دانیال رضا۔جرمنی

یکم اگست2016

صحافت و صحافتی ادارے ، سوشل نیٹ ورک اور ہمارا کردار

خون جب دے کر بھی قیمت نہ پسنے کی ملے

ایسے حالات بغاوت کے لیے ہوتے ہیں

آج تک کی تمام انسانی تاریخ نے موجودہ جدید اور تیزترین میڈیے اور اس کے عام وسیع تر زرائع ابلاغ کو اس سے پہلے کبھی نہیں دیکھا۔دنیا کی کوئی ایک خبر بھی آج منٹوں اور سیکنڈوں میں دنیا کے منظرنامے پر چھا جاتی ہے اور ساتھ ہی اس کے خلاف یا حق میں رد عمل بھی سامنے آجاتا ہے۔پرنٹ میڈیا آج آہستہ آہستہ ماضی کا قصہ بنتا جا رہا ہے۔اور اس کی جگہ سائبر اور الیکٹرونکس میڈیے نے لے لی ہے۔اس کے علاوہ آج سوشل نیت ورک کا عام استعمال بھی عالمی شعور اور رائے عامہ پر گہرے اثر ات مرتب کر رہے ہیں۔

موجودہ انٹرنیٹ کے دور میں جہاں بہت سی نئی جدید ٹیکنیک روشناس ہوئی ہے وہاں اسکے مثبت اور منفی استعمال اور اثرات کے علاوہ تعمیری اور مجرمانہ رجحانات اور رویے بھی منظر عام پر آئے ہیں۔چیزیں اچھی یا بری نہیں ہوتیں بلکہ ان کا استعمال اچھا یا برا ہوتا ہے جس

کا فیصلہ عام حالات میں کسی بھی سماج میں رائج الوقت نظام اوراس کے مروجہ قوانین کرتے ہیں۔

ہر انسان کی طرح ہر ادارے کا بھی کوئی نہ کوئی مقصد اور نظریہ لازمی ہوتا ہے جس کا وہ شعوری یا لاشعوری طور پر پرچار اور تکمیل کرتا ہے۔موجودہ دور میں جہاں بہت سے دوسرے شعبوں میں جدت آئی ہے وہاں صحافت و صحافتی ادارے اور سوشل نیٹ ورک میں بہت ترقی ہوئی ہے لیکن ان سے منسلک بہت سے عام افراد اور ادارے اپنے تعمیری سماجی کردار کا تعین کرنے سے قاصر ہیں۔خاص طور پر سوشل نیٹ ورک کے کچھ نوجوان اپنی لاعلمی یا روایت پرستی میں یا پھر سمجھ بوجھ کے باوجود بھی پراگندگی اور ظلم کو رواج دے رہے ہیں۔جبکہ آج عالمی سطح پر بہت سی عوامی اور انقلابی تحریکوں میں یہی سوشل نیٹ ورک بہت اہم کردار ادا کر رہا ہے۔میڈیے کی اسی خصوصی اہمیت کے پیش نظر اس کے فرائض اور اسکے کردار پر اکثرو بیشتر بحثیں اور تحریر و تقریر کی اشد ضرورت درکار ہے تاکہ عوام اور نوجوان اپنے اہم ترین عوامی سماجی کردار کا تعین کر کے معاشرے میں تعمیری اور انقلابی سوچ کو پروان چڑھا سکیں اور انسانی تاریخ میں شرمندہ ہونے کی بجائے سرخرو ہوں۔جس کے لیے ہمیں ہر صورت انارکسزم اور رجعت پرستی کی پسماندگی سے محفوظ رہنا ہوگا۔

ہم کسی چیز کو کیسے استعمال میں لاتے ہیں یہ بھی ہمارے سماجی رویے اور کردار کی شعوری کیفیت کی اعکاسی کرتا ہے۔جبکہ سوشل نیٹ ورک جس پر ہر ایک کو آسانی سے دسترس حاصل ہے جس پر ہمارا کام ہماری سوچ اور شعور کے معیار کی اعکاسی کرتا ہے۔اس لیے ہمیں اسے بلند شعوری اور سماجی تعمیر و ترقی کے لیے بروئے کار لاتے ہوئے تمام دنیا میں پھیلے یا رواج پائے ظلم واستحصال کے خلاف ایک مذاحمتی تحریک کو جاری کرنا چاہیے۔

آج تمام دنیا کی صحافت اور اس کے اداروں میں اور سیاسی افق پر جس لفظ کو بڑی بے پرائی سے سب سے زیادہ اور کثرت سے استعمال کیا جاتا ہے وہ ہے ،، غیر جانبداری ،،۔ دنیا کا ہر زریعہ ابلاغ اسی غیر جانبداری کا ڈھونڈورہ پیٹتا ہوا عوام کو بے وقوف بنا تا ہے۔ جبکہ دنیا کے تمام زرائع ابلاغ کا کردار کسی سے ڈھکا چھپا نہیں ہے۔ بی بی سی برطانوی حکمرانوں کے مفادات کا نگہبان ہے جبکہ سی این این امریکی ریاست کا پٹھو میڈیا ہے۔ رشین ٹو ڈے روسی حکمرانوں کے پراپیگنڈے کا زریعہ ہے۔ الجریرہ عربی اور عالمی حکمرانوں کا دلال ہے۔ جیو ٹی وی ، دنیا نیوز ، سما ، ایکسپریس یا اے آر وائے نیوز ٹی وی سمیت تمام میڈیا پاکستانی حکمران اور انکی ریاست کے استحصال کا آکہ کار ہے۔ یہ تمام میڈیا ان کے سرمایے پر پلتا ہے اور اس کے بدلے حکمرانوں کے استحصال اور ان کی لوٹ مار ، اور ریاست کے ظلم و جبر کا دفاع اور تحفظ کر تا ہے۔ یا پھر سرمایہ داروں کی دولت کی ہوس کے لیے گھٹیا اور غیر معیاری اشیا کو معیاری اور بہترین ثابت کرنے کی اشتہار بازی کا زریعہ ہے (امریکہ اور یورپ میں آج کل یونیورسٹیوں میں بزنس کے نصاب میں باقاعدہ طور پر یہ پڑھایا جاتا ہے کہ پیداوار کی مارکیٹ کے لیے مبالغہ آرائی پر مبنی پراپیگنڈہ یا جھوٹ کوئی غلط نہیں ہے بنیادی مقصد اشیا فروخت ہونی چاہیں جسے بھی ہوں) عالمی اور مقامی میڈیا چاہیے وہ پاکستان کا ہی کیوں نہ ہو سرمایہ داروں اور حکمران گماشتگی کا کردار سب پر عیاں ہے اور خاص طور پر اہم او ر سنجیدہ حالات و واقعات میں ان کا سرمایے کے لیے خالص جانبدارانہ کردار نمایاں ہو جاتا ہے۔ پھر بھی یہ بڑی بے شرمی اور ہٹ دھرمی سے غیر جانبدار ہو نے کا منافقانہ ورد کرتے ہیں اس لیے آج کا یہ سب سے بڑا سچ ہے کہ تمام روائتی میڈیا انفارمیشن کی بجائے ڈس انفارمیشن پھیلا رہے ہیں اور اس کے زریعے عوام کو بے وقوف بنایا جاتا ہے۔

میڈیا بعض اوقات حکمرانوں کو بلیک میل کرنے اور اپنی قیمت بڑھوانے کے لیے ان کے خلاف کچھ اور کبھی کبھار پراپیگنڈہ بھی کرتا جس سے عام لوگ یہ سمجھنے لگتے ہیں کہ شاید یہ ادارہ ، ٹی وی یا پروگرام غیر جانبدار ہے جبکہ حقیقت میں ایسا نہیں ہوتا۔یا پھر میڈیا عوام میں اپنی حمائت بحال کرنے یا اس میں اضافے کے لیے بھی عوامی نیوز یا انکا نقطہ محدود اور مخصوس انداز میں بے اثر بنا کر پیش کرتا ہے اوراس سب کے پیچھے سرمایے اور دولت کمانے کے حربے ہی ہوتے ہیں۔

نیوز کے علاوہ ٹی وی ڈرامے اور فلمیں بھی دولت مندوں اور مڈل کلاس کی ذہنی ٹھرک کے لیے ہی ہوتے ہیں کیوں کے ان میں بھی انہیں کے حالات زندگی ، مسائل و واقعات ، سازشوں اور خاندانی مفاداتی رشتوں کی ہی جوڑ توڑ ہوتی ہے جو کسی طور بھی عام محنت کش عوام کی زندگیوں کے آئینہ دار نہیں ہوتے اس لیے ٹی وی کو دیکھنے والے لوگ بھی حدود اور مخصوض ہی ہیں جنکی تعداد ہر روز کم ہوتی جا رہی ہے محنت کش عوام کے پاس تو اتنا فضول اور فارغ وقت ہی نہیں ہوتا کہ وہ وہ ٹی وی کی عیاشی کو فوڈ کر سکیں۔

اس لیے لفظ غیر جانبداری مکمل طور پر تمام حوالوں سے جہالت اور جھوٹ کا اعلی تصور ہے۔ دنیا میں کوئی بھی چیز غیر جانبدار ہو ہی نہیں سکتی ، نہ سیاست اور نہ صحافت او ر نہ ہی کوئی اور شعبہ زندگی۔اور اگر ہو سکتی ہے تو پھر ہمیں سب سے پہلے آج دنیا میں موجود تمام تعصبات اور نظریات کو مسترد کرنا ہو گا تمام مذاہب ، قوموں ، ملکوں ، رنگ ، نسل ، طبقات ، درجات، تفریقات اونچ نیچ ، ذات پات ، فرقات کو مکمل طور پر در کرتے ہوئے ان تمام شاونزم کے انکار کے آغاز سے ہی غیر جانبداری کے تصور کا آغاز ہو سکتا ہے وگرنہ نہیں۔ اور یہ کون کرئے گا اور کون کرتا ہے؟ اور کیسے ممکن ہے؟۔

سماجی اور سائنسی طور پر آج کا عالمی طبقاتی اور درجاتی معاشرہ خود غیر جانبداری کے نظریے کی مکمل نفی کرتا ہے۔اور دوسری طرف یہی غیر جانبداری کی دلائل ہی جانبداری کی منطق ہے۔غیر جانبداری کا نظریہ اپنے پس پشت تعصبات کی انکاری نہیں بلکہ تعبداری کی سوچ ہے جو ظلم و جبر کے خلاف آواز نہیں بلکہ اس کی حمائت اور اطاعت ہے اور اسکے بڑھتے تسلسل کو قائم رکھنے کا بڑا ہی بھیانک اور جعل ساز نظریہ ہے۔غیر جابنداری کی وکالت سب سے زیادہ حکمرانی کی احساس کمتری کا شکار مڈل کلاس کرتی ہے کیونکہ یہ کوئی سماجی طبقہ نہیں ہے بلکہ دو بنیادی سماجی طبقات کے درمیان ؟ ہوائی کلاس ہے۔مڈل کلاس کا یہی سماجی کردار انکے کنفوژ شعور کا غماز ہے اور غیر جانبدار ی کی سوچ بھی اسی پیٹی بوژوازی کی ذہنی غلاظت کا تعفن ہے۔حقائق اور ٹھوس دلائل بالکل اس کے الٹ ہیں جو طبقاتی صحافت اور سیاست کے حق میں ہیں وہ غیر جانبداری کی بجائے عوامی جانبداری کے طرف دار ہیں۔

یہ ثابت شدہ ہے کہ آج کا تمام میڈیا اور ریاستی ادارے مالیاتی حکمرانوں اور انکے ایجنٹوں کے ہیں، اسی لیےعام حالات میں سماج پر حاوی سوچ حکمران طبقات کی ہی ہوتی ہے۔جس کے لیے وہ تمام زرائع ابلاغ اور ریاستی ادارے بھرپور استعمال کرتے ہیں۔اگر ہم واقعی سماجی تبدیلی کے لیے سنجیدہ ہیں تو پھر ہمیں اس کے مد مقابل اپنے عوامی ادارے منظم کرنے ہوں گئے جس میں ایک خالص عوامی اور مزدور میڈیا اور سوشل نیٹ ورک کو تعمیر کرنا چاہیے۔وہ پرنٹ میڈیا ہو یا سائبر یاپھر سوشل نیٹ ورک کے زرائع ہوں ہمیں اپنے عوامی طبقے کی لڑائی ہر جگہ لڑنی ہے۔ہر مقام پر منظم کرنی ہے۔جس میں عوام پر ہونے والے ہر ظلم و استحصال کو بے ڈھرک بے نقاب کر کے ایک عوامی تحریک کو منظم کرنا ہو گا۔موجودہ مالیاتی نظام میں ہر شعبہ زندگی اور انکے تمام سرکاری و غیر سرکاری اداروں کا

کردار بھی طبقاتی ہی ہے۔ان سے مقابلے کے لیے ہمیں پہلے اس کا شعور حاصل کرنا ہے ۔اسی طرح صحافت اور اسکے تمام اداروں کا بھی لازمی جانبداری کا کردار ہوتا ہے۔جس کا ہمیں بے باکی سے اقرار کرتے ہوئے اپنے عوامی اور مزدور زرائع ابلاغ کو بانگے دہل ثابت کرنا اور منوانا ہے۔روائتی غیر جانبداری کی ریاکاری کو بے رحمانہ بے نقاب کرتے ہوئے طبقاتی اور عوامی زرائع ابلاغ کو عام اور مضبوط کرنا ہے۔

ہم کسی ایک جھوٹ کے نہیں بلکہ ہم ہر ایک ظلم واستحصال اور اس کو قائم رکھنے کے لیے بولے جانے والے ہر جھوٹ کے بھی انکاری ہیں ہم سرمایے کے اطاعت گزرا نہیں بلکہ باغی ہیں ہر ظلم اور اسکے رواج سے۔اور ایسے سماج سے جس میں عوام سے زندہ رہنا کا حق چھین لیا جائے۔اس لیے ہم کسی ادارے کی بنیاد جھوٹ فریب اور دھوکہ دہی پر نہیں رکھتے اور اگر کوئی رکھتا ہے تو ہم اس میں نہیں ہوتے بلکہ اس کے خلاف صف آرا ہوتے ہیں۔اسی غرض کے لیے ہمیں صحافیوں کی تنظیموں اور کلبوں کو ناقابل مصالحت طبقاتی بنیادوں پر استوار کرنا چاہیے۔تاکہ مقامی ، یورپی اور پھر عالمی سطح تک پھیلی زرائع ابلاغ میں موجودہ منافقت ، ریاکاری ، مبالغہ آرای ، چڑھتے سورج کو سلام ، لوٹا سیاست ،زرد اور زر خرید صحافت کے خاتمے کی لڑائی کے ساتھ ساتھ میڈیے سے منسلک مزدور صحافیوں کے حقوق کا تحفظ اور جرات مندانہ مزدور صحافت جس کا اول مقصد ہو ، اس کا بے باک آغاز کرنا چاہیے ۔تمام یورپی اور عالمی صحافت میں اسی شعور کو بیدار کرنا ہے اور صحافت کو استحصالی حکمرانوں اور انکے ایجنٹوں کا ہتھیار نہیں بلکہ عوام اور خالص محنت کشوں کی لڑائی کا اوزار بنانا ہے۔

ہر جرنلسٹس فورم اور پریس کلب کوئی تعصبی تنظیم اور فرقہ پرست جماعت نہیں ہونی چاہیے بلکہ خصوصی طور پر ایک شعوری ترقی پسند پلیٹ فارم ہو جس میں مقامی اور عالمی صحافی اور

انکی تنظیمیں منظم ہوں اس پلیٹ فورمز کے زریعے صحافت کو ایک اعلی تعمیری اور انقلابی مقصد دینا چاہیے۔

ہماری ترجیحات میں صرف صحافی ہی نہیں بلکہ عوامی اور مزدور تحریکوں کو بھی مضبوط کرنا ہونا چاہیے اور ان سے مضبوط تعلق استوار کرنا اور انہیں وسعت دینا چاہیے۔آج کی گلوبل دنیا میں کس ایک ملک کے معاشی ، سیاسی اور سماجی حالات عالمی دنیا سے کٹ کرنہیں رہ سکتے بلکہ عالمی منڈی ہی دنیا بھر میں فیصلہ کن عنصر بن چکی ہے۔آج جب عالمیت میں گہرے پیوست آپسی رشتے ناطے ہی مقدم اور مقدس ہو گئے ہیں تو ہمیں مقامی اور علاقائی حدود کے اندر مقید رہنا اور بات کرنا ایک زہریلا تعصب اور جہالت کے علاوہ کچھ نہیں دے گا۔اسی لیے ہماری ترجیحات پاکستان کی صحافی اور مزدور تحریک کو یورپی اور عالمی تحریک کا اٹوٹ حصہ بنانا ہے۔

اگر حکمران عالمی سطح پر ایک ہیں تو ہم محنت کش کیوں ایک نہیں ہیں ؟۔ہماراعالمی سطح پر ایک نہ ہونا ہی ہماری محرومی اور ذلت آمیز زندگی کی بنیادی وجہ ہے۔ہم صرف ایک ہی بنیاد پر متحد ہوسکتے ہیں وہ ہے طبقاتی عوامی اتحاد جس میں کسی تعصب قوم ، ملک ، رنگ ، نسل، مذہب ، زبان اور ہر فرقہ واریت کی گنجائش نہیں ہوگئی۔تعصبات کو حکمران ہمیشہ اپنے جبر واستحصال کو قائم رکھنے کے لیے بھر پور استعمال کرتے ہیں اور آج بھی کر رہے ہیں خاص طور پر موجودہ مسائل میں پاکستان انہیں حالات کی بھینٹ چڑھا ہوا خونی مسائل میں لت پت تڑپ رہا ہے۔جس کے خلاف ہمیں ناقابل مصالحت عوامی جنگ جاری کرنے کی ضرورت ہے

انسان کی موت کے خلاف قدرت سے جنگ

زندگی تو اپنے ہی قدموں سے چلتی ہے فراز

اوروں کے سہارے تو جنازے اٹھا کرتے ہیں

بے شک انسان قدرت کی ہی بہترین تخلیق اور شہکار ہے لیکن اس کے باوجود انسان کی قدرت سے بہت پرانی جنگ ہے۔جسکا آغاز انسان کے اس زمینی کرہ ارض پر جنم سے ہی شروع ہو گیا تھا۔جب انسان نے نیچپر کی بے رحم طاقتوں کے خلاف اپنی زندگی کی بقا کے لیے قدرت کو شکست دے کر اس پر قادر ہونے کی جدوجہد شروع کر دی تھی۔جس سے آج ماضی کی بے شمار ناقابل تسخیر طاقتوں کو انسان نے مات دیکر انہیں اپنے کنٹرول میں کر لیا ہے۔آج بڑی سے بڑی آگ کو بجھا جاسکتا ہے۔پانی کی تباہ کاریوں سے بچا جاسکتا ہے۔تیز ہواوں اور طوفان پر کنٹرول کیا جا سکتا ہے بلکہ انسان نے اس پر قدرت حاصل کر کے ان کو اپنے فائدہ کے لیے اپنے استعمال میں لے آیا، جیسے ہواوں کو چیر کر ہوائی جہاز اڑائے، سمندروں کے سینوں پر بحری جہاز چلائے، آگ سے لوہا پگھلا کر فولاد بنایا زمین کی کھوکھ سے

معدنیات نکالیں ، سردی اور گرمی کی اذیت سے اپنے آپ کو محفوظ کر کے اپنی زندگی کو صحت مند اور لمبا بنایا۔بہت سی ماضی کی جان لیوا بیماریاں آج قابل علاج ہیں۔صحت و معالجے ، خوراک اور صحت مند ماحول سے انسانی زندگی کو بڑھایا گیا ہے۔جو انسان تیس سے چالیس سال کی عمر سے پہلے مر جاتا تھا اور اس سے لمبی عمر ایک خواب تھا لیکن اب اس کی عمر سو سال سے بھی زیادہ ممکن ہے۔جرمنی کے نئے اعداو شمار کے حوالے سے جرمنی میں آج پیدا ہونے والے بچوں کی عمریں 113 سال کی ہوں گئیں جو کسی کرشمے سے کم نہیں اور یہ بعید نہیں ہے کہ مستقبل میں انسانوں کی عمریں ہزار سال تک ہوں کیونکہ قدرت کے خلاف انسان کی یہ جنگ ابھی ختم نہیں ہوئی بلکہ ابھی جاری ہے اور ہمیشہ جاری رہے گئ جب تک انسان قدرت پر قادرو مطلق نہیں ہو جاتا۔

بنیاد پرست اور بوسیدہ سوچ کے حامل افراد قدرتی قوتوں کو خدائی طاقت سے تشبہیہ دیکر ہمیشہ سے انسانوں کو تعمیرو ترقی سے روکتے رہے ہیں۔جہالت میں رکھنے اور خوف زدہ کرتے رہے ہیں اور ان کے حوصلے پست کرنے کی نامعقول کوششیں آج بھی کرتے ہیں تاکہ مذہبی پسماندگی پر مبنی وسیع و عریض بلیک اور خون ریزدوکانداریاں چلتی رہیں اور انکی اپنی جہالت چھپی رہے۔لیکن انسان کی اپنی موت کے خلاف یہ جنگ کبھی نہیں روک سکتی۔

جب انسان پہلی بار چاند پر گیا تو دنیا کے تمام مذہب اس کو ماننے سے صاف انکاری تھے لیکن سچ ہمیشہ ٹھوس ہوتا ہے جس سے انکار ممکن نہیں جس کے بعد بنیاد پرستوں نے اس کے خلاف تحریکیں بھی چلائیں اور اس کو خدائی کاموں میں مداخلت اور کفر قرار دیا لیکن وقت بہت ظلم ہے جو کسی کو معاف نہیں کرتا اور ہر ایک کو حقائق کے آگے دیر یا بدیر سرنگوں ہونا ہی پڑتا ہے اسی طرح جب کیمرہ اور ٹی وی ہر گھر کی زینت بنا تو یہ بھی پہلے پہل کفر ہی

ٹھہرایا اور اب یہ مذہبی دوکاندار خود ٹی وی کو اپنے مذہبی کاروبار کے لیے سب سے زیادہ استعمال کرتے ہیں۔خبروں اور ٹاک شوز میں پیسے دیکر آتے ہیں۔غرض ہم اس غیر اہم مذہبی بحث سے دامن چھوڑاتے ہوئے آگے بڑھتے ہیں۔حاصل مقصد یہ کہ ہر دور میں جدیدیت نے اپنا لوہا منوایا اور قدامت پرستی کے بتوں کو پاش پاش کر دیا۔

اس میں کوئی شک نہیں کہ قدرت یا نیچر ایک بڑی طاقت ہے اور بھاری قدر رکھتی ہے لیکن بڑی بے بس اور مجبور ہے کیونکہ قدرت کو اپنے اوپر کوئی اختیار حاصل نہیں ہے یہ اپنی قدر کی طاقت ثابت کرنے کے لیے ٹھوس سائنسی اصولوں کی محتاج ہے اس لیے قدرت یا سائنس کے قوانین کو معلوم کر کے اس کو نہ صرف کنٹرول کیا جاسکتا ہے بلکہ اسے تبدیل بھی کیا جا سکتا ہے۔اسکی طاقت اور صلاحیت اس کرہ ارض پر صرف اور صرف انسان کو حاصل ہے۔کیونکہ انسان کو نہ صرف اپنے اوپر اختیار حاصل ہے بلکہ یہ تبدیل کرنے کی صلاحیت بھی رکھتا ہے اس لیے کہ یہ سوچ سکتا ہے اس کے پاس ذہن یعنی شعور ہے جو اور کسی کے پاس نہیں اور نہ ہی قدرت کے پاس ہے۔

قدرت اپنی بربادی اور تعمیر سے اپنے آپ کو مسلسل متوازن کرتی رہتی ہے اور یہی بیلنس ایک وقت میں پھر غیر متوازن ہو جاتا ہے جس سے پھر ایک تباہی ہوتی ہے اور ایک نیا بیلنس پیدا ہوتا ہے یعنی قدرت کا ارتقا بھی جدلیاتی عمل کا بہترین اظہار ہے جس میں تغیر پذیر ترقی مثبت کو منفی اور منفی کو مثبت بناتی اور نفی کی نفی کرتی ہوئی آگے بڑھتی ہے۔وہ سمندوں کو خشکی اور خشکی کو سمندر بناتی ہے۔پہاڑوں کو ہموار کرتی ہے اور ہموار سطح کو بلندیوں پر لے جاتی ہے آب و ہوا کی تبدیلی زمینی حالات کو بدلتی ہیں اور زمینی حالات میں تبدیلی آب ہوا کو متاثر کرتی ہے۔ہوائیں ، بارشیں ، موسموں کی تبدیلی نباتات کی افزئش یا

ضیائی تالیف کی لیے لازمی ہیں جو جنگلوں کی بنیاد رکھتی اور انہیں وسیع کرتی ہیں گرمیوں میں درجہ حرارت کے بڑھنے سے اور ہواؤں کے چلنے سے درختوں میں رگڑ سے آگ بھڑک اٹھتی ہے اس سے جنگلوں کے جلنے کا عمل شروع ہوتا ہے اور قدرت اس سے اپنے آپ کو تباہ کرکے نئ شکل دیتی ہے۔تاکہ شدید گرمی کے حالات ختم ہو جائیں۔جبکہ آج کے انسان نے یہ صلاحیت حاصل کرلی ہے کہ وہ ان حالات کو پیدا ہی نہ ہونے دے جس سے بڑی تباہ کن آگ کا خطرہ ہو اس کے علاوہ وہ اس آگ کو بجھانے کی اہلیت بھی رکھتا ہے اور اسے قابل استعمال بھی بنا لیتا ہے۔سائنس اور ٹیکنولوجی کی ترقی قدرت کو سرنگوں اور انسان کو مضبوط اورعظیم بنا رہی ہے۔یعنی علم کے اجالوں نے ماضی کی جہالت کے لامحدود اندھیروں کو محدود کر دیا ہے۔

اس زمینی کرہ ارض کو تین بار کے برفانی ادوار نے قدرت کو سر سے پاوں تک تبدیل کر دیا جس میں اس کو کوئی کمال حاصل نہیں تھا کیونکہ یہ سب کچھ ٹھوس اور مستقل سائنسی قوانین کے تحت ہوا تھا جس کی کھوج آج کی سائنس نے تحقیق سے لگالی ہے۔جس نے قدرت کے اندر ہونے والی تبدیلیوں اور طاقتوں کے چہرے پر پڑے نقابوں کو بری طرح نوچ ڈالا ہے اورہر دیوتا کی جھوٹی طاقت کو ننگا کر دیا۔

قدرت اور انسان کے تصادم میں نیچر اپنی قدر جو اصل میں سائنس کے قوانین ہی ہوتے ہیں کے زریعے مذاحمت کرتی ہے اور انسان ان قوانین کو معلوم کر کے اس مذاحمت کو زائل کرتا ہے اور قدرتی طاقتوں کو اپنے قبضے میں کر لیتا ہے۔ایسا کرنے کو کچھ لوگ قدرت کو تباہ کرنے سے تعبیر کرتے ہیں جو سر اسر غلط ہے کیونکہ ان اٹل قدرتی قوانین کے علم سے انسان قدرت کو تحفظ دینے کے اہل بنتا ہے اور اسے محفوظ کرتا ہے کیونکہ انسان کی اپنی

زندگی بھی اسی قدرت سے منسلک ہے تو پھر بھلا وہ اسے کیسے برباد کر سکتا ہے۔کیونکہ انسان کی قدرت سے لڑائی بھی انسان کی اپنی ہی بقا کی لڑائی ہی ہے جس میں یہ قدرت کو تباہ نہیں بلکہ زیر کرتا ہے اور انسان دشمن قوتوں کو ختم کرتا جا رہا ہے کیونکہ اس کائنات میں انسان ہی ایک سب سے بڑا سچ ہے جو سوچتا ہے محسوس کرتا اور عمل کرتا ہے اور یہ قدرت ، قدرت میں کسی اور کو حاصل نہیں ہے۔

سیلاب جو پانی کی منہ زور طاقت ہے ، پہلے پہل انسان اور اس کے بنائے سماج کو نیست و نابود کر دیتے تھے جس سے ابتدائی انسان نقل مکانی پر مجبور تھا لیکن آج ایسا نہیں ہے برباد سماج کو دوبارہ زیادہ جدید اور زیادہ محفوظ معیار پر جلد تعمیر کیا جا سکتا ہے۔سیلاب کی منہ زوری کو کنٹرول کرنے کے لیے ندی نالوں ، دریاوں اور نہروں کو گہرا کیا جاتا ہے ان میں کٹاو کو کم یا ختم کر کے پانی کے بہاو کو سیدھا کیا جاتا ہے زائد پانی کو قابل استعمال بنانے کے لیے اس کو سٹور کیا جاتا تاکہ اگلی بار پانی کی منہ زوری اپنی اوقات میں رہے اور ایسا ہی ہوتا ہے۔اگلی بار یہ تباہی پھیلانے کی بجائے سماج کے لیے فائدہ مند بن جاتا ہے جاپان کا انٹرنیشنل بڑا ایئر پورٹ ٹوکیو کے شہر میں نہیں بلکہ اس کے سمندر میں ہے کیونکہ اکثر زلزلوں کی وجہ سے یہ محفوظ نہ تھا یہ بھی انسان کی قدرت پر فتح کی ایک بڑی علامت ہے جو حقیقی اور انسانی مجزوں میں سے ہے۔

زلزلوں کے آنے سے قبل اس کی پیش گوئی کی جاسکتی ہے۔سورج اور چاند کے غروب اور طلوع کا وقت پہلے سے بتایا جاسکتا ہے۔موسموں کا حال قبل از وقت معلوم کر کے اس کی شدت سے بچا جا سکتاہے۔خشک سالی سے محفوظ رہنے کے لیے آج بہت پانی ہے اور مصنوعی بارشیں بھی برسائی جا سکتی ہیں۔چاند پر جانے کا قصہ بہت پرانا ہو گیا ہے اب تو مریخ پر پانی

اور جھیلوں کے آثار کا بھی علم ہو چکا ہے انسان زمین سے بلند ہو کر آسمان پر جا پہنچا ہے اور ساتواں آسمان اب انسان سے زیادہ دور نہیں ہے جس پر کوئی خدا رہتا ہے۔

لیکن ایک طرف انسان ترقی کی معراج پر پہنچ چکا ہے تو دوسری طرف زمین پر سرمایہ داری نظام نے عوام کی زندگی کے لیے زمین ہی تنگ کر دی ہے۔بھوک ننگ افلاس اور قبضے کی جنگوں کے زریعے زمینی کرہ ارض کی تباہی کے درپے ہے۔یہ تمام ترقی اور وسائل تب تک بے کار اور فضول ہیں جب تک یہ تمام انسانوں کے لیے مساوی طور پر فائدہ مند نہ ہوں اور انسانیت کو خوشحالی ،سکون ، امن اور اطمینان نصیب نہ کریں۔اور یہ تب تک ممکن نہیں جب تک طبقاتی کشمکش کا خاتمہ نہیں ہو تا تمام وسائل کو ذاتی ملکیت سے نکل کر سماجی اختیار میں نہیں دیا جاتا پیداوار کا مقصد شرح منافع کا حصول نہیں بلکہ انسانی ضروریات کی تکمیل نہیں ہوتی۔بوڑھا اینگلز شاید درست لکھ گیا ہے کہ انسانیت کا مستقبل اشتراکیت ہے یا پھر بربریت کیونکہ انسان قدرت کی بے لگام طاقتوں کو تولگام ڈال رہا ہے لیکن سرمایے کی بے لگام قوتیں انسانی سماج کو برباد کر رہی ہیں اس لیے آج قدرت کے خلاف جنگ جیتنے کے لیے ضروری ہے کہ پہلے موجودہ عالمی مالیاتی نظام کے خلاف ناقابل مصالحت طبقاتی جنگ کی جائے ۔کیونکہ آج انسانیت کی بقا کے لیے یہ سب سے بڑی اور اہم جنگ ہے جس کو جیتے بغیر انسان اور زمین کو نہیں بچایا جاسکتا۔

سوچ کا بلاد کار، ہم ہیں پاکستان

میں بھی پاکستان ہوں تو بھی پاکستان ہے۔ ہم ہیں پاکستان، مسلمان آپس میں بھائی بھائی ہیں، محبت سب کے لیے نفرت کسی کے لیے نہیں یا اس جیسے بے شمار غیر منطقی مقولاجات آج سیاسی اور مذہبی بازاوروں میں کھلے عام عوامی سوچ کا ریپ یا بلاد کار کرتے نظر آتے ہیں۔ صداقت، شرافت، اخوت، محب الوطنی جیسے الفاظ اور جملے اکثر سننے اور پڑھنے میں آتے ہیں اور خاص طور پر سماجی خلفشار اور بحرانوں کے ادوار میں ان الفاظ کی قدرومنزلت مزید بڑھ جاتی ہے جس سے ملا اور حکمران ان نعرہ بازیوں کا بڑی کثرت سے ورد کرنے لگتے ہیں ریاست اور میڈیا کی منڈی بھی ان کے شانہ بشانہ، الفاظی محبت کی جنگ میں بڑھ چڑھ کر ساتھ دیتے ہیں۔ تاکہ ان فرسودہ کتابی جملوں کے زریعے حقیقی سماجی، علاقائی، سیاسی، اور معاشی انتشار سے متاثرہ عوام کی مذاحمت کو غیر موثر بنانے کے لیے ان کاغذی نعروں کا درس دے کر نظام کے ظلم و استحصال کو قائم رکھنے کی سعی کی جا سکے۔ کیونکہ اس محب الوطنی، بھائی چارے اور محبت کے پیچھے اصل میں حکمرانوں کے استحصال اور ملائیت کی لعنت پر ایمان لانا ہوتا ہے۔ اور سماجی مسائل جو حکمرانوں کی لوٹ مار کی پیداوار ہیں کے خلاف عوامی اور طبقاتی تحریک کو پسپا کرنا مقصود ہوتا ہے۔ جبکہ اسلام کے عالمی ٹھکیدار سعودی عرب، کویت،

قطر یا عرب حکمران غیر ملکی مسلمانوں سے بھائیوں کی بجائے اچھوت اور غلاموں جیسا غیر انسانی سلوک کرتے ہیں ان تارکین وطن کو عرب ممالک میں کوئی انسانی بنیادی حقوق تک میسر نہیں ہیں۔غریب مسلم فلسطین آج انہیں عظیم مسلمان حکمرانوں کی خونی بھینٹ چڑھا خون میں لت پت تڑپ رہا ہے۔بحرین میں مذہب کی بنیاد پر ریاستی اسلامی خون ریزی اکثر جاری رہتی ہے۔پاکستان میں مسلمان بھائی ہی مسلمان بھائیوں کے جانی دشمن ہیں ، اسے دیکھ کر بھی اگر کوئی کہتا ہے مسلمان آپس میں بھائی ہیں تو یقیناًاسکی عقل گھاس چرنے گئی ہے۔ کیونکہ حقیقت کچھ اور ہے مسلمان مسلمان نہیں بلکہ حکمران حکمران آپس میں بھائی بھائی ہیں اور وہ اسرائیل ، امریکی ، یورپی ، سعودی ، روسی یا پھر پاکستانی حکمران ہوں ان کی محبت ، بھائی چارے اور اخوت میں کوئی مذہب ، فرقہ اور ملک روکاوٹ نہیں ہے۔یہ مسلم ہوں یا غیر مسلم ہوں غیر اہم ہے۔اور جو اہم ہے وہ ہیں مشترک مالیاتی مفادات ، سرمایہ کی حکمرانی اورمراعات کی زندگی ہے۔اور دوسری طرف ان تمام ممالک کی محروم عوام ان حکمرانوں کے خلاف حقیقی بھائی ہیں جو مشترکہ مفادات اور جدوجہد کے حامل ہیں۔بقیہ تمام بھائی چارے دو نمبر ہیں۔

آج اس زمینی کرہ ارض پر کون سا ایک مذہب یا مذہبی فرقہ دوسرے کو تسلیم کرتاہے یا کرنے کو تیار ہے۔حالیہ پاکستان میں ہندوؤں اور احمدیوں پر ظلم و جبر اور زیادتیاں ، اقلیتوں سے ناوا سلوک ، کوئٹہ میں اہل تشعہ کا بڑی بے دردی سے آئے دن کی فرقہ وارانہ قتل و غارت، ہزارہ عوام کی نسل کشی پاکستان کے منظرنامے کو بہت خون آلود بنا رہے ہیں۔ بلوچستان ، وزیرستان اور قبائل پر پاک آرمی کی بھیانک خونی جارحیت جو وقفوں وقفوں سے مسلسل جاری رہتی ہے اپنی ہی معصوم اور بے گناہ عوام کا سنگدلانہ قتل عام ہے۔ایک طرف

بھوک ننگ افلاس سے مرتی عوام اور دوسری طرف حکمرانوں کی عیاشیوں اور دولت کے انبار ہیں جو بڑھتے ہی جا رہے ہیں جو سماجی زخموں پر تیزاب بن کر گرتے ہیں۔ان حالات میں اخوت ، بھائی چارہ ، شرافت ، صداقت ، محب الوطنی اور پیار ومحبت کی ٹھوس حقیقت ماسوائے غریب عوام پر ظلم و جبر رو رکھنے کے آلات اور الفاظ کے علاوہ کچھ نہیں ہے۔

سائنس اور حقیقی علوم میں یہ عظیم حسی جملے اور الفاظ اپنے اندر کوئی صداقت اور حقیقت نہیں رکھتے بلکہ یہ منافقت کی غلاظت کے بلند بدبو دار ڈھیر ہیں جو جبر کو مسلسل قائم رکھنے کے لیے استعمال کیے جاتے ہیں۔زرداری ، نواز شریف خاندان ، منشا گروپ ، فوجی جرنیل، افسرشاہی اور تمام امیر ترین افراد یہ سب پاکستانی اور مسلمان ہیں جبکہ غریب عوام جو مہنگائی، بے روزگاری ، کم تنخواہوں ، پانی، بجلی اور گیس کی لوڈ شیڈنگ سے کراہا رہے ہیں اور موت سے بدتر زندگی گزارنے پر مجبور رہیں وہ بھی پاکستانی اور مسلمان ہیں ؟ پاکستان کے ان امیروں کے امیرزادے بلاول زرداری بھٹو، حمزہ شہباز ، مریم ، حسن وحسین نواز سمیت تمام پاکستانی اور مسلمان کہلاتے ہیں۔جبکہ بے روزگاری یا اس سے تنگ آکر خودکشی کرنے والے اور کم ترین اجرتوں پر جانوروں جیسا کام کرنے والے غریب زادے بھی بلا شبہ پاکستانی اور مسلمان ہی ہیں۔مسلمان اور پاکستانی امیرزادیاں جو ہر دینی اور ریاستی قوانین سے بالا ہیں اور ہر عیاشی انکے قدموں تلے ہے۔جبکہ دوسری طرف غریب پاکستانی اور مسلمان لڑکیاں اور عورتیں ہیں جو ایک وقت کی روٹی کے لیے جسم فروشی پر مجبور ہیں یا گھر بیٹھی بیٹھی بوڑھی ہو رہی ہیں اور پھر ہر قانون اور جبر وزیادتی کا بھی یہی غریب خواتین ہی شکار ہیں اور تمام اسلام بھی بس انہیں کے لیے ہے عزت ، شرافت ، چادر چار دیواری کا ظلم بھی صرف انکی غریب عورتوں کا مقدر ہے۔

اٹل حقیقت یہ ہے کہ آج صرف دو مذاہب ہیں ، دو اسلام ہیں ، دو فرقے ہیں ، دو پاکستان ہیں ، دو فوجیں ہیں اور دو ہی طبقات ہیں ، امیر اور غریب ، ظالم اور مظلوم ، حکمران اور عوام ، جاگیر دار اور کسان ، سرمایہ دار اور مزدور استحصال کرنے والا اور استحصال کا شکار ، جن کے درمیان کوئی محبت ، بھائی چارہ اور مصالحت نہیں ہو سکتی ان میں صرف لڑائی اور جنگ ہو سکتی ہے جو جاری ہے۔کیونکہ ان میں ایک کی جیت دوسرے کی شکست ہے ایک کی امارت دوسرے کی غربت ہے۔ایک کی عیاشی دوسرے کی خودکشی ہے ایک کی زندگی تو دوسرے کی موت ہے۔جالب نے لکھا تھا کہ امیروں کے گھروں میں چراغ غریبوں کے لہو سے ہی جلتے ہیں۔جسکو طبقاتی لڑائی کہتے ہیں۔حکمرانوں کی دولت میں مسلسل اضافہ صرف اور صرف عوام کے زبردست استحصال سے ہی ممکن ہے۔انکی طاقت اور حکمرانی کا غلبہ صرف اور صرف طبقاتی تحریک کو کمزور کرکے اور عوامی طاقت کو توڑ اور تقسیم کر کے ہی قائم رکھا جا سکتا ہے جن کے لیے یہ نعرے بڑے سودمند ہیں۔میں(عیاش حکمران) بھی پاکستان ہوں اور تو (غریب عوام) بھی پاکستان ہے۔

تمام مسلمان آپس میں بھائی بھائی ہیں یہ کیسے ممکن ہو سکتا ہے۔مسلمان آصف زرداری ، نواز شریف ، مولانا ڈیزل ،بلاول زرداری اور حمزہ شریف تو بھائی بھائی ہو سکتے ہیں لیکن غربت سے تنگ خودکشی کرنے والے مسلمان یا بے روزگار نوجوان ان امیروں کے کیسے بھائی ہو سکتے ہیں جنہیں بے روگاری اور انکے مسائل کا احساس تک نہیں ہے کیا بھائی ایسے ہوتے ہیں اور کیا یہی بھائیوں کی تعریف ہے اگر یہ تعریف ہے تو پھر ہمیں بھائیوں کی تعریف بدلنا ہوگی یا پھر بھائی بدلنے ہوں گئے ؟۔

محبت سب کے لیے نفرت کسی کے لیے نہیں ،، یہ بھی ایک فرقہ پرور مذہبی حکمرانوں کا

بنیادی نعرہ ہے جو اپنی ابتدا سے انتہا تک تضاد اور جھوٹ سے بھرا ہے۔جو پھر ایک دوسری فرقہ واریت کی بڑی جعل سازی اور فریب ہے۔کیونکہ محبت کا احساس نفرت کی موجودگی میں ہی ہو سکتا ہے اس لیے جب چند لوگوں سے محبت ہو گئی تو بقیہ سے نفرت ہو گئی سماجی سائنس اور فلسفیانہ نقطہ نظر سے محبت اور نفرت جہاں ایک دوسرے کی ضد ہیں وہاں ایک دوسرے کے لیے لازم و ملزم اور ہونے کا جواز بھی ہیں۔یہ نفرت اور محبت کے جذبات و احساسات جہاں اور جب بھی ہوں گئے دونوں اکٹھے ہوں گئے یا بالکل نہیں ہوں گئے یہ ایک لازمی امر ہے لیکن یہ ایک الگ بحث ہے کہ محبت اور نفرت کوئی مستقل اور ٹھوس نہیں ہوتیں۔بلکہ یہ مسلسل تبدیل ہوتی رہتی ہیں کسی بھی فرقے یا مذہب میں تو محبت اور نفرت بہت ہی مفاداتی اور کمزور ہوتی ہے۔جو صرف چندوں پر ہی تبدیل ہو جاتی ہے۔ جس پر یہاں بحث کی گنجائش نہیں ہے۔

اگر واقعی یہ اس محبت کے نعرے کو مانتے ہوں تو پھر یہ کبھی ایک الگ فرقہ یا مذہب نہ ہوتا ان کا پر تشدد سخت نظام اور بے لگام آمرانہ مرکزیت نہ ہوتی اپنے آپ کو منفرد اور اعلی کرنے کے احساس محرومی کے جذبے اور اظہار نہ ہوتے جو ایک بھیانک تعصب کی ہی واضح کڑی ہے۔اصل میں یہ نعرہ کچھ ایسے ہے ،، محبت صرف مرکز کی غلامی کے لیے باقی سب کے لیے صرف نفرت ،، محبت صرف اپنے فرقے کے لیے بقیہ سے نفرت۔ہر مذہب اور فرقے کی یہی بنیاد ہے جس کے اوپر مختلف اقسام کی بے ہودہ اور غیر منطقی ڈرامے اور اشتہار بازیاں کی جاتیں ہیں۔اور اگر سب کے لیے محبت ہے تو پھر انہیں دہشت گر داعش ، د القاعدہ اور طالبان سے بھی محبت ہوگئی اور ان کے ہاتھوں مرنے والے معصوم لوگوں سے بھی محبت ہوگئی ظلموں سے بھی اور مظلوموں سے بھی زرداری نواز شریف سے بھی اور

غریب عوام سے بھی محبت ہوگئی۔بش سے بھی صدام اور اسامہ بن لادن سے بھی ، اوباما سے بھی اور اسد البشارت سے بھی ، اس لیے اگر آپ جہاہل کے دیوتا ہیں تو برائے مہربانی ہمیں اور معصوم عوام کو بے وقوف مت بنائیں۔

ملائیت کا ایک بہت بڑا ڈھانچہ اور وسیع تر مذہبی نکموں کا گروہ ہے جس کو قائم رکھنے اور پالنے پوسنے کے لیے تمام مذاہب اور فرقوں کو بہت بڑے سرمایہ کی ضرورت درکار ہوتی ہے۔
مذہب ایک ایسی دوکانداری ہے جس میں گاہک اپنے خون پسنے کی کمائی میں سے صرف ادائیگی ہی کرتے ہیں اس کے بدلے ان کو کوئی چیز نہیں ملتی ماسوائے ایک کٹر تعصبی فریب اور جنت کی تسلی ہے جو سماجی بھلائی نہیں بلکہ بربادی کا سبب ہے۔یہ مذہب اور فرقوں کے نام پر دھندہ کرنے والے اپنے بے کار اور زہریلے وجود کے جواز کے لیے انسانوں کے اندر کم علمی کی وجہ سے سرائیت کیا ہوئے خوف اور لالچ کو بھرپور استعمال کرکے ان سے اپنے لیے خدا کے نام پر بڑی بڑی رقموں بٹورتے ہیں۔عام آدمیوں کی زندگیوں کو دنیا میں ہی جہنم بناکر خود جنت سے بھی پر تعاش زندگی اسی زمین پر گزارتے ہیں۔اور پھر ان اطاعت گزاروں کا احسان بھی نہیں مانتے بلکہ جنت کالالچ اور جہنم کے خوف کے نام پر ان سے مسلسل بڑی بڑی خیراتیں ، چندہ ، صدقے بڑی بے شرمی سے وصول کرتے رہتے ہیں اور پھر انہی کو ہی دوزخی ٹھہراتے ہیں۔یہ پیار محبت کی باتیں کرکے نفرت کے کاروبار کرتے ہیں۔یہ ظلم کے خلاف نہیں بلکہ ظلم کی بنیادیں اور اسکے رکھوالے ہیں۔

بھوک ایک وحشت اور درندگی کا نام ہے جس میں کوئی رشتہ ، کوئی امن ، کوئی تہذیب و تمدن ،کوئی الیکشن ، کوئی مذہب ، کوئی ملک اور کوئی نظام چل نہیں سکتا اس میں سب کو ایک دن دیر یا بدیر خاکستر ہو جانا ہے۔یا پھر بھوک کو خود مٹ جانا ہے یہ دونوں چیزیں کبھی

ساتھ ساتھ نہیں چل سکتیں یا ایک لمبا عرصہ یا پھر مستقل کبھی نہیں چل سکتیں۔۔ جس کا فیصلہ مذہبی ٹھکیداروں اور حکمرانوں کو نہیں بلکہ باشعور عوام کو کرنا ہے ان سب کو مسترد کر کے اپنے طبقاتی اتحاد سے اپنی لڑائی خود لڑ کے ، اپنے مقدر کا فیصلہ خود کرنا ہے۔

یورپ کی موجودہ جمہوریت اور سرمایہ داری کا آغاز انہیں مذاہب اور غیر حقیقی خدائی نظریات کو ماضی کے قبرستانوں میں دفن کرنے کے بعد ہی ہوا تھا۔اور آج جب بازاری معیشت کا نظام چلنے سے قاصر ہے تو یہی حکمران جو مذاہب کے دیوتاوں کو ماضی کے قبروں میں دفن کر چکے تھے آج پوری دنیا میں اپنے استحصالی اور مالیاتی مفادات کے لیے انہیں قبروں سے اکھاڑ لائے ہیں۔جس سے مذہب آج ایک مذہب نہیں بلکہ ایک فائدہ مند کاروبار اور عوامی استحصال کا زریعہ بن چکا ہے اگر آپ آج کے بڑے عالمی کاروبار کے اعدوشمار دیکھیں تو آپ کو معلوم ہو گا کہ آج دنیا کے دو بڑے ترین بزنس ہیں ایک سکیس اور دوسرا مذاہب جو سب سے بڑی منڈی رکھتے ہیں ، یعنی موجودہ سیاسی اور مذہنی حکمرانوں کے کٹھ جوڑ نے ان دونوں معصوم انسانی ذاتی جذبوں کو دھندہ بنا کر بازار میں منافع بخش کاوبار بنا ڈالا ہے جو بازاری منافع کے نظام کے خاتمے اور اشتراکی انقلاب کا تقاضہ ہے۔آج تک کی تمام انسانی ترقی مادی اور جدلیاتی سوچ کے اصولوں پر طبقاتی جدوجہد کی مرہون منت رہی ہے اور آئندہ بھی سماجی ترقی اسی مارکسی فلسفے کے بغیر ممکن نہیں ہے جو آج ایک عوامی انقلاب کی پکار کر رہا ہے۔

ادب ترقی پسند ہوتا ہے یا نہیں ہوتا

عمر بھر سب کی نگاہوں میں کھٹکتا ہی رہا

جرم یہ تھا کہ حق گوئی میرا مسلق رہی

ادب کا آغاز بنیادی طور پر قدیم یونان سے ہوا تھا جب اسے لوگوں میں شعور کی بیداری کے لیے استعمال کی جاتا تھا اور لوگوں کو اس کے زریعے اچھا شہری بنانے کی ترغیب دی جاتی تھی یعنی ادب کا کام معاشرے کی بہتری اور تعمیر و ترقی تھا اور ہے۔

علم و ادب ترقی پسند ہوتا ہے یا نہیں ہوتا۔یقیناًاس پر بہت سے نام نہاد ادبی حلقے بلبلا اٹھیں گئے لیکن یہ ایک ٹھوس سچ ہے اور یہ کتنا ہی کڑوا کیوں نہ ہو ہمیں نگلنا ہی ہوگا اگر ہم واقعی حقیقی علم و ادب کی کچھ خدمت کرنا چاہتے ہیں یا اس میں سنجیدہ ہیں۔

علم و ادب معاشرے سے کٹ کر الگ کوئی چیز نہیں ہے اور اس سے علیحدہ نہ ہی کوئی اسکی حیثیت اور اہمیت ہے۔جب کوئی علم و ادب معاشرے کا ترجمان نہیں ہوتاتو پھر اس کے موضوعات بھی سماجی نہیں رہتے جس سے یہ سڑک پر پڑی کسی لاوارث لاش کی طرح ہوتا ہے جیسے دفنا دینا ہی معاشرے کی صحت کے لیے ضروری ہوتا ہے وگرنہ یہ پورے سماج کو

تعفن زدہ کر دیتا ہے مثلا نوٹ وکھا میرا موڈ بنے وغیرہ۔ حقیقی علم و ادب ہمیشہ زندہ اور تازہ ہوتا ہے جو زندگی کی علامت ہے اور زندگی کی وجہ بھی۔ یہ کسی آبشار کی مانند ہمیشہ تروتازہ اور فطری مہک کا اظہار ہے اور آبشار کی زندگی کا دارومدار اس کی روانی اور اس کے بہاو میں ہے۔ کھڑے پانی کو جوہڑ یا گندے پانی کا چھپڑ کہا جاتا ہے۔ کیونکہ جب بھی پانی کھڑا ہوتا ہے اس کے اندر کا تمام گندہ اوپر آجاتا ہے۔ اور ایک دن یہ بد بو دار غلاظت کا ڈھیر بن جاتا ہے جو مضر انسانی اور سماجی زندگی ہے۔

اسی طرح ادب کی زندگی کا انحصار بھی اسکی سماج میں زندہ تحریک سے وابستگی پر ہوتا ہے۔ ادب جتنا زیادہ عوامی تحریکوں سے منسلک ہوگا انکی ترجمانی کرئے گا ان کے لیے تعمیر و ترقی کی منزلوں کا تعین کر کے مشعل راہ ہو گا اتنا ہی صحت مند اور توانا ہوگا۔ زندہ جاوید ادب ہمیشہ انقلابی ادب ہی ہوتا ہے۔ کیونکہ اس کا مقصد معاشرے میں ظلم واستحصال اور نا انصافی کے خلاف آواز حق بلند کرنا ہے۔ یہ نامساعد تریں حالات میں بھی سماجی ارتقا کے لیے معاشرتی جمود سے ٹکراتا ہے اور ایک عظیم عوامی مقصد میں امر ہو جاتا ہے۔ جس کی مثال بائیں بازو کا اشتراکی ادب ہے اس میں فیض احمد فیض ، ساحر لودھانوی ، حبیب جالب ، سعادت حسن منٹو ، کرشن چندر ، میراجی ، ویندر دیو ،بلایوراج ، سردار جعفری ، حسرت موہانی ، مہندر ناتھ ، سبط حسن ، غلام عباس ، منشی پریم چند وغیرہ کا نام سر فہرست ہے۔ جو مر کر بھی زندہ ہیں اور آج بھی انکی شاعری ، مضامین ، مقالہ جات ، افسانے ، ناول اور ڈرامے آج کے لیے لکھے گئے ہی لگتے ہیں جو آج کے حالات کی نشان دہی کر کے سماجی ترقی کے راستے کی آگاہی دیتے ہیں یہی ادب ہے اور یہی زندہ ادب ہے جو ادب برائے زندگی ہے اور بقائے زندگی بھی ہے۔

ہمیں آج مندرجہ بالا عظیم ادیب نہیں بلکہ ان سے بھی عظیم ادیبوں کی ضرورت ہے جو

موجودہ سخت وقت اور سنگین حالات کا تقاضہ ہے ، جو نظام کی تبدیلی کی پکار کر رہے ہیں ہم بڑے اور عظیم ادیب آج بھی پیدا کرسکتے ہیں اگر ہم اپنے سماجی علوم کے مطالعوں کو وسیع کریں اور عوامی تحریکوں میں شامل ہو جائیں کیونکہ آج ماضی سے زیادہ ترقی پسند ادب کی مانگ اور ضرورت ہے۔

ترقی پسند ادب کے علاوہ بھی سنا اور کہا جا تا ہے کہ کچھ ادب ہے۔جس کو میں ادب نہیں مانتا بلکہ اسے ادب کی بے ادبی اور پسماندگی قرار دیتا ہوں جیسے میں سائنسی اور سماجی طور پر ثابت بھی کرسکتا ہوں۔

آج تک کی تمام انسانی تاریخ طبقاتی جدوجہد کی تاریخ ہے جس سے کوئی بھی ذی شعور انکار نہیں کرسکتا۔اور موجودہ طبقاتی سماج میں ہر ادب بھی طبقاتی ہوتا ہے۔یہ یا تو حکمرانوں کی نمائندگی کرتا ہے جسے بوژوا ادب کہتے ہیں یا عام زبان میں درباری ادب بھی کہا جاتا ہے جو قدامت پرست اور رجعتی ادب ہے یا پھر دوسرا ادب جو محنت کش طبقے کا علمبردار ہوتا ہے جسے پرولتاریہ ادب یا عوامی ادب کہا جاتا ہے یہ ترقی پسند یا مذاحمتی ادب کہلاتا ہے۔

ہاں یقیناً اب کچھ غیر اہم جعلی دانشوار یہ بھی کہیں گئے کہ ایک درمیانہ طبقہ بھی ہوتا ہے اور اس کا مڈل کاسیا ادب یا پھر پیٹی بوژوازی ادب ہوتا ہوگا۔سماجی سائنس کے نقطہ نظر سے مڈل کلاس کوئی سماجی طبقہ نہیں ہے اس لیے انکا کوئی ادب بھی نہیں ہوسکتا اور نہ ہی اس کا کوئی وجود ہے۔اور اگر کوئی وجود ہے تو سائنس کے نقطہ نظر سے وہ جھوٹ اور منافقت کا ادب ہے۔یعنی ادب کی بے ادبی کا ، جو مڈل کلاسیا ادب ہوسکتا ہے۔یہ اس لیے کہ درمیانہ طبقہ کسی بھی سماج میں دوطبقات کی درمیان خالی جگہ کو پر کرتا ہے۔بوژوازی اور پرولتاریہ

طبقات کے درمیان جو خلا ہے یہی مڈل کلاس ہے۔کیونکہ سماجی سائنس اور فلسفے کے نقطہ نظر سے ہمیشہ سماجی حالات ہی شعور کا تعین کرتے ہیں اور اسی درمیانے کردار کی وجہ سے مڈل کلاس کا کوئی سماجی مضبوط اور مستحکم کردار نہ ہونے کی وجہ سے اس کا شعور بھی متذبذب ہوتا ہے اس لیے مڈل کلاس ایک غیر مستحکم شخصیت اور سوچ کا نام ہے۔

مڈل کلاس کی عام حالات میں ہمیشہ یہ خواہش ہوتی ہے اور اس کی جدوجہد بھی یہی ہوتی ہے کہ یہ حکمران طبقات میں شامل ہو جائے اور اس کے لیے یہ وہ تمام غیر اخلاقی ، غیر انسانی ، غیر قانونی اور غیر تہذیبی افعال کر گزرتا ہے۔درمیانے طبقہ کا عام حالات میں کردار حکمران گماشتہ ہوتا ہے اور اسکا ادب بھی اسی کردار کا حامل ہوتا ہے۔لیکن نظام کے معاشی اور سماجی بحرانوں میں جب اسکی امیر بنے کی تمام تر خواہشیں پوری نہیں ہوتیں یا دم توڑ دیتیں ہیں تو تنگ دست حالات اسکو محنت کشوں کے معیار زندگی کی طرف دھکیل دیتے ہیں تو پھر یہ اپنے ماضی کے آقاوں کے خلاف صف آرا ہو جاتے ہیں۔حکمرانوں کے خلاف محنت کشوں کی صفوں میں داخل ہو کر اپنے طور پر انکی نمائندگی کرنے لگتے ہیں یا انکی قیادت کا اپنے آپ کو اہل سمجھنے لگتے ہیں۔بالکل اسی طرح جس طرح آج پاکستان میں صحافی حضرات یا نام نہاد سول سوسائٹی انقلاب کے لیے بڑی بے چین لگتی ہے۔جب کے حقیقت میں ایسا نہیں ہے اگر انہیں آج حکمرانی یا حکمران طبقے میں شامل ہونے کا موقع مل جائے تو یہ کوئی دیر نہیں کریں گئے اور ان کا انقلاب مکمل ہو جائے گا لیکن عوام کی حالت جوں کی توں ہی رہے گئی اسی لیے انکا علم و ادب اور دانشواری بھی انکے اسی خسی اور نامراد کردار سے قطعی مختلف نہیں ہوتی۔کیا آپ اسے علم و ادب اور دانشواری کہیں گئے اگر کہیں گئے تو تعجب ہے ؟۔میں کم از کم اسے ادب یا علم نہیں کہتا۔

ہاں اسکا صرف ایک حل ہے جب یہ مڈل کلاس اپنا معیار زندگی عام عوام کے مساوی لا کر ان کے مسائل کو شعوری طور پر محسوس کریں اور عوام کی طبقاتی جدوجہد کی تحریک میں اپنے آپ کو محنت کشوں کی قیادت میں منظم کر لیں جو مڈل کلاس کو انکے متزلزل کردار سے نجات دلا سکتی ہے اور انکے علم و ادب کو جدید بنا سکتی ہے۔

مڈل کلاس کی ایک بڑی ذہنی بیماری جو اس کے سماجی مڈل کلاس کردار کی وجہ سے ہے کہ یہ محنت کشوں کے مقابلے میں اپنے آپ کو بہتر یعنی احساس بدتری کا شکا ہوتے ہیں جبکہ حکمرانوں کے حوالے سے یہ احساس کمتری میں گرفتار ہوتے ہیں جو انکی ذہنی غربت کا عکس ہے جس کا اظہار انکے علم و ادب یا پھر شاعری میں ہوتا ہے۔

آج کا ادب جس کو ہم جدید ادب کہتے ہیں یہ اسی وقت جدید ہو سکتا ہے جب یہ عہد نو کے تقاضوں پر پورا اترے آج کے فرسودہ نظام کی تبدیلی کی بات کرئے نہ کہ دیو محلائی کہانیوں اور عشق و محبت کی داستانو ں کو اپنا موضوع بنائیں جو موجودہ اقتصادی اور معاشرتی عوامی مسائل پر تیزاب بن کر گرتا ہے۔

آج کے نظام میں چند دولت مندوں نے ، بھوک ننگ افلاس اکثریتی عوام کا مقدر بنا دیا ہے۔بڑھتی طبقاتی خلیج اور خستہ عوامی حالات انسانیت کی اذیتی موت بن رہے ہیں۔آج سسکتی انسانی زندگی جب کسی عذاب سے کم نہیں ،تو اس میں کالی زلفوں ، گھٹاوں اور ادب برائے ادب کی کوئی گنجائش بھی نہیں رہی بلکہ ان تکلیف دہ سماجی حالات میں ، جب پاکستان میں غربت اور بے روزگاری سے تنگ آکر تقریبا پانچ اعشاریہ ایک فیصد لوگ سالانہ خودکشی کر رہے ہیں ، ساٹھ فیصد سے زائد عوام ایک سو ساٹھ روپے سے کم روزانہ پر زندہ ہیں، چائلڈ

لیبر اور عورتوں پر ظلم و جبر کے پہاڑ ٹوٹ رہے ہیں ، خود کش بمبار ، بجلی پانی کی لوڈ شیڈنگ ، مہنگائی، بحران در بحران جو نہ صرف پاکستان بلکہ پوری دنیا میں کسی اژدھا کی طرح اس کرہ ارض پر بسنے والی انسانیت کو ڈس رہے ہیں ان ملکی اور عالمی حالات میں ادب برائے ادب سماجی اور عوامی رستے زخموں پر نمک چھڑکتا ہے۔

میر تقی میر اور میر درد کا عظیم دور گزر چکا ہے۔آج ہمیں جرات مند مذاحمتی ادب کی ضرورت ہے کسی کمزور اور لاغر ادب کی نہیں جس میں ٹکرانے اورلڑنے کی ہمت نہ ہو۔ اس کے باوجود بہت سے ادبی حلقے یہ کہتے نہیں تھکتے کی ادب بہت ترقی کر رہا ہے اس کا دائرہ کار اب بہت وسیع ہو چکا ہے ماہیے ، ہیکو ، آزاد غزل اور بہت ساری دوسری اصناف اس میں شامل ہو چکی ہیں۔جو ادیب یہ کہتے ہیں انکو یاتو ترقی اور ارتقا کے معنی کا علم ہی نہیں یا یہ حضرات پڑھنے کی زحمت گواہ نہیں کرتے یا پھر ان میں پڑھنے کے باوجود سمجھنے کی صلاحیت نہیں ہے ان کو ادیب کہنا ادب کی توہین نہیں تو اور کیا ہے؟۔ادب کی وسعت اس کی مقدار میں اضافہ تو ہوسکتا ہے معیار میں بلندی کبھی نہیں ہوسکتی۔

کیونکہ معیار کا تعلق مقصد کی عظمت سے ہے مقدار اور تعداد میں بڑھوتری سے نہیں۔بلکہ ادب کی صنف میں وسعت ادبی معیار کے بغیر اس کو برباد کردیتی ہے اور اسے انارکی بنا دیتی ہے۔یہ ادب میں پسماندگی ، رجعت اورقدامت پرستی میں مسلسل شرح اضافہ ہوتا ہے جو اس کی ترقی نہیں بلکہ زوال پذیری ہے۔اس لیے کہ کسی بھی علم و ادب کا تعین اس کے عظیم مقصد سے ہی ہو سکتا ہے جو کہ ماسوائے عوامی بھلائی اور سماجی ارتقا کے کچھ نہیں ہو تا

آج کا ادب اگر سماجی اور حقیقی انسانی معیار اور پیمانے پر پرکھا جاے تو زیادہ تر ادب بوسیدہ

اور رجعت پرست ہے جو ظلم و استحصال کو جلا بخش رہا ہے اور شعوری یا لا شعوری طور پر جابر حکمرانوں کا خدمت گزار ہے۔جس کی آج کوئی ضرورت نہیں بلکہ یہ انسانی اور سماجی تباہی کا باعث ہے جس کے خلاف ترقی پسندوں کو ناقابل مصالحت لڑنے اور شکست دینے کی ضرورت ہے۔

آج کا نام نہاد ادب جس کو مڈل کلاس اپنی نجی ملکیت سمجھتی ہے اوراس کو اپنی ذات کی شہرت کے لیے استعمال کرتا ہے یا اس ادب سے اپنی سماجی محرومیاں دور کرتا ہے۔کیونکہ مڈل کلاس کے افراد کا ایک بڑا المیہ یہ بھی ہے کہ اس کے اندر انفرادیت یا ہیرو ازم کا جذبہ اپنی عروج پر ہوتا ہے۔یہ معاشرے میں اپنے سماجی کردار کی وجہ سے سب سے زیادہ احساس کمتری یا احساس بتری کی بیماری میں مبتلا ہوتے ہیں۔اس لیے آج کے بہت سے دانشوار اور ادیب اپنے فرسودہ ادب کے زریعے اپنی احساس کمتری کو احساس برتری میں تبدیل کرنے کی کوشیش کرتے رہتے ہیں۔اس سے بالا کہ اس کے معاشرے پر کتنے منفی اور تباہ کن اثرات مرتب ہوتے ہیں کیونکہ ادب کسی بھی معاشرے کا ایک بڑا اثاثہ اور اس کی پہچان ہوتا ہے۔

روائتی ادب ہمیشہ کسی بھی سماج میں موجودہ حالات کی جدلیاتی نہیں بلکہ میکینکل انداز میں غمازی کرتا ہے۔جو حکمرانوں کے پیدا کردہ ہوتے ہیں یہ روائتی ادب بھی اسی کو فروغ دیتا ہے۔کسی بھی معاشرے کا عام حالات میں جو شعور ہے یا حاوی سوچ ہوتی ہے وہ حکمران طبقات کی پروردہ ہوتی ہے اس لیے آج کا زیادہ تر ادب بھی حکمران گماشتہ ہے جیسے ادب برائے ادب بھی کہا جاتا ہے۔جب کوئی سماج بحرانوں کے شکنجے میں ہوتا ہے یا پسماندگی میں گرا ہوتا ہے تو اس کی اقدار ، نظریات ،ثقافت ،ادب بھی اسی قدامت پرستی اور اخلاقی

گراوٹ کا اظہار کرتے ہیں اسی لیے آج کا اکثریتی ادب بھی اسی کا اظہار ہے۔

اردو ادب کی تحریکیں آج پاکستان سے زیادہ عمومی طور پر غیر ممالک اور خصوصی طور پر یورپ اور امیر مغربی ملکوں میں زیادہ نظر آتی ہیں اس کی بنیادی وجہ یہ ہے کہ پاکستان میں شکستہ حالات زندگی نے ادبی تحریکوں سے زیادہ معاشی اور سماجی تحریکو ں کو پروان چڑھایا ہے جس سے ادبی تحریکیں کمزور یا پس کر رہ گئی ہیں لیکن یورپی ممالک میں تقریبا تمام لوگوں کی بنیادی انسانی ضروریات آسانی سے پوری ہو جاتیں ہیں اور پیٹ کی بھوک مٹنے کے بعد ذہین کی بھوک جنم لیتی ہے جس سے یورپ میں بہت سے ان پڑھ اور جاہل حضرات بھی شوقیہ ادیب بنے بیٹھے ہیں ان کا علم اور مطالعہ کم ہونے کی وجہ سے انکا ادب میں کوئی مقصد نہیں ہے ماسوائے ذہنی ٹھرک بازی اور ذات کی تشہیر کے اور جب ادب میں سے مقصد نکل جاتا ہے تو یہ منافرت اور ذلت بن جاتا ہے۔جو آج ادبی حلقوں میں ذاتی لڑائیاں، ڈیڑھ ڈیڑھ انچ کی مساجد اورشدید تضادات سے ثابت ہو تا ہے جبکہ ان کے درمیان کوئی بنیادی نظریاتی فرق نہیں ہے۔

موجوہ ادب کو اس کی رسوائی اور زوال پذیر ی سے نکلنے کے لیے لازمی ہے کہ اد ب کو عظیم انسانی مقصد دیا جائے۔اسے عوام کی تبدیلی کی خواہش سے منسلک کیا جائے۔اسے محنت کشوں کی تحریک کا اٹوٹ انگ بنایا جائے۔اس میں پاکستان اور عالمی مسائل کو بیاں کر کے اس کے اشتراکی حل کو پیش کیا جائے اسے طبقاتی اور انقلابی تحریک کا روح و رواں ہونا چاہے مزدور تحریکوں کو گرمانا چاہے۔مزدوروں میں سماجی تبدیلی کے لیے جرات وحرارت اور ایک نیا عزم پیدا کر نا چاہیے۔اسے عوامی شعور کی بیداری کا باعث ہونا چاہیے وگرنہ ہمیں اسے کسی ردی کی ٹوکری میں پھنک دینا چاہے۔

مذاہب اور طبقاتی جدوجہد

سچ بات پر ملتا ہے صدا زہر کا پیالہ

جینا ہے تو پھر جرات اظہار نہ مانگو

بلا شبہ قدیم انسانی تاریخ میں تمام مذاہب نے اپنے اپنے ادوار میں پسماندہ معاشروں کی تبدیلی میں اہم انقلابی کردار ادا کیا۔اور زوال پذیر سماجوں کو ترقی کی نئی جہتوں سے آشکار کے سماجی ارتقا کو آگے بڑھایا۔اور یہی معاشرتی ترقی تھی جو ماضی کے تمام مذاہب کی ٹھوس سماجی بنیادیں بنیں۔جنھوں نے مذاہب کی نشو نما کی اور انہیں وسیع تر عوامی حمائت میسر آئی ، مذاہب کے اقتدار کو مضبوط کیا اور فتوحات کو جلا بخشی۔بالکل اسی طرح جس طرح ان سے پہلے اور بعد میں انسانی تاریخ میں دوسرے انقلابات اور اصلاحات نے انقلابی فرائض سر انجام دیئے تھے۔جس میں ابتدائی اشتراکی معاشرے سے لے کر عالمی مالیاتی نظام تک کے انسانی سماج نے سفر طے کیا۔اس انسانی تاریخی سفر میں مادرسری پھر پدر سری ، غلامانہ دور ، جاگیرداری اور اس کے بعد قومی سرمایہ داری جس کے بعد عالمی سرمایہ داری جو آج تمام دنیا پر حکمران نظام ہے۔

یہ تمام انسانی تاریخی نظام کبھی بھی ایک شکل اور کیفیت میں قائم نہیں رہے ان کا بنیادی مقصد ہمیشہ ایک ہی تھا انسانی سماج کی تعمیر و ترقی۔لیکن اس کی شکلیں اور کیفیتیں تبدیل ہوتی رہیں جس طرح حالیہ تاریخ میں قومی سرمایہ داری کے بحرانوں نے نو آبادیاتی نظام کی بنیاد رکھی اور نو آبادیاتی نظاموں کے انتشار سے عالمی حکمرانوں نے آئی ایم الف اور ورلڈ بنک بناکر ، خود اپنی براہ راست حکمرانی کی جگہ اب وہ ان مالیاتی اداروں کے زریعے بلا واسطہ سیاسی اور سرمایہ دارانہ حکمرانی کرتے ہیں۔جہاں جس کا پیسہ ہوتا ہے اسی کی ساسیات مسلط ہوتی ہیں۔سرمایہ داری کا یہ تمام چکر اور حالتیں صرف ایک مقصد کے لیے تھیں اور ہیں جس میں منڈی اور شرح منافع کے حصول کو ہر حالت میں ممکن بنانا اور قائم رکھنا ہے۔اس سے اب تک سماجی ارتقار جاری رہی جو اب جمود کا شکار ہو چکا ہے۔بے شک ترقی پذیر ممالک میں سرمایہ داری اپنی کلاسیکل شکل میں موجود نہیں ہے لیکن یہاں بھی ان سماجوں کو سرمایہ داری کے پیداواری رشتے اور قانون ہی کنٹرول کرتے ہیں۔

یورپ میں نام نہاد سوشل ڈیموکریسی جو سرمایہ داری نظام میں اصلاحات کا نام ہے جیسے سماجی انصاف کہا جاتا ہے اس کے پیچھے بھی منڈی اور شرح منافع کا حصول ہی کار فرما ہے۔جو اب عالمی سرمایہ داری کے بحران سے واضح طور پر ننگا ہو چکا ہے اور اس کے پس منظر سے سرمایہ داری کا بھیانک چہرہ منظر عام پر آچکا ہے۔یونان ، پرتگال، سپین ، آئر لینڈ اور اٹلی اس کی منہ بولتی تصویر ہیں۔

تمام انسانی ترقی میں چھ بنیادی انسانی نظاموں نے ہی آج تک کی جدید ترین ترقی میں اہم کردار ادا کیا۔حالیہ جدیدیت انہی نظاموں کی تعمیر اور پھر تباہی کی مرہون منت ہے۔یہ تمام نظام مختلف ادوار میں مختلف شکلوں کیفیتوں اور ہیتوں میں جاری رہے اور اپنی پیداواری ترقی

کی صلاحیتوں کو استعمال کرنے کے بعد مرتے رہے اور انہیں کی کھوکھ سے نئے ترقی یافتہ نظام پیدا ہوئے۔ تمام انسانی تاریخ کا یہی ایک بڑا سچ ہے۔

ماضی کی نہ صرف تمام مذہبی بلکہ تمام غیر مذہبی تحریکوں بھی اپنے وقتوں کے رائج الوقت زوال پذیر نظاموں کو اکھاڑنے کے لیے یا ان میں بہتری کے لیے حکمرانوں کے خلاف اصلاحی ، عوامی اور طبقاتی تحریکیں تھیں۔ جیسے سماجی سائنس کی روشنی میں کارل مارکس نے لکھا ہے کہ،، تمام انسانی تاریخ طبقاتی جدوجہد کی تاریخ ہے۔ ان قدیم تحریکوں کا بنیادی مقصد اپنے وقتوں کے نظام کی تنزلی سے پیدا ہونے والے سفاک مظالم کے خلاف عوامی اور سماجی بہتری کے علاوہ کچھ اور نہیں تھا اگر تھا تو وہ جھوٹ اور منافقت تھی جس کو ملا آج بڑی بے شرمی سے بیان کرتا ہے۔

حکمران عمومی طور پر اور مذہبی جماعتیں خصوصی طور پر ظلم کو بڑے محدود اور مخصوص الفاظ میں بیان کرکے اپنے حق میں استعمال کرتے ہیں۔ کیونکہ ظلم کسی خاص شخص یا گروہ کو مارنا پیٹنا ، غلط عدالتی فیصلے یا پھر حکومت اور ریاست کی طرف سے چند جماعتوں پر ستم ڈھانا ہی نہیں ہوتا بلکہ لفظ ظلم اپنے اندار بہت وسیع معانی رکھتا ہے۔ جس میں معاشی، سیاسی اور سماجی مظالم تک کا احاطہ کرتا ہے جو طبقاتی استحصال کی دوسری شکل یا نام ہے جس کو تمام مذہبی جماعتیں اور حکمران کہنے اور سنے سے خوف زدہ ہیں کیونکہ آج اس طبقاتی استحصال اور ظلم کی بڑی وجہ مذہبی رہنما اور انکی جماعتیں صف اول پر حکمرانوں کے ہاتھوں اپنے معاشی، سیاسی اور سماجی مفادات کے لیے استعمال ہوتی ہیں اور حکمران ان مذاہب اور انکی جماعتوں کو اپنی حکمرانی کے لیے کسی تحائف کی طرح استعمال کرتے ہیں وہ کیا کہتے ہیں نوٹ ویکھا میرا موڈ بنے۔

آغاز میں نہ صرف تمام مذاہب بلکہ ماضی کی تمام غیر مذہبی تحریکیں بھی اپنے ادوار میں سماجی مظالم کے خلاف بغاوتیں اور تحریکیں ہی تھیں۔ لیکن جب یہی مختلف مذاہب حکمران بنے اور سماج کو ایک خاص حد تک اصلاحات سے ترقی دینے کے بعد ان میں سماجی ترقی کی گنجائش ختم ہو گی تو انہوں نے اپنی حکمرانی کو قائم رکھنے کے لیے عوام پر وہ تمام ظلم ڈھائے جس کی اس سے پہلے تاریخ میں مثال نہیں تھی انکو نے وہی کرنا شروع کر دیا جو ماضی کے حکمران کیا کرتے تھے۔ تمام حکمران بشمول مذہبی جو طبقاتی ظلم کے خلاف علمبر دار تھے اب اس کے داعی بن چکے تھے۔ ان کا نظام اور اصلاحات سماجی ترقی سے قاصر تھا اور یہ نئے نظام کو راستہ دینے کے لیے تیار نہ تھے سماجی پسماندگی عوام کو نئے نظام کے لیے ایک بار پھر ابھرنے لگی بغاوتوں اور سرکشیوں کا آغاز ہوا۔ ماضی کے بت ایک بار ٹوٹنے لگے۔ عوام نے اپنے آباواجدا کی انقلابی روایات کو زندہ کیا اور اقتدار سے چمٹے حکمران طبقے کو پاش پاش کر ڈالا۔ یہ ایک ان مٹ تاریخی حقیقت ہے کہ کبھی بھی کوئی حکمران اپنی مراعات اور اقتدار سے رضا کارانہ دست بردار نہیں ہوا۔ اس لیے اس بار بھی عوام نے اپنی طبقاتی طاقت سے ماضی کے خداوں کو مٹا ڈالا۔ ہمیں جو مذاہب آخیری ، مقدس اور ناقابل شکست دیو ہیکل نظر آتے تھے مٹی کی ڈھیر ہوگئے۔ ان مرتے نظاموں اور انکی تہذیب و اخلاقیات نے اپنی زندگی میں ہی اپنے ورثے نئے نظاموں اور تہذیب کو اپنی ہی کھوکھ سے جنم دیا اوراس جوان وتوانا نئے نظام نے رائج الوقت نظام کے بوڑھے اور کمزور ہونے پر خود اپنے کندھوں پر اس کی میت اٹھاکر ماضی کے قبرستان میں دفن کر دیا۔

یورپ کی سماجی ترقی کی بنیادوں میں بھی عیسائیت کا لہو ہے۔ کیونکہ آج کی یورپی ترقی تب تک ممکن ہی نہیں تھی جب تک پوپ اور عیسائی بنیاد پرستوں کو مٹا نہ دیا جاتا جو نا صرف ترقی کو

ہی برا نہیں کہتے تھے بلکہ اس کے خلاف صف آر بھی تھے اس وجہ سے کسی بھی ترقی کے لیے انکا صفایا لازمی تھا جو ہوا۔عیسائی اشرفیہ جو یورپ میں جاگیرداری کی آخیر کڑی تھی جس کے بعد سرمایہ داری نے ٹوٹے پھوٹے سماج کو جوڑا عیسائیت کی غلاظت کو صاف کیا سیکولر قومی ریاست کی بنیاد رکھی، انسانی بنیادی اور جمہوری حقوق کا اجرا کیا، زمینوں کی تقسیم کی، صنعت کاری کو ترقی دیکر جدید سماجی اور ریاستی ڈھانچے سے معاشرتی ترقی نے تمام انسانی تاریخ میں پہلی بار ایک قوم ، ایک زبان ، ایک ثقافت ، کو پیدا کیا جس کا نام تھا سرمایہ دارانہ نظام۔مذہب کے روپ میں جاگیرداری کے خاتمے نے جہاں قومی سرمایہ دارانہ ریاست کو جنم دیا وہاں پھر اس میں منڈی کے محدود ہونے سے جنم لینے والے بحرانوں، نے عالمی منڈی کی راہ ہموار کی اور آج کے مالیاتی نظام نے بڑھتے بڑھتے پوری دنیا کو اپنی لپیٹ میں لے کر ایک گلوبل ویلیج کی بنیاد رکھی۔

انسانی تاریخ کے مختلف معاشی نظاموں کی مختلف کیفیتوں نے اپنی بیرونی سطح پر مختلف سوچوں ، نظریات ، عقائد، مذاہب اور ان میں مسلسل تبدیلیوں کو جنم دیا۔کیونکہ سماجی حالات ہی شعور کا تعین کرتے ہیں اور رو باروز تبدیل ہوتی سماجی حالت نے شعور میں مسلسل ارتقار کو ترقی دی جس سے انسانی معاشروں میں بہت سے نظریات اور مذاہب بنتے اور ٹوتے رہے۔ یہی وجہ ہے کہ آج کوئی بھی مذہب اپنی کلاسیکل شکل میں موجود نہیں اور نہ ہی رہ سکتا تھا کیونکہ ارتقا ہر جمود کو فنا کر دیتا ہے۔

ہندو ازم سے پہلے کے تمام مذاہب میں خدا مونث تھا۔کیونکہ سماجی پیداوار کی محنت میں ابھی طاقت کا استعمال نہیں ہو تھا پیداوار شکار اور بچوں کو تصور کیا جاتا تھا اور اس کا ماخذ عورت تھی اور یہ عورت شکار بھی کرتی تھی جس پر قبائل کی زندگیوں کا انحصار ہوتا تھا۔

پیداوار کا زریع عورت ہونی کی وجہ سے عورت معاشرے کی حکمران ٹھہرائی گئی۔ یہ عورت کی حاکمیت کا زمانہ تھا اسی لیے خدا بھی فی میل تھا اور دیویاں خدا ہو کر تیں تھیں۔ لیکن جب انسانی ضروریات کے زرائع پیداوار میں تبدیلی ہوئی اور زمین پیداوار کا زریع بنی تو مرد کی طاقت کی ضرورت درکار ہوئی تو اس سے عورت کی حکمرانی کا دور کمزور ہوتا گیا اور آخیر کار ختم ہوکر مکمل مرد حاکمیت کے دور کا آغاز ہوا جس نے خداوں کی جنس کو بھی بدل دیا۔ تمام ماضی کے خدا اب مونث سے مذکر ہوچکے تھے یعنی عورت سے مرد ہو چکے تھے۔

ہندو ازم اسی انسانی محنت کی تقسیم کا عبوری عرصے کا مذہب ہے اس لیے اس میں دیوی اور دیوتا دونوں ملتے ہیں لیکن ہندو ازم کے بعد مکمل مرد حاکمیت کا زمانہ آ چکا تھا اس لیے ہندو ازم کے بعد تمام مذاہب میں خدا صرف مرد تھے یعنی اب صرف مردانہ خصوصیات کا حامل ہی خدا ہو سکتا تھا۔ اس لیے آج دنیا کے جدید مذاہب میں خدا مرد ہی ہیں اور کے بنائے پیغمبر بھی یعنی مذکر ہیں مونث نہیں۔ آج جب بھی کوئی فرد کہیں بھی کسی قسم کا مذہبی دعوے کرتا ہے تو وہ بھی مرد ہی ہوتے ہیں۔

اسی طرح علامہ اقبال بھی ایک سماجی عبوری دور کے روائتی شاعر یا دانشور تھے جن کے ہاں ہر قسم کی بنیاد پرستی بھی ملتی ہے اور اس کے خلاف بغاوت بھی یہ رجعت پرست بھی ہیں اور بائیں بازو کے دل داد بھی لیکن انکا کوئی ایک مستقل نظریہ اور سوچ نہ تھی وہ کبھی مشرق سے متاثر ہیں تو کبھی مغرب سے ان کی یہ شعوری کیفیت ٹھوس سماجی عبوری دور جو کہ متذبذب تھا کی غماز ہے جس وجہ سے وہ کبھی جواب شکوہ لکھ کر شکوہ کو مسترد کرتا ہے تو کبھی مارکس کو پیغمبر قرار دیتا ہے۔

تمام انسانی تاریخ اس کی گواہ ہے کہ سماجی حالات شعور کی تعمیر اور تعین کرتے ہیں۔اس لیے آج ترقی پذیر ممالک میں عورت جتنی محکوم ہے ترقی یافتہ ممالک میں نہیں ہے کیونکہ جدید زرائع پیداوار میں انسانی محنت کی طاقت کا استعمال کم ہونے سے مردانہ حاکمیت کمزور ہوتی گئی اور ہوتی جارہی ہے لیکن سرمایہ داری کے بحران ترقی یافتہ ممالک میں عورت پر عذاب بن کر ٹوٹ رہے ہیں اور عورت کی مکمل آزادی میں آج ایک بڑی روکاوٹ ہیں۔

یورپ کی ابتدائی سرمایہ داری نے جہاں مذہب کو ماضی کے قبرستانوں میں دفن کر دیا تھا ، نظام کے بحرانوں سے سماجی ابتری نے ان خداوں کو پھر زندہ کردیا جہاں پہلے مذہب صرف نام کے تھے اب انہیں ریاستی سرپرستی حاصل ہو چکی ہے۔جیسے ،، یوہوا کے گواہ ،، عیسائیت میں ایک نیا فرقہ خود امریکی حکمرانوں کی پشت پناہی سے رواج پا رہا ہے۔اس پر بے شمار ریاستی سرمایہ کاری بھی ہو چکی ہے۔اسی طرح پاکستان سے باہر احمدی جماعت کو مغربی ریاستیں بہت سپورٹ کرتی ہیں۔جس طرح اہل حدیث کو سعودی عرب اور اہل تشیع کو ایرانی حکمران اپنے اپنے مالیاتی مفادات کے لیے استعمال کرتے ہیں۔

نظام زر کے حکمران اپنی مراعات اور اقتدار کو قائم رکھنے کے لیے مردہ خداوں کو قبروں سے اکھاڑ لائے ہیں۔جس سے آج کی سماجی ترقی جو انسانی محنت کا نتیجہ ہے ایک بار پھر تنزلی کی طرف بڑھ رہی ہے یونان، پرتگال، سپین ، اٹلی کی انتہائی ریاستی کٹوتیاں سماج کو زوال کی طرف دھکیل رہی ہیں۔پاکستان میں بجلی، پانی، گیس، کی لوڈشیڈنگ ، بے روزگاری، صحت، علاج، تعلیم، صفائی کا ناپیدا ہونا پاکستان کو پتھر کے دور میں دھکیل رہا ہے جس کے خلاف ایک بار پھر طبقاتی جدوجہد کی جنگ کا آغاز ہو رہا ہے۔جس کو تباہ کرنے کے لیے حکمران آج مذاہب اور فرقوںاور انکی دہشت گردیوں کو استعمال کر رہے ہیں تاکہ حقیقی عوامی

جدوجہد کو روکا جاسکے۔

مذہب بذات خود کوئی ضابطہ حیات اور نظام نہیں ہے یہ ماضی کی اخلاقیات ہے جو آج پاکستان اور تمام دنیا میں سرمایہ داری کے ظلم کو قائم رکھنے کے لیے استعمال کیں جارہیں ہیں۔کیونکہ اگر ہم نام نہاد اسلامی ریاستوں کو سنجیدگی اور آنکھیں کھول کر دیکھیں جس میں سعودی عرب ، کویت ، ایران ، سوڈان اور اسرائیل یا پھر پاکستان شامل ہے یہاں حقیقت میں سرمایہ داری نظام ہی ہے جس پر اسلام کا لیبل لگا ہے۔جس طرح سرمایہ دارانہ جمہوریت یا آمریت کوئی الگ نظام نہیں ہے بلکہ مارکیٹ اکانومی کو قائم رکھنے کے سیاسی طریقے ہیں اس طرح غریب اور محکوم مسلمانوں کو بے وقوف بنانے کے لیے اسلامی نظام یا اسلامی جمہوریت جس کا اسلام میں آج جیسا تصور بھی نہیں ہے کا نعرہ لگایا جاتا ہے تاکہ سرمایہ دارانہ نظام کے خلاف عوامی اور طبقاتی تحریک کو تباہ کیا جاسکے۔

جہاں بھی منڈی کا نظام ہوگا اس کا مقصد منافع نہیں بلکہ شرح منافع کا حصول ہوگا یہاں نجی ملکیت کی ہوس ہوگئی۔اس کی بالائی سطح پر کوئی سا بھی سیاسی ڈھانچہ کیوں نا ہو ، وہ اسلامی ہو یا غیر اسلامی اس سے کوئی فرق نہیں پڑتا۔کیونکہ اس بالائی ڈھانچے سے معاشی اور سماجی نظام کے کردار میں کوئی بنیادی تبدیلی نہیں آتی اور طبقاتی استحصال مسلسل جاری رہتا ہے۔ موجودہ نظام اور اس کی ذلتوں کے خلاف صرف طبقاتی جنگ سے لڑکر ہی فتح یاب ہو ا جا سکتا ہے۔

طبقاتی لڑائی کوئی نئی جنگ نہیں ہے یہ تمام انسانی تاریخ میں ہمیشہ ظلم وجبر کے خلاف عوام کی ہر تعصب سے بالا متحدہ لڑائی ہے۔جو پہلے غلاموں نے اپنے آقاوں اور سرداروں کے

خلاف لڑیں اور فتح مند ہوئے پھر بے زمین کسانوں اور مزاروں نے جاگیر دار حکمرانوں کے خلاف لڑیں اور جیتیں۔یہی جنگ روس میں بالشویکوں نے سرمایہ دار حکمرانوں کے خلاف جیتی جس کو سٹالنزم نے برباد کر دیا۔لیکن سرمایہ داری کے خلاف سوشلزم کے علاوہ کوئی اور متبادل نہیں ہے اس لیے آج پھر سوشلزم کے لیے عوامی تحریکیں عالمی منظر نامے کو تبدیل کر رہی ہیں اور جرمنی کے پبلیشر کے پاس کارل مارکس کی کتاب سرمایے کے تمام ایڈیشن فروخت ہو چکے ہیں۔

اس لیے طبقاتی جنگ آج پھر از سرے نو منظم ہو رہی ہے لیکن آج کی اس طبقاتی جنگ کو مزدور لڑیں گئے سامراجی اور سرمایہ دار حکمرانوں کے خلاف ایک عوامی انقلاب کے لیے۔ کیونکہ اس کے علاوہ آج اس زمینی کرہ ارض پر بسے والے انسانوں کے پاس کوئی دوسرا متبادل نہیں اور اگر ہے تو وہ بربادی کے سوائے کچھ نہیں ہے۔آج سے پہلے بھی اس جدوجہد کا فیصلہ مظلوم اور محکوم طبقے ہی کیا کرتے تھے اور اپنی طبقاتی طاقت کا لوہا منوایا تھا آج بھی استحصال زدہ عوام کو ہی لڑانا ہے اپنی عوامی جیت کے لیے یا پھر بھیانک بربریت کے لیے تیار ہونا ہے بے شک آخیری جیت عوام کی ہی ہو گی۔

مذہب اور تہذیب کا تضاد

ایک بہت بڑی سماجی غلطی اور شعوری جرم جو عام طور پر کیا جاتا ہے جس سے ملا اپنی دوکانداری چلانے اور ظالم حکمران اپنا ستحصال جاری رکھنے کے لیے عوامی ذہنوں کو زہر آلود کرتے ہیں وہ ہے کہ مذہب اور ثقافت کو ایک ہی شے تصور کیا جا تا ہے یا کرایا جاتا ہے اسی وجہ سے بہت سے عام لوگ مذہب اور ثقافت میں فرق نہ کرنے اور نہ سمجھنے کی وجہ سے تذبذب کا شکار ہو کر کئی قسم کے ناگہانی خوف وہراس میں مبتلا ہو جاتے ہیں اور زندگی کو زندگی کی طرح گزارنے کی بجائے زندگی کو مشکل امتحان تصور کر کے زندگی میں ہی موت کے بھیانک عذاب کا شکار ضرور ہو جاتے ہیں۔یہ مذہب کو چھوڑنا ثقافتی بے حرمتی سمجھتے ہیں اور مذہب سے چمٹے رہنا ثقافتی ورثہ خیال کرتے ہیں۔جبکہ مذہب اور ثقافت آپس میں متضاد ہی نہیں بلکہ یہ ایک دوسرے کی ضد بھی ہیں اور ایک دوسرے کی نفی کرتے ہیں۔مذہب اور ثقافت کو سمجھنے کے لیے پہلے ان کی تعریف کرنا ضروری ہے۔

آسان الفاظ میں ثقافت انسانوں کے کسی گروہ کا کسی خاص علاقے میں مشترکہ طور پر مخصوص ماحول کے مطابق رسم ورواج اور ضرورتوں کے تحت ایک زبان، لباس،اقدار کے حوالے سے زندگی گزرنا کہلاتا ہے جو انسانی محنت کی ہیت و کیفیت یا زرائع پیداوار کے تعلقات کی نوعیت

کے گرد گھومتی ہے۔اور یہ رسم ورواج اور انسانی تہذیب سماجی ارتقار کے دروان اپنے موسم ، ماحول اور آلات پیداوار سے جنم پذیر ہوتے ہیں جس سے اس میں مسلسل تبدیلی کا عمل جاری رہتا اور تہذیب وتمدن پروان چڑھتا ہے۔رسم رواج یہاں کے لوگوں کی زندگی کا احساس بن جاتے ہیں۔ثقافت کا براہ راست تعلق زمین اور ٹھوس مادی حالات سے ہے جبکہ مذاہب کا تعلق آسمانوں اور غیر مادی حالات سے جوڑا ہوتاہے۔ثقافت زمین سے اگتی ہے لیکن مذہب آسمان سے ٹپکتا ہے۔ثقافت انسانی تاریخی ورثہ ہے جبکہ مذہب کوئی انسانی ورثہ نہیں اور نہ ہی یہ اس کو مانتا ہے بلکہ تمام مذاہب ہر تاریخی تہذیب و تمدن اور ثقافت کی نفی کرتے ہیں اور اپنی اعلی و بتر حاکمیت کا بازور طاقت تقاضہ کرتے ہیں جس سے ان میں ناقابل حل لڑائی اور تضاد موجود ہے۔

ثقافت کسی جبر کو نہیں مانتی بلکہ اس کی انکاری ہے۔ثقافت کے نفاذ کی ضرورت نہیں ہوتی کیونکہ انسان اسی کے تحت زندگی گزار رہے ہوتے ہیں جبکہ مذاہب انسانوں اور معاشرے سے نہیں ہوتے اس لیے انکو اپنے نفاذ کی ضرورت ہوتی ہے جس سے مذہب میں جبر کا عنصر آنا غیر منطقی نہیں ہے۔مذاہب کی جبریت اس سے بھی ثابت ہوتی ہے کہ مذہب تمام دنیا کے لیے ایک ہی ہے اور ایک جیسا ہی ہوتا ہے یعنی مذہب تمام انسانی تاریخی ثقافت اور تہذیبی ورثے کو ورند کر ہی ممکن ہے کیونکہ اس میں کسی تبدیلی اور تغیر کی کوئی گنجائش ممکن نہیں ہوتی جبکہ ثقافتیں مختلف اور علاقائی ہوتی ہیں جن میں مسلسل ارتقائی عمل جاری رہتا ہے جس سے یہ سماج میں تعمیرو ترقی کا باعث بنتی ہیں جبکہ مذاہب اس کے الٹ سماج کو ماضی میں دھکیلنے کی کوشش کرتے ہیں۔مذہب کو نہ ماننے سے آخرت میں اذیت ناک اور خوفناک سزائیں ملتی ہیں اور اس پر عمل کرنے سے جنت یعنی مذاہب کی بنیاد خوف اور لالچ

ہے جبکہ ثقافت رضاکارانہ ہے جس کو نامانے کی کوئی سزا نہیں ہے جبکہ ثقافتی اقدار حقیقی خوشی اور مسرت کا ذریعہ ہیں۔ثقافت انسانی شعور اور اسکے رویوں کی اعکاس ہے۔جبکہ مذہب اس سے لاتعلق ہے۔مذہبی خود بننا پڑتا ہے لیکن ثقافتی بننا نہیں پڑتا کیونکہ ہر انسان میں اپنے سماج کا ثقافتی رنگ بڑی مضبوطی سے موجود ہوتا ہے۔مثلا برصغیر میں رنگین یا شوخ و چنچل شلوار قمیض، دھوتی کرتہ یا عورتوں کا دوپٹہ کوئی مذہبی لباس نہیں ہے بلکہ ثقافتی لباس ہے جو انڈو پاک میں مسلم ، ہندو ، عیسائی اور سکھ تمام مذاہب کے لوگ پہنتے ہیں خواک ، میوزک ، گیت ، رہن سہن ، شادی بیاہ کی رسم ورواج ، وغیرہ مذہبی نہیں ہیں بلکہ علاقائی ثقافتی ہیں۔ جب کہ پاکستان میں عرب ثقافت کو اسلامی ثقافت خیال کیا جاتا ہے اور اسکو اپنانے کی خود ساختہ بے ڈھنگی کوششیں بھی کی جاتیں ہیں جو بالکل غلط ہے کیونکہ عرب میں پیٹ کا رقص ، گھوڑ سواری یا اونٹوں کی ریس وغیرہ وہاں کی ثقافتی روایات کا حصہ ہیں جو یقیناًاسلام میں ممنوع ہیں۔اس لیے ثقافت ایک علاقائی فطری عمل کا نام ہے جبکہ مذاہب مصنوعی ، سطحی اور غیر سماجی نظرایات کی غمازی کرتے ہیں۔

تہذیب و ثقافت انسانی سماجی ارتقا کا تسلسل ہے جبکہ مذاہب ارتقا کی مذمت ہی نہیں کرتے بلکہ اس کے خلاف شدید مذاحمت بھی کرتے ہیں۔رسم وراج ، اقدار ، لباس ،رنگ ، زبان ، موسیقی اورگیت زندگی کا احساس ہے جبکہ مذاہب انسانی احساسات سے عاری ہیں جس میں خوشی سے زیادہ غم ہے یہ صرف احکامات اور اسکی سختی سے تکمیل کا نام ہے یعنی جزا اور سزا کا جس میں فوقیت سزا کو ہی حاصل ہے اس لیے ہر مذہب میں زیادہ ہنسنا اور کھیل گود کو اچھا نہیں سمجھا جاتا جو انسان کی ذہنی اور جسمانی صحت کے لیے بہت مضر ہے کیونکہ ہنسنا کھلنا نہ صرف انسانی جبلت ہے بلکہ اس کی ذہنی اور جسمانی نشو نما کے لیے اشد ضروری ہے۔

ثقافت تغیر پذیر ہے جبکہ مذاہب حتمی اور مستقل کہلاتے ہیں اس کے باوجود کے سماجی تبدیلیاں انکی شکلیں بدلتی رہتی ہیں کیونکہ تمام مذاہب جو زمانہ قدیم میں تھے وہ آج بالکل اسی طرح موجود نہیں ہیں جس طرح ماضی میں تھے اور نہ ہی یہ اس طرح قائم رہ سکتے ہیں ۔آج چودہ ہزار سے زائد احادیث کو ضعیف یا کمزور کہہ کر اس لیے در کر دیا گیا ہے کہ یہ آج قابل عمل نہیں ہیں اور موجودہ حالات سے مطابقت نہیں رکھتیں جبکہ یہی کبھی مقدس اور عظیم تھیں۔

قران پاک کے کئی مختلف ترجمے بازار میں موجود ہیں کیونکہ عربی زبان کے ہر لفظ کے کم ازکم بارہ معنی ہیں اور ہر فرقہ دوسرے کے ترجمے کو نہیں مانتا۔بائبل ، گرو گرانتھ ، تور ایت یا دوسری مذہبی کتابوں بھی تبدیل ہو چکی ہیں اور آج اپنی اصلی حالت میں موجودہ نہیں ہیں(جبکہ انکی یکسانیت کا جھوٹا اور غیر منطقی ڈھنڈورہ پیٹا جاتا ہے)اور ٹوٹ پھوٹ کا یہ عمل آئندہ بھی مذاہب میں جاری رہے گا۔جبکہ تمام مذاہب کو بظاہر ٹھوس اور آخیری کہا ضرور جاتا ہے۔تہذیبیں اور ثقافتیں کبھی آخیری اور مکمل نہیں ہوتیں جبکہ مذاہب ہمیشہ مکمل اور آخیری کہلاتے ہیں۔مذاہب غیر لچکدار جبکہ رسم ورواج لچکدار ہوتے ہیں۔۔۔وغیرہ وغیرہ۔

تمام مذاہب پر سماجی حالات کا بہت گہرا اثر ہوتا ہے۔خوشحال اور پرسکون معاشروں میں جنونیت ، کٹر پن ، انتہا پسندی کی بجائے آزاد خیالی، اور ترقی پسندی کا رجحان نمایاں ہو تا ہے ۔جبکہ انتشار زدہ اور معاشی بدحال ممالک میں تنگ نظری، خون اور وحشت مذاہب میں اپنا مسکن بنا لیتی ہے۔پاکستان اور غریب ممالک میں مذہبی درندگی اس کی ایک بڑی واضح مثال ہے۔جبکہ یورپی اور ترقی یافتہ ممالک کے مسلمان پاکستان جیسے پسماندہ اور انتہائی رجعتی انتہا

پسند نہیں ہیں کیونکہ جدید اور خوشحال سماجی حالات شعور کو متاثر کرتے ہیں جس سے ذہنوں میں وسیع ظرفی نمایاں ہوتی ہے۔اسی طرح امیر مذہبی اور غریب مذہبی لوگوں میں بھی بہت فرق پایا جاتا ہے مذہب بے شک ایک ہی ہو لیکن اس پر عمل درآمد اور لگاو ماحول اور معاشرہ بدل دیتا ہے۔

ساٹھ اور ستر کی دہائی میں جب پاکستانی سماج آج کی نسبت کہیں بہتر تھا تب مذہبی جنونیت اتنی درندہ صفت اور خونی نہیں تھی جتنی آج ہو چکی ہے۔جس کی بڑی وجہ سرمایہ داری اور سامراجیت کا استحصال قائم رکھنے اور اسکے خلاف عوامی تحریکوں کی مذاحمت کو تباہ کرنے کے لیے مذاہب میں مقامی اور عالمی سرمایہ کاری اور کالی دولت سے چلنے والے بڑے منافع بخش کاروبار ہیں۔ایک طرف خوفناک طبقاتی تفریق ہے تو دوسری طرف عوامی مایوسی سے جنم لینے والے رجعتی سماجی حالات ہیں جو انقلابی پارٹی اور قیادت کی عدم موجودگی میں عوام کو اپنی طبقاتی جدوجہد کے راستوں سے بھٹکا رہے ہیں اس سے مزدور تحریک میں ایک سکوت کی کیفیت ہے جس سے ملائیت کی موجودہ قتل گری کا تماشا قائم ہے۔فطرت کا یہ مسند قانون ہے کہ حالات کبھی ایک سے نہیں رہتے انکو لازم بدلنا ہو تا ہے اور پاکستان کے یہ بدتر حالات بھی بدلیں گئے جس کا فیصلہ کن رخ عوام کو ہی متعین کرنا ہو گا۔

پاکستان کوئی ایک ملک نہیں بلکہ کئی مختلف زبانوں ، ثقافتوں اور تہذیبوں کا دل کش اور خوبصورت گوارہ ہے جس کو سرمایہ داری کی آمریت اور اس کے مالیاتی استحصال نے کچل کر خاکستر دیا ہے۔پیارومحبت اور موسیقی و رقص کی جگہ نفرتیں اور خانہ جنگیوں نے لے لی ہے۔ سرمایہ داروں ، جاگیر داروں ، وڈیروں ، فوجی جرنیلوں اور سرداروں کے حکمران طبقے نے اپنے بینک بیلنس میں اضافے ، جاگیروں میں بڑھوتری ، مالیاتی غلبہ اور اقتدار کی ہوص نے پاکستان

میں تہذیب و تمدن اور ثقافت کی تعمیر و ترقی کے تمام راستوں کو بند کر دیا ہے اور بھوک ننگ افلاس کو پروان چڑھایا۔ ان حالات میں انسانی زندگی کو قائم رکھنا ہی ممکن نہیں رہا۔اور ان حالات میں تہذیب وثقافت کہاں پنپ یا زندہ رہ سکتی تھی۔

پاکستان کے عوام اور محنت کش طبقے ان ابتر سماجی حالات کی تبدیلی کے لیے کئی بار سیاسی میدان میں اترا لیکن انکی روائتی پارٹیوں اور قیادتوں نے ان سے مسلسل غداری کی اور اسی سرمایہ کے جبر کو مختلف طریقوں سے جاری رکھا کبھی جمہوریت اور کبھی آمریت کی شکل میں کبھی مسلم لیگوں اور کبھی پیپلزپارٹی کی شکل میں عوام نے تمام موجودہ پارٹیوں کی قیادتوں کو آزما لیا اور سب نے انکو ماسوائے مایوسی اور نا امیدی کے کچھ نہیں دیا اور جو دیا وہ ذلت اور رسوائی ہے جو بیناد پرستی کا خمیر ہے۔ پاکستان میں آج کے خون ریز حالات کا کوئی اور نہیں بلکہ موجودہ نظام اور اسکے حکمران ذمہ دار ہیں جو مختلف نقاب اوڑھ کر اور بھس بدل کر آتے جاتے رہتے ہیں لیکن کوئی ایک بھی بنیادی سماجی تبدیلی نہیں ہوتی اور ان روائتی پارٹیوں اور قیادتوں کی موجودگی میں ہو بھی نہیں سکتی کیونکہ یہ چہروں کی تبدیلی ہی حقیقی عوامی اور سماجی تبدیلی میں بڑی روکاوٹ ہے۔

پاکستان میں آج بہت سے ماضی کے بائیں بازو کے سٹالنسٹ رہنماوں میں اپنے نظرایات کی سیاسی اور سماجی کمزوری کے باعث سوشلسٹ انقلاب کی صلاحیت اور امید ٹوٹ چکی ہے جس سے انکا یہ نظریاتی خسی پن انکو این جی اوز اور نام نہاد ثقافتی تحریکوں میں دفن کر کے سرمایے کی دیوی کے قدموں پر سجدہ ریز کر چکا ہے۔کوئی جاگ پنجابی جاگ تیری پگ نوں لگ گیا داغ، کوئی داغ سے داغ دار ہے تو کوئی جیئے سندھ کے تعصب کی بالی چڑھ چکا ہے کوئی پختون اور کوئی بلوچ نسل اور ثقافت کی کند چھری سے عوام کو ذبح کر رہا ہے جس میں

سرائیکی تعصب کو بھی ابھارا جاتا ہے اور جن کا دا لگ گیا انہوں نے بیرونی امداد پر انسانی ہمدردی کا دھندہ شروع کر دیا یعنی این جی اوز کی دوکاندی چلا رہے ہیں۔اب توچین میں ماو کے مسخ شدہ سوشلسٹ انقلاب پر ثقافتی انقلاب کا لیبل لگانے والے آج اس ٹریڈ مارک سے خود ہی شرمندہ ہیں اور پچھلے دنوں چین کے نئے وزیز اعظم نے سرکاری طور پر انقلاب سے معذرت بھی کر لی ہے۔جو یقیناًان ترقی پذیر ممالک میں ثقافتی تحریکوں اور موزئے تنگ کے نظریے انقلاب کو مزید مایوس کرئے گئی۔

طبقاتی سماج میں طبقاتی تہذیب و تمدن اور ثقافت ہی راج کر تی ہے ایک طرف غربت کی ذلت ہوگی تو دوسری طرف امارت کی بے ہودگی ایک طرف احساس بدتری بڑھے گا تو دوسرے طرف احساس کمتری کا زہر ہر اخلاقیات کو برباد کر دے گا جو آج پاکستان کا ورثہ بن چکا ہے۔ثقافتی اقدار تب ہی زندہ رہ سکتی اور ترقی کر سکتی ہیں جب انسان خوشحال اور پر سکون ہوگا اور سماجی ترقی ہو گی۔البتہ معاشرتی جمود میں زاول پذیر ثقافت اور ادب ہی عزت و اختزام کی کالی دستار کا حق داربنے گا۔جب تک ان پسماندہ حالات سے ٹکرا کر انہیں تبدیل نہ کیا جائے۔ جہاں بھوک اور غربت ہو گی وہاں زبان و ادب اور تہذیب و ثقافت انسانی سوچ سے بہت چلے جاتے ہیں نازک ، شگفتہ ، ملائم اور جمالیاتی احساسات پتھر بن جاتے ہیں۔ جب تک انسان کی اقتصادی ضروریات کو پورا نہیں کیا جاتا کوئی انسانی اور سماجی آزادی ممکن نہیں ہے اور انسان کی حقیقی آزادی کا مطلب اس کی بنیادی ضرویات سے آزادی یا نجات ہے جس کے بغیر کوئی زبان و ادب اور تہذیب و تمدن اور ثقافتی اقدار آزاد نہیں ہو سکتیں۔ اس کے لیے ہمیں مذہبی بنیاد پرستی اور طبقاتی استحصال کو مسترد کرتے ہوئے سرمایے کے بوجھ تلے کچلی انسانی آزادی کو آزاد کرانا ہو گا۔

جرمنی میں مذہبی جنون کا ایک اور خون

جس طرح ہر مذہبی جماعت جنت کی لوٹ سیل کے نعرہ پر اپنا مذہبی دھندہ چلاتی ہے۔اسی طرح جنت کی دوھوکہ دہی کے علاوہ محبت سب کے لیے اور نفرت کسی کے لیے نہیں بھی ایک مذہبی جماعت کا بظاہر چہرہ ہے جس پر یہ اپنی دوکانداری کرتی ہے اسی کے ایک جرمنی کے مقامی اور قومی عہدیدار اسد اللہ خان جس کا تعلق پاکستان نارووال سے ہے اور یہ جرمنی کے شہر ڈارم شٹڈ کے علاقے کرائن شٹائن میں عرصہ دراز سے رہائش پذیر ہے اس نے اپنی انیس سالہ بیٹی لاریب کا اس لیے قتل کر ڈالا کہ یہ اپنی مرضی سے ایک ایسے لڑکے سے شادی کرنا چاہتی تھی جو پاکستانی تو تھا لیکن اچھا اور کٹر مذہبی نہ تھا۔جبکہ لاریب اس لڑکے کو بے انتہا چاہتی اور پیار کرتی تھی اور اسی لیے یہ اس سے شادی بھی کرنا چاہتی تھی جو والدین کو اپنی جہاہلانہ سوچ کے حوالے سے ناگوار تھا۔اس لیے پہلے مذہبی والدین نے مخلص پیار بھرے قدرتی خوبصورت انسانی جذبات اور احساسات پر پابندی لگائی اور جب اس سے بات نہ بنی تو سانسوں پر ہی پابندی عائد کر دی۔باپ نے لاریب کا گلا دبا کر اسے ہلاک کیا اور پھر اس کی نعش کو ڈارم شٹڈ کی ایک سڑک ڈی بوگ پر لاورث لاش کی طرح پھنک دیا لیکن کل لاریب کو فرینکفرٹ کے ساوتھ قبرستان میں دفن تو کر دیا گیا ہے اور لاریب منوں مٹی کے

نیچے بھی چلی گئی لیکن ایک سوال کو جنم دے گئی ایک لڑائی کو شروع کر گئی کہ ماضی کی پسماندہ مذہبی نظریات کے ساتھ صرف لڑا جاسکتا ان سے بات نہیں کی جاسکتی یہ آج کے نوجوانوں کو ٹکرانے کی طاقت اور لڑائی کا درس اور ہمت دے گئی۔ یقیناً جرمنی اور یورپ میں ہر نوجوان لڑکی یا لڑکا آج غور کر رہے ہوں گئے اور سوچ رہے ہوں گئے کہ لاریب کا جرم کیا تھا؟ پیار کرنا محبت کرنا جرم ہے، گناہ ہے اگر ہے تو کیوں ؟ کیا مذہب صرف نفرت ، حقارت اور دشمنی ہی سکھتے ہیں؟ میڈیا نے بھی اس پر اپنی منڈی سجا لی ہے۔ دو ہفتوں سے یہ خبر اور اس پر سطحی تبصرے جرمنی کے تمام میڈیے کے علاوہ عالمی ذرائع ابلاغ کی زنیت بنے ہوئے ہیں اور پاکستانی سوچ کو برا بھلا کہا اور کوسا جا رہا ہے۔

اس انسانیت سوز واقعہ پر دائیں بازو کے جرمنی اور یورپ میں لکھنے والے بڑے بڑے چمپین اور جعلی دانشور اور جھوٹے صحافی آج سب خاموش تماشائی ہیں جیسے انہیں کوئی سانپ سونگ گیا ہو کیونکہ یہ تمام بھی اپنی بیٹیوں کے حوالے سے اسد اللہ سے قطعی مختلف سوچ نہیں رکھتے لیکن یورپ میں رہنے اور یہاں کی مراعات کو تمام زندگی انجوائے کرنے کے لیے یہ تمام مفاد پرست جن کے پیٹ میں ڈاڑھی ہے دم سادھے بیٹھے ہیں۔

مقامی اور عالمی میڈیا اس قتل کو کچھ بھی کہے یا لکھے لیکن میں اس کو والدین کے ہاتھوں ایک بیٹی کا قتل نہیں سمجھتا بلکہ ایک رجعتی اور جنونی سوچ کے ہاتھوں جوان اور نئی نسل کا سفاقانہ قتل سمجھتا ہوں بنیادی انسانی آزادی کا خون سمجھتا ہوں بنیاد پرستی کا ترقی پسندی پر حملہ سمجھتا ہوں اور اس پر یقین بھی رکھتا ہوں کیونکہ ایک عام انسان یا باشعور شخص کبھی کسی دوسرے انسان تو کیا جانور کو بھی قتل نہیں کر سکتا ، کسی کو دکھ ، درد پہنچانے کا روادار ہی نہیں ہو سکتا بلکہ کسی کی تکلیف اسے بے چین اور پریشان کر دیتی ہے۔ پھر وہ کیا اور کون سی سوچ اور

اسکی انتہا ہے جو انسان کو جانور سے بدتر بنا دیتی ہے۔عام انسان بھی سوچنے سمجھنے اور ہر احساس سے عاری ہو کر وحشی درندہ بن جاتا ہے اور اپنے ہی ثمر یعنی اولاد کو قتل کر ڈالتا ہے۔طالبان پر ہم بہت بڑھ چڑھ کر بات کرتے ہیں اکثرو بیشتر پڑھتے اور لکھتے بھی ہیں لیکن طالبان چند افراد کا نام نہیں بلکہ اسی جنونی سوچ اور خونی نظریہ کا نام ہے کہ ہم سب سے بہتر، افضل ، مقدس اور جنتی ہیں بقیہ سب غلط ، ناپاک اور دوزخی ہیں اس لیے مخالفین کو اپنے حلقہ آغوش کرلو یا پھر بازور طاقت کچل دو یہ کسی ان دیکھی جنت کے کاروبار یا لالچ میں جیتی جاگتی دنیا کو جہنم بنارہے ہیں۔کیا اسد اللہ بھی اسی طالبان کی سوچ کی غمازی نہیں کرتا ؟ کیا اس نے بھی یہی کچھ نہیں کیا؟ کیا باپ ایسے ہوتے ہیں اور کیا ایسے کرتے ہیں؟ یقیناً نہیں قطعی نہیں باپ تو بہت دور کی بات ہے انہیں انسان کہنا بھی انسانیت کی توہین ہے۔ویسے تو یہ جماعت روائتی اسلامی جہاد کے خلاف ہے لیکن اسکی نظریاتی کٹر سوچ کسی دوسری مذہبی جہالت اور پسماندگی سے کسی صورت الگ نہیں ہے جس کا ڈارم شٹڈ میں برملا اظہار ہوا۔

مرد کا اپنی بیوی کو اور والدین کا اپنے بچوں کو ملکیت سمجھنا اور خاص طور پر عورتوں کو سماجی طور پر سستی ترین ملکیت بنانے میں زمانہ وحشت کے مردانہ سماج کا بنیادی کردار ہے جس سے پسماندہ قومیں آج بھی آزاد نہیں ہو سکیں یہی نجی ملکتی رشتے غلامانہ زمانے سے

جاگیردارانہ دور میں ایک نئے انداز سے آئے لیکن جدید سرمایہ داری میں صنعت کی ترقی سے سماجی پیداوار میں انسانی طاقت کے کم استعمال نے عورت کو کسی حد تک معاشرتی طور پر آزاد کر دیا جو ہمیں یورپ یا ترقی یافتہ ممالک میں نظر آتا ہے لیکن ڈارم شٹڈ کا واقعہ اس چیز کا ثبوت ہے کہ آج بھی کوئی مذہبی جماعت جدید معاشروں میں بھی ماضی کی غلاظتوں سے اپنے آپ کو پاک صاف نہیں کر سکی اور یہ کر بھی نہیں سکتی کیونکہ ماضی کو کبھی حال پر مسلط

نہیں کیا جا سکتا اگر کیا جائے گا تو پھر یہی کچھ ہو گا جو آج ہوا ہے۔کچھ نام سے طالبان اور کچھ کام سے طالبان لیکن یہ سبی طالبان ہیں۔

اس لیے کہ ناموں سے کوئی فرق نہیں پڑتا بلکہ بنیادی چیز عمل ہے جس کا اظہار ڈارم شٹڈ میں ہوا ہے اور یہ کوئی پہلی بار نہیں ہوا اس سے پہلے بھی حال ہی میں اس جماعت میں تین قتل ہو چکے ہیں جو منظر عام پر آسکے جن کو حادثہ بنا دیا گیا۔عورت کو چھریاں مارنا ، ٹرین کے نیچے آکر قتل اور بلند منزل سے عورت کا نیچے گرنا یہ سب مذہبی قتل گری کی ہی مختلف شکلیں ہیں۔کسی انسان کی حقیقی پہچان اس کا چہرہ اور چال ڈھال نہیں کرتے بلکہ اس کی سوچ اور نظریہ زندگی ہے جو اس کے روزمرہ کے اصولوں ، سلوک اور رویوں سے نمایاں ہوتا ہے یا جس کا وہ اپنے سماجی کردار میں اظہار کرتا ہے اور اس سے بخوبی اندازہ ہو جاتا ہے کہ مذہبی جماعتوں عام اور معصوم انسانوں کی کیا بنا رہی ہیں مقدس اور جنت کے نام پر بے رحیم ، وحشی ، جنونی ، خونی ، سفاک ، بے حس۔۔۔۔؟۔

عورت کو ارزاں سماجی ملکیت اور کم حیثیت صرف اسلام میں ہی قرار نہیں دیا گیا بلکہ ہر مذہب میں یہ تصور بڑے واضح انداز میں موجود ہے۔جس طرح اسلام میں میں عورت یا گھر کا منتظم اعلی مرد ہے اور اسے مرکزی حیثیت حاصل ہے۔مرد کو اپنی بیوی کو ایک خاص حد تک اور خاص طریقے سے مارنے کا حق بھی حاصل ہے اسی طرح ایک حدیث ہے کہ حضور نے ایک بار کہا کہ اگر مجھے خدا کی واحدنیت کا ڈر نہ ہوتا تو میں عورتوں کو کہتا کہ اپنے مردوں کو سجدہ کرو یا ان کے لیے بھرت رکھو وغیرہ وغیرہ۔اسی طرح بایبل میں ہے کہ میں نے عورت کو شر کے لیے پیدا کیا اور اس کے شر سے بچو۔ہندو میں مرد اپنی عورت کے لیے بھگوان سما ہوتا ہے جس کی پوجا بھی کی جاتی ہے۔ہندومت میں کئی بھگوان ہیں لیکن ہر مرد

کی ایک ہی بیوی ہوتی ہے جبکہ اسلام میں خدا ایک ہے لیکن ایک مرد کو بہت سی بیویوں کی اجازت ہے جو عورت ذات کی تذلیل ہے اور جنسی بنیاد پر استحصال ہے۔ آج ہم سائنس اور فلسفے کے نقطہ نظر سے عورت اور مرد کی ساخت اور ان کے درمیان تعلق اور سماجی کردار کو بیان نہیں کرسکتے کیونکہ اس مضمون میں اس کی گنجائش نہیں ہے وگرنہ سائنسی نقطہ نظر بہت دل چسپ اور حقیقی ہے جس کا آج کی جعلی روایات اور غیر انسانی قدروں سے کوئی تعلق نہیں ہے اور شاید اس کے بعد اپنی مردانگی پر فخر کرنے والے اسی سے شرمندہ ہوں۔ جس پر آئندہ لکھوں گا۔

نہ صرف آج ڈارم شٹڈ میں مرد کا عورت پر نجی ملکیت کا بھیانک اظہار ہوا بلکہ ماضی کی تمام جنگوں میں بھی فتح کے بعد مال ودولت اور عورتوں پر قبضہ کر کے ان کو تقسیم کیا جاتا تھا اور کنیزیں بنایا جاتا تھا۔اس لیے راجہ داہر بن چچ نے نہ صرف اپنی بہن سے شادی کی بلکہ جب محمد بن قاسم سے جنگ کرنے گیا تو اس نے اپنے سپاہیوں سے یہ کہا تھا کہ میرے مرنے کے بعد شاہی اہرام میں میری تمام بیویوں کو قتل کر دینا۔ محمد بن قاسم نے تمام جنگیں جیتنے کے بعد مال ودولت کا ایک بڑا حصہ اور عورتیں حجاج بن یوسف کو بھجیں۔ محمد بن قاسم کی موت کی وجہ بھی دو خوب صورت لڑکیاں ہی بنی تھیں کیو نکہ جب محمد بن قاسم نے سندھ فتح کرنے کے بعد مال غنیمت میں بہت سی دولت کے ساتھ راجہ داہر کی دو کنواری خوبصورت لڑکیاں جن کے نام پرمل دیو اور سریا دیو تھا کو خلیفہ وقت ولید بن عبدالملک کو بغداد میں بھجا تو ان لڑکیوں نے بھرے دربار میں کہا کہ محمد بن قاسم نے ہم کو تین راتیں اپنے ساتھ رکھنے کے بعد آپ کے پاس بھجا ہے اور اب ہم کنواریاں نہیں ہیں۔ جس سے خلیفہ وقت کو جلال آگیا اور اس نے محمد بن قاسم کے قتل کا حکم نامہ جاری کیا اور اس طرح مسلمانوں کا

عظیم فاتح اپنے بدترین انجام کو پہنچا۔ہندو میں ستی کی رسم بھی عورت کی نجی ملکیت کا ہی تصور ہے۔

عالمی سرمایہ داری کے بحران نے تمام مذاہب کی اشکال کو بگاڑ کر اتنا ہولناک اور خوف ناک بنا دیا ہے کہ جو صرف اب انسانوں کے خون پر زندہ ہے۔شام میں داعش کی ظلم و بربریت ہو یا اسرائیل کا فلسطین میں خون ریزی یا پھر پاکستان میں مذہب کے نام پر کشت وخون ،فرانس ، بلجیم میں اسلامی مذہبی قتل گری ہے جو آج ڈارم شٹڈ تک آئی ہے ایک ہی نظریے کی مختلف شکلیں اور کردار ہیں ان کا انداز اور طریقہ واردات مختلف ہے کیونکہ جس کا جہاں داو لگتا ہے وہ معاف نہیں کرتا۔

تمام مذاہب پسماندہ اور موجودہ سرمایہ داری بلا واسطہ یا بل واسطہ نجی ملکیت کے سخت طرف دار ہیں اس لیے زرائع پیداوار کے ساتھ ساتھ کمزور انسا ن بھی(جسمانی اور مالیاتی طاقت کے اعتبار سے)جس میں عورتیں، بچےاور بوڑھے شامل ہیں شدید عتاب اور استحصال کا شکار ہیں۔

ہمیشہ رائج الوقت سوچ حکمران طبقات کی ہی مسلط کردہ ہوتی ہے اور ان حکمران طبقات میں آج سرمایہ دار، جاگیردار ، فوجی اور ریاستی افسرشاہی کے ساتھ ملا شاہی یا مذہبی حکمران بھی استحصالی طبقہ کا اٹوٹ حصہ ہیں مذہبی جنونی اور خونی سوچ جو موجودہ نظام کی دین ہے اس کے خلاف صرف ایک ہی بنیاد پر لڑا کر فتح حاصل کی جاسکتی ہے اور وہ ہے طبقاتی لڑائی اور اشتراکی انقلاب جس پر جرمن کے عظیم فلسفر اینگلز نے بہت پہلے لکھا تھا کہ انسانیت کا مستقبل ماسوائے سوشلزم یا پھر بربریت کے کچھ نہیں ہے۔ڈارم شٹڈ کا واقعہ کیا کسی بربریت سے کم ہے؟

ہمارے مطالبات

لاریب کے والدین کو سخت سے سخت اور کڑی ترین سزا دیگر دوسرے والدین کے لیے عبرت کا نشان بنایا جائے تاکہ آئندہ کسی کو اس کی جرات نہ ہو۔

تمام مذاہب اور انکی جماعتوں کی ریاستی پشت پناہی بند کی جائے اوران سے تمام سرکاری مراعات واپس لی جائیں اور مذہب کو مکمل طور پر ریاست اور ریاستی قوانین سے الگ کیا جائے۔

جرمنی کے تمام اسکولوں میں مذہبی تعلیم و تربیت مکمل بند کی جائے اور مذاہب کی تعلیم کو تاریخ کے نصاب کا حصہ بنایا جائے۔

غیر ملکیوں کو جرمن معاشرے کا حصہ بنانے کے لیے مساوی سماجی حقوق دیئے جائیں بہتر تعلیم کے ساتھ ساتھ اکثر مقامی سطح پر ثقافتی پروگراموں کا سرکاری طور پر انعقاد کیا جائے مقامی اور غیر ملکی محنت اور تعلیمی مواقعوں میں تفریق کا مکمل خاتمہ کیا جائے۔

یورپ میں مسجدوں ، مندروں، گرجاگھروں اور دوسری عبادت گاہوں کی بے جا تعمیر کی ریس کو لگام دی جائے۔

تعلیم کے شعبے میں بچتی اسکیموں کو بند کیا جائے اور تعلیم کے بجٹ میں اضافہ کر کے سکولوں میں اساتذہ کی کمی کو پورا کیا جائے۔نوجوانوں کی تعلیم وتربیت کا اعلی انتظام کیا جائے۔
دوسرے ممالک سے مختلف ماہرین کو درآمد کرنے کی بجائے یہاں طالب علم کو تیار کیا جائے۔

جرمنی میں سرکاری اعداوشمار کے حوالے سے یہاں کے بچے غریب ترین ہے جس پر حکومت

کم ترین خرچ کرتی ہے بچوں کی مد میں بجٹ بڑھایا جائے تاکہ والدین پر معاشی بوجھ کم کیا جاسکے۔

پانچ فروری دو ہزار پندرہ

ممتاز قادری۔وحشت کا ایک اور بھیانک نام

ممتاز قادری جو گورنر پنجاب سلمان تاثیر کی سیکورٹی پر معمور تھا اسی نے ہی سلمان تاثیر کو بظاہر ناموس رسالت کے تحفظ کے نام پر بڑی بے دردی سے گولی مار کر قتل کر دیا جس کو چند ہفتے پہلے پھانسی دے دی گئی اس پر پاکستان سنی تحریک اور اس کے ہم خیالوں نے پاکستان بھر میں اس کی پھانسی کے خلاف پر تشدد احتجاج شروع کر دیئے۔ممتاز قادری کے چہلم پر اسلام آباد کے ڈی چوک میں دھرنا دیکر حکومت کو اپنے مطالبات پیش کیے جس میں بہت سے ملا جودہشت گردی کی تحت گرفتار ہیں انکی رہائی ، ملک میں اسلامی نظام کا قیام وغیرہ وغیرہ مطالبات شامل تھے جس کو نواز حکومت نے اپنی نااہلیت کی وجہ سے اور اپنی بدعنوان ، مفاد پرست حکومت قائم رکھنے کے لیے حمائت کا یقین دلایا۔

ایک ممتاز قادری کی پھانسی سے کچھ نہیں ہو گا۔۔۔بلکہ اس سے مزید سماجی انتشار اور خلفشار بڑھے گا اس لیے کہ انسان کی موت سے ان کے بنیاد پرستانہ رجعتی نظریات او ر سوچ کو آپ ختم نہیں کر سکتے کیونکہ ان کے پس منظر میں ٹھوس سماجی حالات کارفرماں ہوتے ہیں جنکی تبدیلی کے بغیر پھانسیوں کے پھندے کم پڑ جاتے ہیں۔قادری ایک سفاک رجعت کا نام ہے۔جسکو مالیاتی نظام کے بحران اور سماجی ترقی میں ناکام سسٹم نے جنم دیا جو مسلسل ممتاز قادری پیدا کر رہا ہے اور کرتا رہے گا۔اور وہ تمام لوگ بھی جو قادری کے لیے احتجاج

کررہے ہیں سب ممتاز قادری ہی تو ہیں اس لیے کہ یہ قادری کے فعل اور اسکی سوچ کو درست قرار دیتے ہیں اس کے قتل اور درندگی کی حمائت کرتے ہیں اور یہ افراد اس سے انکار بھی نہیں کرتے اور حکومت نے انکے مطالبات مان کر اپنی کمزوری کا اعتراف کرتے ہوئے ممتاز قادری کی پھانسی سے جو غلطی کی تھی اس کی معافی مانگی ہے جو نہایت شرم ناک اور بھیانک خونی سوچ کی حوصلہ افزائی ہے۔

ممتاز قادری ، ملا عمر، اسامہ بن لادن، ابوبکر العبدی ، مولوی منور ، ملا فضل الرحمن ، مولوی اشرفی وغیرہ وغیرہ یہ اور دوسرے مذہبی قائدین کوئی عام اشخاص نہیں ہیں بلکہ درندگی اور بربریت کے نمائندہ ہیں اور انکی تنظیمیں ایک دوسرے سے الگ نہیں ہیں یہ سب ایک ہی تسبیح کے دانے ہیں جنکے بنیادی نظریات ایک ہی ہیں ان میں صرف طریقہ کار کا فرق ہے یہ زمانہ بعید کی مسترد شدہ نظریات ، سوچیں اور دور بربریت اور وحشت کے علمبردار ہیں۔یہ ماضی کی فرسودگی کو حال پر مسلط کر کے آج کی جدید انسانیت کو پسماندگی اور جہالت میں دھکیلنا چاہیے ہیں اور آج تک کی انسانی ترقی کی تباہی کے درپے ہیں جو کسی طور پر بھی ممکن نہیں ہے کیونکہ سماج اور تاریخ کا پہیہ کبھی الٹا نہیں گھومتا اور نہ ہی گھوم سکتا ہے۔اسی لیے یہ قتل گری اور دہشت گردی کا راستہ اپنانے پر مجبور ہیں۔ان کے پاس اس کے علاوہ کوئی دوسرا پرامن متبادل موجود ہی نہیں ہے۔آج کی منطقی دنیا میں یہ اس قابل نہیں ہیں کہ اپنے غیر حقیقی نظریات سے ایک جمہوری اور رضاکارانہ ماحول میں کسی ایک فرد کو قائل کر سکیں۔ ان مذہبی افراد اور تنظیموں کی نظریات کی نااہلیت اور خسی پن ان کو تشدد ، جبر ، دہشت گردی اور فسطائیت کی راہ پر دھکیل دیتا ہے۔آج کسی بھی ترقی یافتہ ، شگفتہ ، شائستہ ، تہذیب وتمدن ،ہمدرد اور انسان دوست معاشرے میں قتل تو بہت دور کی بات ہے جسمانی اور ذہنی

ٹارچر بھی ناقابل قبول اور ناقابل معافی جرم ہے۔

نفسیاتی سائنس کے مطابق لوگ اپنے اعمال اور کردار میں اپنے سماجی حالات کا اظہار کرتے ہیں جو وہ اپنے معاشروں سے سیکھتے ہیں اور اسی کو آگے سماج پر لاگو کرتے ہیں کیونکہ انسان اور معاشرے کا آپسی ایک گہرا جدلیاتی تعلق ہے جیسے سمجھے بغیر کسی فرد یا معاشرے کا سنجیدہ اور درست تجزیہ نہیں کیا جا سکتا۔

غریب اور پسماندہ ممالک یا سماجوں میں معاشی تنگ دستی اور سماجی حالات کی پسماندگی سے تعمیر ہونے والا شعور محرمیوں سے مارا ، انتشار زدہ ، انتہا پسندانہ ، لاغر اور اپاہج ہی ہوگا۔اسی طرح ممتاز قادری کی تربیت اور پرورش بھی جب انہی بحران زدہ حالات میں ہوئی جہاں والدین پر سماجی ٹوٹ پھوٹ اور مالی دباو کا جبر بچوں پر مار پیٹ سے نکلتا ہے جس کے بچوں پر گہرے منفی ذہنی ، جسمانی اور شعوری اثرات مرتب ہوتے ہیں۔ایسے افراد کے نزدیک جبر وتشدد ، اور قتل کوئی خاص اہمیت کے حامل نہیں ہوتے اس لیے کہ ان کی تمام زندگی ایک جبر مسلسل کا نام ہوتی ہے ان کو زندگی سے محبت کی بجائے نفرت ہوتی ہے اور زندگی عذاب لگتی ہے اور یہ زندگی کے اس عذاب سے کسی نہ کسی طرح نجات حاصل کرنا چاہتے ہیں اور ممتاز قادری نے بھی ایسا ہی کیا لیکن مذہب پر دھندہ کرنے والے اس کو اپنے حق میں استعمال کرکے اپنی دوکاندای کو چمکانے لگے ہیں۔

ممتاز قادریوں کی پرورش میں حکمران کے جرائم بھی کار فرماں ہیں جنکی اندھی لوٹ مار اور طبقاتی استحصال نے جہاں پاکستان کو اقتصادی اور سماجی طور پر برباد کر دیا ہے وہاں عوام کی معاشی کمر بھی توڑ دی ہے اور ایسا تباہ حال معاشرہ یقینی طور پر سقراط پیدا کرنے یا بنانے سے

تو رہا اور جب کوئی معاشرے جسمانی اور ذہنی صحت مند افراد نہیں بنا سکتا تو پھر وہاں قادری ہی بنتے ہیں۔

قادری بننے کی ایک اور وجہ ملک میں سیاسی پارٹیوں کا عوام دشمن کردار ہے۔سیاسی پارٹیوں سے جب عوام کی امیدیں اور توقعات ٹوٹتی ہیں تو مایوسی اور رجعت سماج پر چھا جاتی ہے کسی انقلابی پارٹی کی عدم موجودگی سے لوگ جب نظریات کی بند گلی میں داخل ہوتے ہیں تو پھر وہ سماجی تباہی کا ذمہ دار نظام کی بجائے افراد کو ٹھہراتے ہیں جس سے وہ انفرادی دہشت گردیوں کی طرف چل پڑتے ہیں۔یہ حکمران طبقے کے افراد کو قتل کرکے کسی تبدیلی کی امید کر رہے ہوتے ہیں اور اپنی فراسٹیشن دور کرتے ہیں۔لیکن اس کے سماج اور عوام پر نہایت زہریلے اثرات مرتب ہوتے ہیں۔در انقلابی قوتیں اسے بھرپور استعمال کرتی ہیں جبکہ تبدیلی یا عوامی انقلاب طبقاتی جدوجہد کا نام ہے ایک سماجی تبدیلی کا نام ہے۔اقتدار دولت مند سے عام عوام کے پاس آنے کا نام۔دنیا بھر کے محنت کشوں کے ایک ہونے کا نام ہے جو آج کے عالمی مالیاتی دور میں سرمایہ داری نظام سے اشتراکی انقلاب کی طرف قدم ہے۔جو ہر تعصب اور پسماندگی سے بلند ہوکر ہی حاصل کی جاسکتی ہے لیکن انفرادی دہشت گردی عوام کے خلاف ظالموں کے حق میں جاگرتی ہے۔

پاک فوج بھی پاک دہشت گردی کے خلاف قبائل ، بلوچستان ، کراچی اور پاکستان بھر میں جو عوام کے اربوں روپوں سے آپریشن کر رہی ہے قادری کی پھانسی کے بعد اس کے لیے احتجاج اور حکومت کی ان سے مصالحت اس فوجی آپریشن کے منہ پر زوردار طمانچہ ہے ۔کیونکہ ایک طرف دہشت گردوں کو پھانسی دی جاتی ہے پھر دوسری طرف اسی کے ماننے والوں کے آگے گھٹنے ٹیک دیئے جاتے ہیں۔اس سے دہشت گردی کے خلاف حکومتی اور

فوجی آپریشن کا فراڈ بے نقاب ہو جاتا ہے اسی لیے یہ دہشت گردی کے خلاف آپریشن اب تک کامیاب نہیں ہوا اورآئندہ بھی نہیں ہو گا کیونکہ یہ دہشت گردی کے خلاف آپریشن نہیں ہے بلکہ دیکھوا ہے ایک دھوکہ ہے جو چائنہ کی پرزور مطالبے اور بلیک میلنگ کے بعد شروع کیا گیا کہ اگر پاکستان میں دہشت گردی کو کنٹرول نہ کیا گیا تو چین پاکستان میں کوئی سرمایہ کاری نہیں کرئے اور اور اپنا تمام سرمایہ واپس لے جائے گا اس لیے یہ آپریشن صرف چائنہ کو دیکھانے اور موٹا مال بنانے کے لیے کیا جا رہاہے وگرنہ آج حکومت اور فوج میں بے شمار ممتاز قادری موجود ہیں جو کبھی بھی اپنے خلاف کوئی آپریشن نہیں کریں گئے۔

پاکستانی عوام کی توجہ اصل مسائل سے ہٹانے اور بلوچ تحریک کو دبانے کے لیے آج کل ایک انڈین جاسوس کا تماشا بھی میڈیے پر کیا جا رہاہے۔میں یہ نہیں کہتا کہ وہ انڈین جاسوس ہے یا نہیں ہے سوال یہ ہے کہ اس سے کیا فرق پڑتا ہے۔کیا پاکستان نے اپنے جاسوس انڈیا یا جموں کشمیر، افغانستان اور دوسرے ممالک میں نہیں بھجے ہوئے۔یہ تو پھر انڈیا اور پاکستان ہیں جن کے حکمرانوں نے پاک بھارت عوام کو جو اصل میں ایک ہی قوم ہیں کو الگ الگ رکھنے کے لیے تین جنگیں بھی لڑئیں ہیں اگر ان کے جاسوس ادھر یا ادھر سے مل جائیں تو کوئی عجب اور پریشان کن نہیں ہے۔یورپی ممالک اور امریکہ تو دوستی کا دم بھرتے ہیں پھر بھی ماضی میں اور آج بھی ایک دوسرے کی جاسوسی کرتے ہیں۔

یہ سب حکمرانوں کے حکمرانی کے لیے طریقہ کار ہیں جس کا عوام سے کوئی تعلق نہیں لیکن میڈیا نہایت مکاری و عیاری سے اس کو عوامی مسئلہ بنانے کی کوشش کرتا ہے اور کر رہا ہے اور چند دن اس پر اپنی صحافتی دوکانداری چمکائے گا۔جس شخص یا عوام کو ملک میں بنیادی ضرویات زندگی ہی میسر نہ ہوں اور ملک و ریاست ، بھوک، افلاس، محرومی ، ذلت اور آخیر

میں خود کشی یا زندگی کو موت سے بدتر بنا دے تو کیا ملک اور کون سا وطن۔ملک و وطن اس کا ہے جس کے پاس وسائل ، مال اور دھن دولت ہے اور جس کے پاس نہیں ہے اس کا کچھ بھی نہیں ہے۔اس لیے جاسوں اور چوروں کا ڈر بھی امیروں کو ہو گا جن کا ملک ہے عوام کو نہیں ہے۔

قادری کے ماننے والوں سے مصالحت کے بعد حکومت نے جس ایک قادری کو سزا دی تھی اب بہت سے قادری اس کو رہا کرنے پڑیں گئے اور پھر یہ توقع کی جائے گئ کہ پاکستان میں اب امن ہو گا اور دہشت گردی ختم ہوگئ۔یونان کی ایک کہاوت ہے خدا جس کو تباہ کرنا چاہتا ہے پہلے اس کی عقل چھین لیتا ہے۔

اور جہاں تک پاکستان میں اسلامی نظام کا تعلق ہے ،پہلے تمام علما کرام ملکر یہ فیصلہ کر لیں کہ اسلامی نظام ہوتا کیا ہے اور کس جماعت یا فرقے کا اسلام درست ہے۔انڈیا میں آج بھی بریلوی فرقے کے تین سو افراد نے اہل حدیث کا جنازہ پڑھ لیا اور ملاوں نے نکاح ٹوٹنے کا فتوا جاری کر دیا اور آج تمام بزوگ و جوان دوبارہ نکاح کر کے اپنی بیویاں اور بچے حلال کر رہے ہیں۔سب کا ایمان ہے کہ قرآن پاک ایک ہے لیکن حقیقت میں ہر ایک کا اپنا اپنا قرآن ہے اور اگر کوئی کسی دوسرے کا قرآن پڑھ لے تو مسلمان نہیں رہتا۔آج کی جدید عربی میں ایک لفظ کے گیارہ سے بارہ معانی ہیں جبکہ قرآن قدیمی عربی میں ہے جس وجہ سے ہر لفظ کے ماہرین کے مطابق بیس سے بھی زیادہ معنی ہیں۔پھر کہتے ہیں قرآن عربی میں پڑھو اور وہ ہمیں ویسے ہی نہیں آتی کیونکہ دنیا میں کام اور بھی ہیں محبت کے سوا، اور مسلمانوں کی اس کمزوری کا فائدہ ملا بھر پور طریقے سے اٹھاتا ہے۔اور اگر کسی کو غلطی سے عربی آجاتی ہے یا سیکھ لیتا ہے تو پھر وہ اپنا ایک الگ فرقہ اور جماعت بنا کر ایک نئی دوکان

کھول لیتا ہے۔اور ہاں کیوں نہ کھولیں آج منڈی کا نظام ہے اور منڈی کے نظام میں دوکانیں ہی ہوتی ہیں وہ اجناس کی ہوں جسموں کی یا پھر مذاہب کی کیا فرق پڑتا ہے

دو اپریل دو ہزار سولہ

محبت سے نفرت کی انتہا

جرمنی میں محبت سب کے لیے کی بلند دعوئے دار ایک مذہبی جماعت کے مرکزی رہنما ، والدین جن کا پاکستان نارووال سے تعلق ہے نے ڈرام شٹاڈ جرمنی میں اپنی انیس سالہ جوان بیٹی لارب کو محبت کی پاداش میں نہایت سفاکیت سے قتل کر کے جنگل میں کسی کوڑے کرکٹ کی طرح پھینک کر محبت سے نفرت ہی نہیں بلکہ انسانیت سے بربریت ،وحشت اور درندگی کا بر ملا اظہار بھی کیا جس پر جرمنی، ڈرام شٹاڈ کی عدالت نے دونوں ، اکتالیس سالہ ماں شازیہ ، اور باون سالہ باپ اسد اللہ خان کو تا دم مرگ تک قید کی سزا دی ہے اس کے باوجود کے اس قتل کے روحانی سرپرستوں نے ان قاتلوں کو بچانے کی بہت کوشش کیں لیکن سب رائیگاں گئیں کیونکہ جرمنی کی عدالتوں کو خریدا اور بے وقوف نہیں بنایا جا سکتا۔

بے شک قتل کی یہ سزا بہت ہی کم ہے اس سے مرنے والا تو زندہ نہیں ہو سکتا لیکن قاتلوں کو سزا دیکر دوسروں لوگوں کے لیے عبرت کا نشان بیایا جاتا ہے تاکہ معاشرے میں جرائم کی روک تھام کی جا سکے لیکن آج کا سوال یہ ہے کہ جو اس قتل کو جرم سمجھتے ہی نہ ہوں آپ ان کو کیا سزا دیں گئے اور ایسی قتل گری کو کیسے روکیں گئے؟ کیونکہ یہ مذہبی جماعتوں کی طرف سے پہلا قتل نہیں ہے اور نہ ہی یہ آخیری ہو گا اس لیے کہ بے شمار مذہبی غلاظت کے مارے افراد آج بھی لارب کے قتل کو والدین کا عزت اور غیرت کے نام پر

درست اقدام گردان رہے ہیں اور ان پر فخر کرتے ہیں اور عمر قید کی سزا کو غیر اہم قرار دے رہے ہیں۔محبت سے اتنی نفرت کی درندگی ، مذہبی اور پسماندہ کلچر کی سوچ کی وحشت کا اظہار ہے جو صرف اس سوچ کے خاتمے سے ہی ختم ہو گئی۔عدالتی سزاوں سے یہ رجعتی سوچ اور اس پر تعمیر بھیانک رویے ختم نہیں ہوں گئے۔

بنیاد پرست ان عدالتی سزاوں کو اس لیے سزا نہیں سمجھتے کیونکہ ان کے نزدیک موت زندگی سے زیادہ عظیم اور بہتر ہے وہ زندگی کو خدا کی طرف سے ایک سخت امتحان ، معمولی اور غیر اہم شے سمجھتے ہیں۔وہ زندگی کو رحمت نہیں زحمت سمجھتے ہیں(جس میں ہمارے موجودہ مالیاتی نظام کے زوال نے بھی خاص کر دارادا کیا ہے)۔دنیا کو گناہوں کی جگہ خیال کرتے ہیں جبکہ موت کے بعد زندگی کو حقیقی اور اصل زندگی سمجھتے ہیں۔اس لیے یہ موت کو زندگی پر ترجیح دیتے ہیں۔یہی سوچ رجعتی ، مذہبی جنونیت ، فرقہ پرست ، تعصبانہ، طالبان ، القاعدہ اور داعش کی سوچ ہے جس نے موجودہ عالمی مالیاتی نظام کے بحران کو آگ اور خون میں ڈوبو کر دنیا کو جہنم بنا رہے ہیں۔یہ مذاہب نہیں بلکہ کالے دھندے ہیں اقتدار اورکالی دھن دولت کے۔انسانی قتل و خون اور محبت کے نام پر نفرت کے کاروبار ہیں۔۔۔۔

لارب کے والدین شازیہ اور اسد اللہ کو ماں باپ کہنا لفظ ماں باپ کی توہین ہے اور انسانیت کے لیے شرم ناک ہے۔کیونکہ ماں، باپ تو پیار ومحبت ، رحم دلی ، شفقت ، ہمدردی ، قربانی اور جان نثاری کا نام ہے لیکن یہ تو زہریلے سانپ نکلے جو اپنے بچوں کو ہی کھا گئے یہاں یہ بھی سوچنے کی بات ہے کہ کس سوچ ، نظریے، مذہبی عقائد اور جماعتی تربیت نے ان انسانوں کو جانور بنا ڈالا۔

لارب کا راحیل سے پیار کرنا کوئی جرم نہیں تھا یہ تو کوئی غلطی بھی نہیں تھی ، یہ تو معصومیت تھی، انسانی جذبوں کی خوبصورتی تھی، جمالیاتی احساس کی عظمت تھی ، قدرت کی نعمتوں سے دیانیداری تھی ، یہ تو قدرت کی سچائی کا اعتراف تھا۔دو جنسوں کے درمیان پیار و محبت، فطری اور قدرتی عمل ہی نہیں ہے بلکہ انسانی جبلت اور ناگریز ضرورت ہے جس پر پابندی غیر انسانی اور غیر فطری ہے۔اور جب بھی فطری خواہشات اور ضرورتوں پر پابندی عائد کی جاتی ہے تو یہ اپنا اظہار غیر فطری انداز میں کرتی ہے اس لیے پسماندہ اور اسلامی معاشروں میں جنسی جرائم اور بیماریاں دنیا میں سر فہرست ہیں۔بچوں سے زیادتیاں ، نابالغ اور کم عمر بچیوں سے شادیاں اور زیادتیاں ، ہم جنسی پرستی کی کثرت کے ساتھ ساتھ جانوروں سے جنسی تعلق ، عورت سے جنسی اظہار میں جبر اور تشدد، جنسیات سے وابستہ مردانہ کمزروری اور برتری ایک بیمار اور مفلوج ذہین کی پیداوار ہیں جو پسماندہ اور سلامی ممالک کا تورا امتیاز ہے ایسے افردا کو مغرب میں بیمار کہا جاتا ہے اور جن کا یہاں نفسیاتی علاج ہوتا ہے۔

مغرب میں بھی سرمایہ داری نظام کی کمزوری اور سماج کو مزید ترقی نہ کرنے کی اہلیت نے یہاں کے حکمرانوں کو مذاہب کا سہارہ لینے پر مجبور کر دیا ہے۔جس سے یہاں بھی پسماندگی اور فرسودگی امڈ آئی ہے اور ڈرام شٹاڈ کا واقعہ اسی کا غماز ہے۔جرمنی ، حال ہی میں عیسائیت ، یہودیات کے بعد اب مذہبی جماعت احمدیہ اور ترکی دینیات اسلامی جماعت کے اسلام کو سرکاری مذہب کا چند صوبوں میں درجہ دیا گیا ہے۔ڈرام شٹاڈ میں لاریب کے قتل کے بعد اور دوسری بہت سے غیر قانونی سرگرمیوں جن میں ممبران سے زبردستی چندے جمع کرنا، چندوں کی بے شمار اقسام ، بلیک کام کرکے جماعت کو چندے اور بڑی بڑی ڈونیشن ادا کرنا ، جماعت کے اندر بچیوں کو مارنا پیٹنا اور بے جا پابندیاں ، مردوں کا اپنی بیویوں سے غیر انسانی سلوک ،

غیر قانونی ایک سے زائد شادیاں ، جماعت کا اپنا فسطائی سٹکچر، جمہوریت کی بجائے ملکوکیت وغیرہ وغیرہ(جو تقریبا تمام دوسری مذہبی جماعتوں یا فاشسٹوں جیسا ہی ہے)کے بعد جماعت احمدیہ کے سرکاری درجے کو دوبارہ دیکھا اور غور کیا جا رہا ہے۔جرمنی میں بد قسمتی سے نہ صرف قدامت پرست سی ڈی یو اور سوشل ڈیموکریٹ ایس پی ڈی اس کی پشت پناہی کر رہی ہیں بلکہ بائیں بازو کی پارٹی ڈی لنکے کے چند رہنما بھی چند صوبوں میں اسلامی بنیاد پرستی کی سپورٹ میں پیش پیش ہیں۔یورپ میں مختلف مذاہب کی سرپرستی یورپی مالیاتی نظام کی کمزوری اور اپاہجی کی اعکاس ہے۔

یورپ اور مغرب کی موجودہ تمام ترقی مذاہب اور غیر سائنسی نظریات کے قبرستان پر تعمیر ہوئی تھی۔کیونکہ یورپ کو بنیاد پرستی نے کئی دہائیوں تک آگ و خون اور جنگوں میں برباد کیا تھا لیکن آج ایک بار پھر یورپی حکمران اپنے اقتصادی مفادات کے لیے مختلف مذاہب کی سرپرستی سے یہ گھڑے مردے پھر اکھاڑ کر مقامی اور عالمی سطح پر بازاری معیشت کو بچانے کے لیے استعمال کر رہے ہیں یہ آگ اور خون کا کھیل جو انہوں نے اپنے نظام کو تحفظ دینے کے لیے شروع کیا تھا اب مغربی حکمرانوں کے ایوانوں تک آن پہنچا ہے حالیہ پیرس میں دھماکے اسی کا عکس ہیں اور ڈرام شٹاڈ میں ایک معصوم بچی کا قتل بھی دہشت گردی اور اسی خون خوار سوچ کی غمازی ہے۔

تمام انسانی تاریخ گواہ ہے کہ مذاہب جب تک کمزور رہے وہ نیک، شریف ، سوشل ورکر اور بھلے مانس رہے لیکن جب بھی انہیں طاقت ملی انکا بھیانک چہرہ سامنے آگیا اور انہوں نے مزید طاقت اور حکمرانی کے لیے جیتے جاگتے انسانی جدید اور ترقی یافتہ سماجوں کو اجاڑ کر خاکستر کر دیا۔مذاہب ماضی کے نظریات کو ماسوائے حال پر مسلط کرنے کے اور کر بھی کیا کر سکتے

ہیں یہ ماضی بعید ، بربریت اور وحشت کے خون آشام نشان ہیں جو علم و عقل کے دشمن ہیں ۔اور جنہیں ان سے بہتری یا بھلائی کی کوئی امید ہے وہ یقیناً آج بھی احمقوں کی جنت میں رہتے ہیں اور آج کی داعش بھی یہی کچھ ہی ہے۔

آج عالمی دنیا کا تمام منظر نامہ دہشت گردیوں اور جنگوں سے عبارت ہے جس سے اسلحہ ، مسلح دستوں ، مذہبوں ، جنونیت ، سفاکیت ، پابندیوں ، نفرتوں اور موت کے کاروبار خوب ترقی کر رہے ہیں۔جبکہ محبت ، ہمدردی ، ایثار قربانی ، بھائی چارہ، انصاف، برابری اور زندگی جو کسی بھی انسانی سماج کی خصوصیات ہوتی ہیں دفن ہو رہی ہیں۔سنگین اور کٹھن حالات زندگی، انسانی سوچ اور احساس کو مجروح کر رہے ہیں۔مذاہب کی جنونیت اور سفاکیت کی آگ اور خوفناک سوچ پر موجودہ وسیع طبقاتی خلیج سے بڑھتی مستقبل سے نا امیدی اور مایوسی اس عذاب پر تیل ڈال رہی ہیں جس سے اس کرہ اس پر زندگی کا سکون و آرام ناپید ہو تا جا رہا ہے اس لیے اس مذہبی خونی سوچ کو ختم کرنے کے لیے ضروری ہے کہ بنیاد پرستی کے خلاف جنگ کو موجودہ سماجی حالات کی تبدیلی سے منسلک کیا جائے جو اس کی بنیادی وجہ ہیں اور اس غیر انسانی سوچ کو ٹھوس جواز بخشتے ہیں۔

ہم مطالبہ کرتے ہیں کہ ۔

لارِیب کے قتل کو صحیح کہنے والوں کو بھی سخت سزا دی جائے کیونکہ یہ افراد قتل اور قاتل کی حوصلہ افزائی کرتے ہیں۔

جہالانہ سوچ اور بنیاد پرستی کی جنونیت کے خاتمے کے لیے ضروری ہے کہ تمام مذاہب کی سرکاری سرپرستی فوار بند کی جائے۔تمام مذہبی جماعتوں اور تنظیموں پر مکمل پابندی عائد کی

جائے اور انکے تمام اکاونٹوں اور جائدادوں کو منجمد کر کے سرکاری تحویل میں لیا جائے۔

مذہب کو ہر شخص کا مکمل نجی معاملہ قرار دیکر اسکو مکمل شخصی آزادی دی جائے۔

بچوں کو جنونیت سے بچانے کے لیے ضروری ہے کہ سکولوں میں الگ سے مذہبی تعلیم ختم کی جائے۔ تعلیم وتربیت کو زیادہ سائنس اور جدید علوم سے منسلک کیا جائے۔اور مذہب کو بطور تاریخ پڑھایا جائے۔

بچوں اور نوجوانوں کی تفریح کے لیے مزید کھیلوں کے میدانوں ، تفریحی پروگرام اور تقریبات کا باقاعدہ سرکاری طور پر انتظام کیا جائے نہ کہ سرکاری بچت سکیموں کے تحت جو چند تیراکی کے پول ، کھیلوں کے ان ڈور اور آوٹ ڈور میدان ، ہیں انہیں بھی بند کیا جائے اور عوامی سہولتوں میں کمی کی جائے جس طرح ہو رہا ہے۔ہر سال بچوں کے لیے زیادہ بجٹ رکھا جائے تاکہ ماں باپ پر مالی بوجھ کم ہو سکے کیونکہ بچوں پر زیادہ اخراجات والدین میں بچوں پر نجی ملکیت کا احساس پیدا کرتے ہیں۔

نوجوانوں کو جدید ہنر سیکھانے کے لیے نئے اور مزید تربیتی سکول تعمیر کیے جائیں جس کے بعد روزگار کی مکمل ضمانت ہوجو آج نہیں ہے۔

آج جرمنی میں بے روزگاری کی شرح میں مسلسل اضافہ ہو رہا ہے اور کمزور معاشی حالات مذہبی کیمپ کے لیے بہت ساز گار ہوتے ہیں اس لیے نجی سرمایہ کاری کی بجائے سرکاری سرمایہ کاری کو فروغ دیا جائے اور شرح منافع میں ہر سال اندھا دھند اضافے کی ہوس میں برطرفیوں کو روکا جائے اور ان صنعتوں کو قومی تحویل میں لے کر بے روزگاری ختم کی جائے

۔

جرمنی میں غیر ملکیوں کو مقامی قدروں اور اقدار سے آشکار کرنے کے لیے ضروری ہے کہ سرکاری طور پر مختلف تقریبات کا ہر علاقے میں بندوبست کیا جائے اور انہیں معاشرے سے الگ تھلگ رکھنے کی بجائے مکس کر کے اچھا شہری بنایا جائے جو صرف انکی مقامی سیاسی اور سماجی سرگرمیوں میں مداخلت اور شرکت سے ہی ممکن ہو سکتا ہے۔لاریب کا واقعہ اسی لیے پیش آیا کہ جرمنی میں ایسے مواقع کم ہیں جس سے غیر ملکی یہاں کے معاشرہ کو سمجھ سکیں اس میں مکس ہو سکیں اور اپنے آبائی معاشرے اور سوچ کی پستگی کو دور کر سکیں۔

جرمنی میں بسنے والے تمام غیر ملکیوں کو مقامی شہریوں کے مساوی تمام حقوق دیئے جائیں۔

جرمنی میں بڑھتی طبقاتی تفریق جو مذہبی جنونیت کا ایندھن ہے کو ختم کرنے کے لیے غیر ملکیوں کو جرمن کی ٹریڈ یونیوں،ڈی لنکے پارٹی اور پاکستانی لیفٹ ،، چنگاری فورم ،،میں منظم ہو کر عوامی اور مزدوروں کے حقوق کی جنگ کو تیز کرنا چاہیے۔

گیارہ دسمبر دو ہزار پندرہ

آج عورت ہونا جرم بن گیا

نارتھ جرمنی کے شہر کیل میں ہمارے ہمسائے میں میری بیوی کی ایک دوست نزمین ایک عراقی مسلمان عربی لڑکی رہتی ہے جس کی عمر ابھی بمشکل تیس سال ہوگئی اور یہ عراق سے ابھی چند سال پہلے شادی ہونے کے بعد آئی ہے جس کو ہڈیوں کی اذیت ناک درد کی بیماری ہے اور یہ ہر وقت پین کیلر (درد کو ختم کرنے والی) گولیاں کھاتی ہے یہ مکمل طور پر پردہ کرتی ہے ماسوائے آنکھوں کے تمام جسم کو ڈھانپتی ہے ڈاکٹرز کے مطابق یہ ہڈیوں کے درد کی بیماری ہے جو سورج کی روشنی جسم کو کم ملنے کے باعث لاحق ہوتی ہے اس لیے ڈاکٹرز نے اسکو زیادہ سے زیادہ سورج میں بیٹھنے کے لیے کہا ہے۔

اس کی یہ بیماری اور اس کی وجہ معلوم ہونے کے بعد مجھے انڈیا کے شہر احمد آباد کا واقعہ یاد آگیاجہاں 4 مسلمان عورتوں کو بے پردگی کی وجہ سے گھر سے باہر جانے کی اجازت نہ تھی یہ ہر وقت گھر میں بند رہتیں اور اتنی باپردہ تھیں کہ سورج کی روشی تک انکو نہیں چھوسکتی تھی جس وجہ سے انکو بھی یہی بیماری تھی جس نے انکو پہلے اپاہج بنا دیا اور پھر جان لیوا ثابت ہوئی۔اس واقعہ کا بھارت میں بہت چرچا ہوا تھا اور انڈین پریس نے بھی عورتوں پر اس ظلم کے خلاف بہت لکھا۔

آج 8 مارچ کو جب عورتوں کا عالمی دن منایا جاتاہے۔ایسے بہت سارے محنت کش خواتین پر جنسی بنیاد پر ظلم و جبر کے سلسلے جاری ہیں جس کی مختلف شکلیں آج پوری دنیا میں موجودہ ہیں۔ آج دنیا کی آدھی سے زیادہ آبادی خواتین کی ہے جہاں موجودہ عالمی نظام میں سماجی پسماندگی خواتین پر بھیانک استحصال کی وجہ ہے وہاں ترقی یافتہ ممالک میں یہی استحصال دوسری شکلوں میں جاری ہے۔خواتین کا عالمی دن بھی محنت کش عورتوں کی جدوجہد کی یاد کو تازہ کرتا ہے اور موجودہ عالمی مالیاتی نظام کے خلاف جو طبقاتی استحصال کے ساتھ وحشی جنسی استحصال کی بنیاد ہے کے خلاف لڑنے کا نیا عزم اور جرات پیدا کرکے انقلابی تحریک کو تیز کرنے کا عہد ہے۔

آج سے 100 سو سال قبل نیو یارک میں کپڑا بنانے والی ایک فیکٹری میں مسلسل 10 گھنٹے کام کرنے والی خواتین نے اپنے کام کے اوقات کار میں کمی اور اجرت میں اضافے کے لیے آواز اٹھائی تو ان پر پولیس نے نہ صرف لاٹھی جارج اور وحشیانہ تشدد کیا بلکہ ان خواتین کو گھوڑوں سے بندھ کر سڑکوں پر گھسیٹا گیا۔اس کے بعد اٹھارہ سو اسی میں خواتین نے ووٹ کا حق مانگااور جبری مشقت کے خلاف تحریک چلی جس پر ریاست نے بے انتہا تشدد کیا۔خواتین کی جرات مند مسلسل جدوجہد اور لازوال بے شمار قربانیوں کا نتیجہ تھا کہ1910 میں کوپن ہیگن میں خواتین کی پہلی عالمی کانفرنس منعقد ہوئی جس میں 17 سے زائد ممالک کی 100 سے زائد خواتین نے شرکت کی جس میں عورتوں پر ہونے والے ظلم واستحصال کا عالمی دن منانے کا فیصلہ کیا گیا۔

پہلی عالمی جنگ میں 20 لاکھ روسی فوجیوں کی ہلاکت پرخواتین نے ہڑتال کی تب سے یہ دن ترقی یافتہ اور ترقی پذیر ممالک میں عالمی حثیت اختیار کرگیا 1956 میں سیاہ فارم مزدوروں پر

پابندی کے خلاف 20 ہزار خواتین نے مظاہرے کئے تب 8 مارچ کو اقوام متحدہ عورتوں کا عالمی دن منانے پر مجبور ہوگئی لیکن اس کے باوجود جنسی بنیاد پر ہونے والے ظلم میں مسلسل اضافہ ہورہا ہے۔دنیا کی ہر تیسری اور جنوبی ایشا کی ہر دوسری عورت آج تشدد کا شکار ہیں۔ امریکہ میں ہر چھ منٹ کے بعد ایک عورت زیاتی کا نشانہ بنتی ہے۔پاکستان میں ہر سال 1000 ایک ہزار سے زائد عورتیں غیرت کے نام پر قتل کی جاتیں ہیں۔

بھارت میں ہر 6 گھنٹے کے بعد ایک شادی شدہ عورت کو زندہ جلایا جاتا ہے۔انڈیا میں ہی ہر روز 7 ہزار بچیاں پیدائش سے پہلے مار دی جاتیں ہیں۔یورپ میں 14 سال سے 44 سال تک کی خواتین کا اپاہج پن یا وفات کی وجہ گھریوں تشدد ہے۔جنوبی ایشا میں 60 فیصد سے زیادہ عورتیں گھریوں تشدد کا شکار ہیں اور اسی خطے سے سالانہ105000 ڈیڑھ لاکھ لڑکیاں سمگل کی جاتی ہیں۔دنیا میں سالانہ 5 سال سے15 سال تک کی 20 لاکھ بچیوں کو جنسی کاروبار کے لیے سمگل کیا جاتا ہے۔پاکستان میں ہر دو گھنٹے کے بعد ایک زنا بلجبر کا واقعہ ہوتا ہے پاکستان میں56 چھپن لاکھ سے زیادہ خواتین جبری مشقت پر مجبور ہیں اور80 فیصد کسی نہ کسی طرح گھریوں تشدد کا شکار ہیں جبکہ یہ خواتین آبادی کا52 فیصد حصہ ہیں۔دنیا کی80 فیصد سے زیادہ خواتین کسی کسی گھریوں تشدد کا شکار ہیں ایک عالمی رپورٹ کے مطابق
ہر سال600000 چھ لاکھ افراد اغوا ہوتے ہیں جن میں80 فیصد عورتیں اور بچیاں شامل ہیں جن کو عالمی منڈی میں کسی دوسری جنس کی طرح خریدہ اور فروخت کیا جاتا ہے۔ان انسانوں کی تجارت سے آج ہر سال12 بلین ڈالر سے زیادہ کا منافع کمایا جاتا ہے۔سالانہ500000 پانچ لاکھ عورتیں حمل اور زچگی کے دوران مر جاتی ہیں۔

لڑکے کی پیدائش جہاں خوشی مسرت کا باعث ہے وہاں لڑکی کا پیدا ہونا آج بدشگونی دکھ درد

اور افسوس کا سبب ہے جس کا اظہار بل واسطہ یا بلا واسطہ بڑے واضح انداز میں کیا جاتا ہے کیونکہ آج کے تمام رشتے روپے پیسے اور سرمایے کے رشتے ہیں۔عورت کی آزدی کا نہ تو ملا قائل ہے اور نہ ہی جاگیر دار، سرمایہ دار اور نہ ہی سامراج کیونکہ جس طرح ملائیت عورت کو چادر چاردیوری میں محصور کر کے زمانہ غلامی کو دوبارہ لانا چاہتی ہے اسی طرح سرمایہ داری کی جدیدیت عورت کو بازار میں لے آئی ہے یا پھر فحاشی کی بیہودگی کو ماڈرن لائزیشن کا نام دیتی ہے جبکہ یہ ایک ہی تصویر کے دو رخ ہیں جن کا قطعی عورت کی آزادی سے کوئی تعلق نہیں ہے بلکہ یہ تو غلامی کی ہی دو مختلف شکلیں ہیں ایک جاگیر داری اور دوسری سرمایہ دار یا منڈی کے نظام کی جبکہ عورت کی حقیقی آزدای کا تعلق مساوی سماجی حقوق سے ہے جس میں عورت کو مردوں کی برابر سیاسی معاشی اور سماجی حقوق کسی تضاد اور شرائط کے بغیر مکمل حاصل ہوں جسکی ضمانت ریاست اور معاشرہ دے۔آج کا انسان آزاد نہیں ہے بلکہ اجرتی محنت کے استحصال کے شکنجے میں ہے۔محنت کش عوام سرمایے کے غلبے تلے دم توڑ رہی ہے اور ان موجودہ حالات میں عورت کی آزادی ایک جعل سازی ، دھوکہ اور فراڈ ہے۔پاکستان جیسے ترقی پذیر ملک میں عورت کی آزدی کو ملا پہلے والد ، بھائیوں اور پھر شوہر کے گھونٹے سے باند ھ کر اور اس پر تمبو(پرانے زمانے کا برقع جو اب بھی افغانستان میں عورتیں لیتی ہیں)اوڑھ کراسلام کا نعرہ لگاتا ہے یا پھر بوژوااور مڈل کلاس کی خواتین تنگ اور باریک کپڑے پہن کر جسم کی نمائش کو آزدی اور ماڈرن کہتی ہیں یہ دونوں ماسوائے تنگ نظری، بے ہودگی اور احساس کمتری کے کچھ نہیں ہے۔

فوجی آمر ضیانے اسلام کے نام پر اور ودسرے مشرف نے اعتدال پسندی کے نام پر صرف عوام اور عورتوں پر ظلم ہی کیا ہے ایک نے حدود آرڈینس کو بنا کر اور دوسرے نے اس

میں منافقانہ جعلی ترمیم کرکے، جنسی بنیاد پر جبر اور تضاد کو ختم نہیں کیا بلکہ اسی پرانے استحصال کو نئی شکل میں قائم رکھا اور یہ موجودہ نظام میں ختم ہو بھی نہیں سکتا کیونکہ استحصال موجودہ سرمایہ داری اور جاگیرداری کا خاصہ ہے۔کارل مارکس نے کیمونسٹ مینی فسٹو میں آج سے113 سال قبل لکھا تھا کہ سرمایہ داری نے آج ہر پیشے اور رشتے کے تقدس کو چھین کر سرمایہ کا غلام بنا دیا ہے۔لینن سے کہا تھا کہ سرمایہ داری ایک نہ ختم ہونے والی وحشت اور بربریت ہے اور محنت کش عوام کے علاوہ مظلوم طبقات اور معاشرے کے کمزور حصہ اس کے سب سے زیادہ شکار ہیں جنکی زندگی کسی دکھ اور درد سے کم نہیں جس سے نجات صرف موجودہ نظام کے خاتمے سے ہی ممکن ہے۔

آج موجودہ نطام میں عورت کا عورت ہونا ایک جرم ٹھہرا ہے جس کے خلاف عورتوں کی آزدی کی جدوجہد بھی نظام کے خلاف انقلاب کی جدوجہد کے لیے طبقاتی تحریک سے ہی ممکن ہے جو ہر استحصال کی بنیاد اور ہر جبر اسی کی مختلف شکلیں ہیں جس کا خاتمہ بھی عوامی راج میں ہی ہوگا

کیا وطن ، مذہب اور قوم پر ستی تعصب ہے۔کیسے؟

بہت سے اہم الفاظ کا آج کل بڑی دانائی سے غیر دانش مندانہ استعمال عام ہو رہا ہے۔جس طرح آج لفظ تعصب پسندی دہشت گردی کی طرح اپنے اصل اور حقیقی مفہوم کی بجائے مخالفین کی ضرورتوں کے مطابق استعمال ہوتا ہے۔جیسے آج امریکہ اور یورپ کا ہر مخالف دہشت گرد ٹھہرایا جاتا ہے اسی طرح قدامت پرست دانشوار یا ملا بھی اپنے کٹر اور غیر لچکدار سوچ کو ٹھونسے کے لیے تعصب پسندی کا بڑا عام استعمال کرتے ہیں اور جب کوئی انکے رجعتی نظریات کا اقرار نہیں کرتا اور انکے پاس اپنی بات منوانے کے تمام جواز اور دلائل کم پڑ جاتے ہیں تو یہ فوار دوسرے کو تعصب پرست کے القاب سے نواز دیتے ہیں۔

تعصبی اور تعصب پسندی کا لفظ آج علم و اداب اور صحافت میں بھی خاصا عام ہو گیا ہے جو بلا وجہ اور بغیر سوچے سمجھے کسی فتوئے کی طرح استعمال کیا جاتا ہے۔فتوئے کی بنیاد بھی کیونکہ جہالت اور پسماندگی پر ہی ہے اس لیے ہمارے لیے بہت ضروری ہے کہ ہم تعصب کے حقیقی مفہوم اور تعریف سے واقف ہوں۔لفظ تعصب عام طور ایک خاص سماجی اصطلاح کے طور پر استعمال ہوتا ہے اور یہ ایک سماجی سائنس اور لغت کا قانون ہے کہ سیاسی ، معاشی اور سماجی الفاظ واصطلاحات اپنے معنی اور مفہوم حالات و اقعات کے مطابق بدلتے رہتے ہیں

۔جس کی تمام انسانی تاریخ گواہ ہے کہ الفاظ کے معنی کبھی جامد اور مستقل نہیں ہوتے۔جس طرح جمہوریت ، محب الوطنی ، بنیادی انسانی حقوق ، نیکی اور گناہ ، سزا اور جرم ،وفا اور بے وفائی ، خوبصورتی اور بد صورتی ، قوم پرستی وغیرہ ان الفاظ کے معنی اور دائرہ کار کبھی بھی تاریخ میں یکساں نہیں رہے۔جیسے جمہوریت غلامانہ دور میں بھی تھی اور آج بھی ہے اسی طرح تمام مذاہب بھی ایک خاص جمہوریت کا دعوی کرتے ہیں۔اور قدیم یونان میں یہ بڑی اعلی سطح پر موجود رہی ہے۔لیکن یہ ماضی کی جمہورتیں اب دورے جدید کے تقاضوں کو پورا نہیں کرتیں اس لیے ان کا نام تو آج بھی جمہوریت ہی ہے لیکن اسکے معنی اور مفہوم کے ساتھ ساتھ اسکی حدود و قیود بھی وقت اور حالات کے ہاتھوں تبدیل ہو گئیں ہیں۔کیونکہ یہ ماضی کی جمہورتیں آج نہ صرف قدیم اور پسماندہ جمہورتیں قرار پاتیں ہیں بلکہ موجودہ معاشروں کے لیے یہ زہر قاتل کی حیثیت رکھتی ہیں۔جو آج کے جدید سماجوں پر لاگو نہیں ہو سکتی اور اگر اسے زبردستی نافذ کرنے کی کوشش کریں گئے تو یہ موجودہ سماج کو تباہ و برباد کر کے بربریت میں دھکیل دیں گئیں۔یہ ماضی کے حالات کے مطابق درست تھیں۔ان قدیمی ادوار کے لیے تھیں لیکن یہ آج کے لیے نہیں ہیں اور نہ ہی کبھی ہو سکتی ہیں۔

سماجی سائنس کا ایک اور بڑا بنیادی ٹھوس قانون یہ ہے کہ جو سوچ ، نظریہ ، نظام ، لفظ یا اسکے معنی آج اور وقت کی کسوٹی پر پورا نہیں اترتے وہ مٹ جاتے ہیں ایک یاد اور ماضی بن کر رہ جاتے ہیں۔وقت کا پہیہ ہمیشہ آگے کی سمت ہی حرکت کرتا ہے اس لیے اسے کبھی پیچھے نہیں گھمایا جا سکتا اور انسانی سوچ کا تعین بھی یہی حالات و واقعات کرتے ہیں۔ تبدیل ہوتی سماجی صوتحال انسانی سوچ کو بھی بدل دیتی ہے انسانی سوچ اور سماجی حالات میں ایک جدلیاتی تعلق ہوتا ہے جیسے سمجھے بغیر کوئی بنیادی تبدیلی ممکن نہیں ہے۔

قدیم سماجوں میں جو جرم ہوا کرتے تھے وہ آج جرم نہیں ہیں انکی شکل بھی بدل چکی ہے بے شک لفظ جرم آج بھی موجود ہے لیکن اپنی پہلی شکل و ہیت اور معنی میں نہیں۔ مثلا غلاموں سے ہر قسم کا ہر وقت کام لینا جرم نہیں تھا انکو حقوق نہ دینا بھی کوئی جرم نہیں تھا۔ غلام کے کمزور ہو جانے یا بوڑھا ہو جانے پر ان کا قتل جرم نہیں تھا۔ لونڈیاں اور کنیز رکھنا بھی کوئی جرم نہیں تھا۔ غلاموں کی اپنے آقاوں سے وفاداری لازمی تھی اور بے وفائی پر قتل جائز تھا۔ انہیں قدیم معاشروں میں اور تمام مذاہب میں انسانی بنیادی حقوق کا مطلب اور انکا اطلاق آج کے نسبت بہت مختلف تھا اور ہے۔ اسی طرح آج بھی ہر مذہب میں اور مختلف قدیمی انسانی سماجوں میں نیکی اور گناہ کے معنی اور اسکا دائرہ کار قطعی آج جیسا اور ایک جیسا نہیں تھا اور نہ ہی ہے۔

قوم اور وطن پرستی جو 16ویں اور17 ویں صدی میں اپنے اعلی معیار پر تھی اور بڑے خاص معنی اور اہمیت رکھتی تھی آج وہ نہیں ہیں کیونکہ سرمایہ داری کے ابتدائی دور میں قوم پرستی اور محب والوطنی ایک ترقی پسند اور انقلابی قدم تھا جس نے قدیمی تقسیم شدہ اور بکھرے ہوئے بہت سے پسماندہ سماجوں کو آپس میں متحد کیا اور ایک جدید معاشرے کی بنیاد رکھی ۔ان قومی ریاستوں نے اپنے چھوٹے چھوٹے وسائل کو جوڑکر انکی وسعت سے وسیع پیمانے پر حیران کن پیداوار کی اور سماجی ترقی کو چھلانگوں کی صورت میں آگے بڑھایا جس سے عام لوگوں کو آج کی جدید بنیادی ضرورت زندگی اور بنیادی حقوق میسر آئے۔ اس عمل سے ایک مشترک منڈی نے ایک جدید قوم کو جنم دیا جس کی ایک زبان مشترکہ ثقافت نے ماضی کی ہر چیز کو بدل کر رکھ دیا یہاں تک کے الفاظ کے معنی، انکے مفہوم اور انسانی شعور کے ساتھ ضروریات زندگی تک کو بدل دیا۔

مسلسل بڑھتی پیداوار نے جب علاقائی ضرورتوں کو پورا کر دیا تو پھر یہی پیداوار اپنی زائد پیداوار میں تبدیل ہو گئی جس سے انسانی تاریخ میں پہلی بار زائد پیداوار کے بحران نے جنم لیا اور نو آبادیاتی نظام کی داغ بیل پڑی۔کیونکہ قومی منڈیوں میں جب طلب کم ہوئی تو مسلسل بڑھتی رسد کی وجہ سے نئی منڈیوں کی ضرورت نے ہی دوسری منڈیوں پر غلبے کے لیے سامراج کی بنیاد رکھی اور اسے جنم دیا اسی لیے تو کہا جاتا ہے کہ آج تک کی تمام جنگیں منڈیوں پر قبضے کی جنگیں ہیں۔موجودہ عالمی سرمایہ داری نے جہاں تمام دنیا کو ایک معاشی اکائی میں تبدیل کر کے انسانی ضرورتوں کو عالمی منڈی سے اٹوٹ منسلک کر دیا۔وہاں قوم پرستی اور محب الواطنی کی انقلابی تحریکوں کو بھی رجعتی اور رد انقلابی بنا ڈالا۔جو پہلے جھوٹ تھا آج سچ بن گیا اور جو پہلے حقیقت تھی آج فریب بن گیا۔موجودہ عالمی مالیاتی نظام میں مقامی زرائع پیداوار ، ملک اور علاقائی کاروبار اور فنانس فیصلہ کن نہیں رہے۔بلکہ انکی جگہ عالمی اجارہ داریوں ،عالمی مالیاتی اداروں ، سامراجی ملکوں اور انکے عالمی حکمران نے لے لی۔آج دنیا میں500 پانچ سو اجارادارایاں دنیا کی90 نوئے فیصد معیشت پر قبضہ رکھتی ہیں ، تمام دنیا کی فنانس مارکیٹوں کو آئی ایم ایف اور ولڈ بینک کنٹرول کرتے ہیں۔تمام دنیا کی سیاست امریکی اور چند یورپی حکمران کے زیر عتاب ہے یہی عالمی سرمایہ داری اور عالمی مالیاتی نظام ہے جو آج عالمی انسانیت کو شرح منافع اور نجی ملکیت کی اندھی ہوص میں بربریت اور خون میں دھکیل رہا ہے ، جہاں ایک طرف امارت کے انبار ہیں تو دوسری طرف غربت اور غلاظت کے ڈھیر۔

پیسہ حکمرانی کرتا ہے جو سرمایہ دارانہ دنیا میں طاقت کا اصل محور یا سرچشمہ ہے اور اسی سرمایہ کو حاصل کرنے کے لیے بڑی مچھلی چھوٹی مچھلیو ں کو کھا جاتی ہے۔اس اصول کے تحت

یورپین ممالک کی ایک بڑی منڈی ای یو کی بنیاد پڑی۔موجودہ عالمی منڈی میں کوئی چھوٹی دوکان بڑی دوکان کے آگے چل نہیں سکتی اور نہ ہی کوئی ایک ملک دنیا سے الگ تھلگ رہ کر آج زندہ رہ سکتا ہے۔اگر کوئی کاروبار یا ملک چل سکتا ہے یا قائم رہ سکتا تو وہ انہیں عالمی دیوتاوں کے رحم وکرم پر جو ہمیشہ محتاج اور محکوم رہے گا۔کیونکہ آج ضروریات زندگی کو پورا کرنے والے زرائع مقامی نہیں بلکہ بین الاقوامی ہیں جس پر سامراجی ممالک کا قبضہ ہے۔ اس لیے ماضی والی محب والوطنی اور قوم پرستی جو کبھی ترقی پسندی تھی آج رجعت اور دیوانگی سے زیادہ کچھ نہیں ہے۔موجودہ عالمی مالیاتی نظام کی موجودگی میں آج کی قومی آزادی یا اسکی تحریکیں سامراج کی مزید غلامی اور محکومی کی تحریکیں ہیں۔

لفظ تعصب عصبیت سے ماخوذ ہے جو عام طور پر کسی وجہ سے نفرت اور خاص طور پر عدم دلائل کی بنیاد پر کٹر پن کے حوالے سے منفی رجحان کے طور پر استعمال ہوتا ہے۔تمام فرقہ واریت کی بنیادوں میں جنونی تعصب کا زہر گھلا ہوتا ہے۔لیکن یہ تعصب کے معنی ادھورے اور نامکمل ہیں۔کیونکہ سائنسی اور سماجی حوالے سے لفظ تعصب پسماندگی سے آیا ہے جو کسی بھی ترقی اور تعمیر کی راہ میں روکاوٹ ڈالنے والے نظریات ، سوچیں اور رویے جو موجودہ وقت کی کسوٹی پر پورے نہ اتریں بلکہ ماضی سے مستعار لیے ہوں تعصب پسندی کہلاتے ہیں۔ اس میں ایک بنیادی عنصر مسلسل ارتقا کا ہے جو اسکے مفہوم کو تبدیل کرتا رہتا ہے۔بہت سی تحریکیں اور سوچیں جو زمانہ قدیم میں ترقی پسند اور انقلابی تھیں آج رجعتی اور ردانقلابی بن چکی ہیں اور ان پر آج بھی قائم رہنا انکی تلقین و ترویج کرنا اور نئے ترقی یافتہ ، سائنسی اور جدید نظریات سے انکار کرنا تعصب پرستی ہے۔جس کے پیچھے ڈیس انفارمیشن ، کم علمی اور جہالت ہے۔اور یہ جہالت سائنسی اور جدید سماجی علوم اور مارکسزم کے سنجیدہ مطالعہ سے ہی

دور ہو سکتی ہے وگرنہ یہ جہالت کی غلاظت میں پلا تعصب بڑھتا بڑھتا خونی جنون اور وحشت بن جاتا ہے۔ القاعدہ ، طالبان، لشکر یہ طیبہ ، جھنگوی ، جماعت اسلامی سمت تمام مذہبی جماعتیں ، ایم کیو ایم ، وغیرہ وغیرہ جس کی اعکاسی ہیں۔

تعصب کی پسماندگی موجودہ تعلیمی درسگاہوں سے دور نہیں ہوتی بلکہ آج کے تعلیمی مدرسے اور یونیوسٹیاں روشن خیالی کے بجائے تاریک خیالی کا زیادہ باعث ہیں کیونکہ وہ جس نظام کی ترجمانی کرتی ہیں وہ نااہل اور ماضی ہے جو آج پر مسلط ہے۔ بھوک ، ننگ ، افلاس، قتل گری اور جنگیں جس کا خاصہ ہیں۔

اب جب ہم اپنے گریبانوں میں جھانکتے ہیں اور اپنے اردگرد نظر دوڑاتے ہیں تو علم و فاضل اور عقل و دانائی کا خدائی دعوی کرنے والے بھی تعصبیت کا شکار نظر آئیں گئے۔ اور یہ درست ہے کہ مکمل علم و عقل کا دعوی کرنے والے ہی ہمیشہ پسماندہ اور ابو جہل ہوتے ہیں کیونکہ ان کے اندر مزید سیکھنے کی صلاحیت دم توڑ چکی ہو تی ہے۔ جس طرح فتوا جہالت کی معراج ہے اسکی طرح ٹھوس دانش مندی کا دعوی بھی پسماندگی کی آخیری گہرائی ہے۔

آج ہمیں کہاں تعصب پرستی نظر نہیں آتی یہ صرف مذاہب میں ہی بلند سطح پر نہیں ہے بلکہ یہ عقل کے اندھے ملا بے چارے تو ویسے ہی بدنام زمانہ زیادہ ہیں جبکہ یہ تعصبی بو علموں ، اعلی صحافیوں ، مشہور اینکروں ، نظریہ دانوں ، ادب اور ادبی حلقوں ، تنظیموں اور سیاسی پارٹیوں کے علاوہ بائیں بازو کے بے شمار نام نہاد رہنما میں پائی جاتی ہے۔

بے شک یہ درست ہے کہ آج کل مذاہب میں زہریلی تعصب پرستی اپنی انتہائی شکل میں نظر آتی ہے۔ لیکن یہ عام عوام میں بالکل نہیں ہے بلکہ اس کے ذمہ دار حکمران اور انکے

گماشتہ ملا ہیں جو اس پر دوکانداری کرتے ہیں اسکی تشہر پر اربوں کی سرمایہ کاری کر رہے ہیں ۔عوام کو تو روٹی کی سوچ سے ہی فرصت نہیں ہے وہ اس فالتو کے کاموں میں حصہ اور دلچسپی کیونکر لے سکتے ہیں۔اور ویسے بھی جب انقلابی تحریک ماند ہو تی ہے تو ردانقلابی تحریکیں سامنے آجاتی ہیں بالکل اسی طرح جس طرح کھڑے پانی میں نیچے کی غلاظت اوپر ابھر آتی ہے۔

مذہب کوجب مارکیٹ میں لایا جاتا ہے۔تو اسکی ذاتی اہمیت و حیثیت اور افادیت شخصی نہیں رہتی بلکہ بازاری ہو جاتی ہے جس سے اس پر سیاست بھی ہو گئی اور کاروبار بھی کیے جائیں گئے جو ہو رہے ہیں۔پھر اس پر تنقید بھی ہو گئی اور اسکے کارٹون بھی بنے گئے اور ویڈیو فلمیں بھی ، اس میں قصور مذہب کا نہیں بلکہ ان چند لوگوں کا ہے جو اپنے مالی اور سیاسی مفادات کے لیے ان مذاہب کو فروخت کے لیے منڈی میں ایک جنس کے طور پر لے آتے ہیں اور بازار میں تو ایسا ہی ہو تا ہے اس لیے ہمیں مذہب کی بازاری ہیت اور کیفیت کو تبدیل کر کے اسے ذاتی اور نجی مسئلہ بناکر اسکی عزت کو واپس لوٹایا جا سکتا ہے۔آج یہ کیسے معلوم نہیں کہ موجودہ فرقہ وارانہ خون ریزی جو کوئٹہ اور پورے پاکستان میں شروع ہو چکی ہے اس کے پیچھے کون ہے۔سنی اور اہل حدیث جہادی تنظیموں کے پیچھے سعودی عرب ، کویت اور عرب شہنشاہ ہیں جبکہ شعیوں کی جارحانہ تنظیموں کے پیچھے ایران ہے۔جس کی معاشی اور سماجی وجوہات اور منڈی کے مفادات ہیں۔

سرمایہ کی بڑھتی طبقاتی خلیج تمام دنیا میں عوامی بغاوتوں کا سبب بن رہی ہے جو حالیہ عرب میں ہمیں نظر آئی ہے اور مسلسل جاری ہے۔تیونس اور مصر کی چالیس سالہ بھیانک آمرتیں عوامی سرکشی نے دنوں میں خاکستر کر دیں جو بحرین میں بھی اپنے عروج پر گئی جیسے سعودی

حکمرانوں نے خونی غسل دیا لیکن یہ اسلامی حکمرانوں کے خلاف اسلامی عوامی مذاحمت ا بھی جاری ہیں جو استحصال کی پیداوار ہیں اور اسکے خاتمے کے بغیر ختم نہیں ہوں گئیں۔ سعودی عرب میں بھی عوامی سرکشیاں مختلف شکلوں میں ابھر رہی ہیں۔ جس سے خوف زدہ ہو کر مغربی اور مشرقی حکمرانوں نے ان عوامی تحریکوں کو مذہبی فرقہ واریت کی خونی کھائی میں دھکیلنے کے لیے بڑی سرمایہ کاری اور تشہر کا کاروبا شروع کر دیا ہے۔ تاکہ عوامی انقلابی تحریکوں کا رخ حکمرانوں اور موجودہ مالیاتی نظام کی طرف سے موڑا جا سکے۔ موجودہ خونی فرقہ واریت کا کھیل اسی کا نتیجہ ہے جو مستقبل میں مزید بھیانک ہوتا چلا جائے گا۔ پاکستان کے علاوہ بحرین ، عراق ، قطر ، تمام عرب ، مڈل ایسٹ اور بقیہ دنیا میں اب مذہبی اور تعصبی نفرت کو پھیلا کر موجودہ نظام کے ظلم و جبر کا قائم رکھنے کی سر توڑ کوششیں کی جا رہی ہیں ۔اس جلتی آگ پر مغربی ریاستوں کے پیٹو ، جو حکمرانوں کی ایما پر اور ریاستوں کی سر پرستی میں اسلام کے خلاف اشتعال انگیزیوں سے تیل ڈال رہے ہیں۔ جو پھر مسلمان اور غیر مسلمان حکمرانوں کے حق میں اور عام مسلمانوں اور غیر مسلم عوام کے خلاف ہیں۔

یورپ اور مغربی حکمران بھی اس مذہبی فرقہ واریت کی ہولناک جنگ میں پیچھے نہیں ہیں بلکہ وہ بھی اس میں مسلمان حکمرانوں کے شانہ بشانہ سرگرم اور متحرک ہیں۔ آج یورپ ، امریکہ اور کینڈا میں ایک خاص مسلمانوں کا فرقہ جماعت احمدیہ جیسے مسلمان الگ مذہب کہتے ہیں۔ جس کی وجہ ان میں او رعام مسلمانوں میں ایک بڑا مذہبی تضاد ہے۔ اور انکے خلاف پاکستان میں شرم ناک اقلیتی غیر انسانی اور نہایت غیر منصفانہ قوانیں بنائے گئے اور اسی فرقہ وارانہ ریاستی قوانین کے تحت انکی جماعت کو بڑی آسانی سے مغرب میں سیاسی پناہ مل جاتی ہے جس سے مغربی حکمران انہیں دوسرے مسلمانوں کے مقابلے میں شعوری طور پر مضبوط کر

رہے ہیں۔پاکستان میں یہی اقلیتی قوانین پاکستانی عیسائیوں اور ہندو کے لیے بھی ہیں لیکن انکو مغرب میں اتنی مضبوط سیاسی پناہ کا حق حاصل نہیں ہے۔اسکی وجہ آئندے آنے انقلابی حالات میں اس جماعت کی مرکزی قیادت کے حوالے سے اس جماعت کو عام مسلمانو ں کے خلاف رد انقلاب کے طور پر استعمال کیا جا سکے۔جیسے یورپی حکمرانوں نے پہلے فاشیسٹ تنظیم ایم کیو ایم کے مرکزی لیڈر الطاف حسین کو برطانیہ میں تحفظ دے کر پاکستان میں لسانی تعصب کو ہروان چڑھایا پھر پی کے کے جو کردستان کی علحیدگی کی قومی تحریک کی تنظیم ہے کو مضبوط کرکے ترکی کے خلاف استعمال کیا اور یہ آج بھی ترکی کو کردستان تحریک سے بلیک میل کرتے ہیں۔سری لنکا کے تامل ٹائیگرز کو سنہالیوں کے خلاف ،ماضی میں شہنشاہ ایران کے خلاف آیت اللہ خمنی وغیرہ کو استعمال کیا۔انہوں نے تمام دنیا میں ہر عوامی اتحاد کو توڑنے اور اشتراکی انقلاب کو ناکام کرنے کے لیے جعلی اور سطحی تضادات کو طبقاتی تحریک میں پیدا کرکے اسے تعصب بنا کر مضبوط کیا اور اپنی عالمی استحصالی حکمرانی کو جلا بخشی۔تقسیم کرو مذہبوں ، نسلوں ، ذاتوں ، فرقوں ، قوموں ، ملکوں ، رنگوں اور زبانوں میں ، تقسیم در تقسیم کرو ، نفرتیں پھیلاو اور حکمرانی کرو کا یہی تو قانون ہے۔

آج دنیا میں بہت سے ایسے لوگ ،گروپ اور تحریکیں ہیں جن کا مقصد لوگوں کو صرف مذہب سے آزاد کرنا ہے جن کو ملائیت اور بنیاد پرست مارکسسٹ ، سوشلسٹ یا کیمونسٹ کہتے ہیں جو بالکل غلط اور مارکسزم سے مکمل ناانصافی اور زیادتی ہے۔بلکہ حقیقی مارکسسٹ ان مذہب مخالف انارکسٹوں کو کیمونسٹ نہیں بلکہ تعصب زدہ اور انٹی مارکسسٹ بھی کہتے ہیں۔کیونکہ یہ صرف ایک مذہبی تعصب کے خلاف لڑتے ہیں جو دوسری طرف ایک دوسرا تعصب بن جاتا ہے۔یعنی مذہب کے خلاف انٹی مذہب تعصب ، اور یہ بھی اتنا ہی خطرناک ہے جتنا مذہبی

تعصب سماج دشمن ہے۔یہ انسانوں کی بربادی اور انتشار کے نظریات ہیں جس پر لینن نے کہا تھا کہ مذہبی جنونیت کمزور لوگوں کی بیساکھیاں ہیں انہیں مت چھینوں بلکہ انہیں سائنسی سماجی علوم اور مارکسزم سے اتنا صحت مند اور توانا بنا دو کہ یہ اپنی بیساکھیاں خود توڑ دیں۔

وطن پرستی اور قوم پرستی جو کسی دور میں ایک انقلابی اور تاریخ کا اگلا قدم تھا جس کی وجہ سے آج تک کی جدید ترقی کی بنیاد پڑی۔اور جب تک ان بوژوا قومی ریاستوں سے سماجی ارتقا جاری رہا تب تک یہ محب الوطنی اور قوم پرستی تعصب پسندی نہیں تھی لیکن زرائع پیداوار کی عالمی کیفیت اور ہیت نے انہی قومی ریاستوں کے وجود کو نیشنل شاونزم بنا دیا اور آج یہ سماجی ترقی میں روکاوٹ ہیں جس سے ماضی جیسی قوم اور ملک پرستی آج ایک زہریلا تعصب ہے جس کی موجوگی میں انسانی اور سماجی ترقی ہرگزیز ممکن نہیں رہی بلکہ اس تعصبی جنون کا آج محرومی اور محکومی مقدر بن گیا ہے۔مارکسزم ہر قسم کے تعصب کے خلاف عالمی عوامی انقلابی تحریک کا نام ہے۔

موجودہ عالمی سماج کا آخیری حل تمام تعصبات سے بالا طبقاتی جدوجہد سے سماجی تبدیلی ہی ہے وگرنہ تعصبات کی خونی بربریت اپنے زہریلے پنجے آج کے معاشرے میں کھاڑ چکی ہے۔
پاکستان جس کی ایک زندہ مثال ہے۔سوشلسٹ انقلاب کے بغیر پاکستان ہر روز پہلے سے زیادہ خون اور جنون میں ڈوبا تڑپتا رہے گا

کرکٹ مافیا۔جب کھیل بھی ایک زخم اور کاروبار بن جائے

اگر آپ نے پاکستان کی جیت کے لیے منتیں مرادیں نہیں مانگیں تو مانگ لیں ، مسجدوں اور مسلوں پر بیٹھ جائیں اور دعائیں کریں کیونکہ سیمی فائنل کا آغاز ہونے والا ہے یہ انڈیا اور پاکستان کے درمیان کرکٹ کے ورلڈ کپ کا میچ شروع ہونے سے پہلے پاکستان ٹیلی وژن پی ٹی وی پر کہا جا رہا تھا۔اس دن تمام پاکستانی میڈیا اس چیز کی تشہر کر رہا تھا کہ لوگوں نے روزے رکھے ہیں ، اجتماعی دعائیں کی جا رہی ہیں۔منتیں کی جا رہی ہیں۔اور لوگ عبادتوں میں پاکستانی کرکٹ ٹیم کی جیت کے لیے ہمہ تن کوش ہیں۔لیکن ہوا کیا وہی جس کا ڈر تھا۔

آپ نے ٹی وی پر میچوں کی کمنٹری بھی سنی اور کرکٹ کے ماہرین کی آرا بھی کہ پاکستان یہ ورلڈ کپ کا یہ میچ کیوں ہارا۔آج ہم عوامی اور مزدور نقطہ نظر سے اس شکست کا تجزیہ کرتے ہیں بے شک کہ پاکستان کی اس ہار کی پیش بندی حالات و واقعات کی روشنی میں ہم نے بہت پہلے کر دی دی تھی اس کے باوجود کہ یہ ایک تکلیف دہ اور افسوس ناک تھا لیکن ہم کبھی بھی حقائق سے نظریں نہیں چورا سکتے۔اگر چوہا بلی کو دیکھ کر آنکھیں بند بھی کر لے تو اس سے بلی چلی نہیں جاتی بلکہ یہ عمل بلی کو آسانی سے چوہے کو کھا جانے کی دعوت ہوتی ہے۔پاکستان میں ملائیت بھی اپنے پسماندہ اور بے ڈھنگے طریقے سے میچ میں پاکستان کی اس

شکست کا غیر عقلی تجزیہ کر رہی ہے اور حکمران بھی اپنی جہالت کو پیش کر رہے ہیں۔

پاکستان میں ملائیت اور بنیاد پرستی کے فروغ میں پاکستانی میڈیے کا سب سے بڑا ہاتھ اور خاص کردار ہے۔پاکستان میں مذہبی منافرتوں اور قتل و خون کا ذمہ دار بنیاد پرستی سے زیادہ میڈیا ہے جو میڈیے کی آزادی ، لبرل ازم ، جمہوریت کی آڑ میں بنیاد پرستی کے زہر کو پھیلا رہا ہے کرکٹ میچ شروع ہونے سے پہلے ہمیں اس کا بھرپور اظہار ٹی وی سکرینوں پر نظر آیا۔

مذہبی بنیاد پرستی کی جنونیت یا ملائیت نے جو سب سے بڑی بربادی اور بیماری پاکستان میں پھیلی ہے وہ ہے کہ ہر شے خدا پر ڈال دی جاتی ہے وہ شعوری طور پر ہو یا لاشعوری طور پر جس سے انسانوں کا اپنے آپ پر اعتماد ختم ہو جاتا ہے ، اپنے معیار کو بہتر کرنے کی جستجو کمزور پڑ جاتی ہے ، جرات سے مقابلہ کرنے کی صلاحیت مٹ جاتی ہے ، سپورٹس مین سپرٹ ختم ہو جاتی ہے ، اپنے برے حالات بدلنے کی خواہشیں دم توڑ دیتی ہیں ، سیکھنے کی اہلیت ماند پڑ جاتی ہے ، ہر حال میں خوش رہنے اور قناعت کرنے کا درس زندگی کو بدلنے کی قوت اور طاقت چھین لیتا ہے جو لوگوں کو اپاہج اور لاغر بنا دیتا ہے اور کچھ کرنے کے خواب بھی ختم ہو جاتے ہیں۔یہ حالات کھیل یا پھر سیاست کے میدان میں ہوں ہمیشہ دشمن کو مضبوط کرتے ہیں اور دوسری طرف اس سے سماجی پسماندگی اور زوال کا آغاز ہو تا ہے جو بڑھتا بڑھتا تہذیب یافتہ معاشروں کو بھی دورِ بربریت اور وحشت میں دھکیل دیتا ہے۔

ہم کسی بھی مذہب یا فرقے کے خلاف نہیں لیکن ان کا جو آج کردار بن چکا ہے اور جس طرح آج مذہب کو استعمال کرکے دوکانداریاں چمکائی جاتیں ہیں۔مذاہب کے نام پر عوام پر ظلم و جبر کیاجاتا ہے انکو اپنے بدترین حالات کے خلاف لڑنے کی بجائے ، اللہ پر بھروسہ اور

قناعت کی تبلغ کر کے روکا جاتا ہے۔عوام پر استحصال اور حکمرانوں کی لوٹ مار کے لیے مذہبی پاکیزہ جواز تراشے جاتے ہیں۔یہ سب شرم ناک اور غلط ہی نہیں بلکہ ناقابل معافی جرم اور ظلم ہے جس کے خلاف لڑنا ضروری ہے۔مذہب ہر شخص کا ذاتی معاملہ ہے جس میں اس کو مکمل آزادی ہونی چاہیے لیکن کی آڑ اور نام پر عوامی استحصال ناقابل معافی ہے۔

اس میچ میں ہار کی ایک اور بنیادی وجہ پاکستان کا سماجی ڈھانچہ اور حکمرانوں کا کردار ہے۔ پاکستان کے وزیر داخلہ رحمان ملک نے اس میچ سے پہلے کہا کہ جو کھلاڑی بہت اچھا یا برا کھیلے گا اس پر نظر رکھی جائے گی کہ یہ میچ فکسنگ تو نہیں کر رہا یہ بیان کھلاڑیوں کے حوصلے بلند کرنے کا نہیں بلکہ پست اور ختم کرنے کا بیان ہے؟۔

دوسری طرف پاکستان کے ان بدتریں حالات میں جب مذہبی ، قومی ، لسانی ، علاقائی منافرتیں ، ٹارگٹ قتل ، بم دھماکے عروج پر ہوں ، سماجی ڈھانچہ گھن زدہ ہو ، غربت اور دولت انتہاوں پر ہوں ، جب سماج میں صرف احساس برتری اور کمتری کے جذبات ہوں ہر احساس ہر رشتہ ، اور ہر شے بازاری جنس بن جائے تو پھر یہی کچھ ہو تا جب سپورٹ ایک کھیل نہیں رہتا بلکہ ایک بازاری جنس بن جاتا ہے ؟ تب یہ ایک دھندہ ہوتا ہے۔ایک کاروبار ہو تا ہے۔پھر میچ فکسنگ بھی ہوتی ہے۔اس پر جوا بھی ہوتا ہے جو کھیل پر کھیل اور دھندے پر دھندہ ہو تا ہے۔آج کھیل کھیل نہیں ایک نوکری ہے اور کرکٹ کی نوکری ایک مالدار ملازمت ہے اس لیے اس میں آنے کے لیے ایک اچھی رشوت اور شفارش کی ضرورت ضروری ہے۔آج کھیل ، کھیل سے زیادہ ایک دھوکہ ایک فریب اور تماشہ ہے جس کو ہر کوئی اپنے اپنے حوالے سے دیکھتا اور استعمال کرتا ہے۔

حکمران اس کو ایک محب وطنی کی ڈرگ کے طور پر استعمال کرتے ہیں اپنی لوٹ مار ، عوام کے معاشی ، سماجی اور سیاسی مسائل کو دبانے کے لیے استعمال کرتے ہیں، ریاستی کٹوتیوں ، برطرفیوں میں اضافے کے لیے استعمال کرتے ہیں۔ تیل ، بجلی اور گیس کی قیمتوں میں خاموشی سے اضافہ ہوجاتا ہے اس کے خلاف عوامی مذاحمت کو کرکٹ کے نشے میں زائل کیا جاتا ہے۔

ایک نہایت معمولی جواری سے میری اچانک ملاقات ہوگئی اس نے کہا کہ سیمی فائنل سے پہلے اب تک میں نے پاکستانی 500000 روپے کما لیے ہیں۔اور یہ سب کو معلوم ہے کہ کرکٹ پر لاکھوں کا نہیں کرڑوں اور اربوں کا جوا ہوتا جو تمام دنیا میں کھیلا جاتا ہے۔چند ماہ قبل ایک برٹش نے بتایا کہ میں ہر میچ پر جوا کھیلتا ہوں اور اکثر ایک ایک گیند پر جوا کھلتا ہوں۔ان کے نزدیک کرکٹ میچوں کی اہمیت اور فوقیت کیا ہوگئی ؟

جبکہ سادہ عوام کو قومی اور مذہبی جذبے کے حوالے سے بے وقوف بنایا جاتا ہے۔میں نے خود دیکھا ہے کہ میرے ساتھ بیٹھا ایک پاکستانی ، پاکستان کی کرکٹ ٹیم کی شکست کی دعا کر رہا تھا مجھے بڑی حیرت ہوئی میں نے اس سے پوچھا کہ تم ایسا کیوں کر رہے ہو تو اس نے کہا کہ میں نے پاکستان کی ہار پر 500000 پانچ لاکھ روپے لگائے ہیں میں نے اس سے کہا کہ پاکستانی ٹیم تو اچھی فوم میں ہے تم نے ایسا کیوں کیا تو اس نے کہا مجھے معلوم ہو چکا ہے اور خبریں مارکیٹ میں آچکی ہیں؟۔

پاکستانی چند کھلاڑی جو میچ فکسنگ میں نکالے جا چکے ہیں ان کا قصور یہ نہیں تھا کہ انہوں نے میچ فسینگ کی بلکہ ان کا قصور یہ تھا کہ یہ ناتجربہ کار تھے اور اپنے اناڑی پن کی وجہ سے

پکڑے گئے۔اور انہوں نے سمندر میں چھوٹی مچھلی ہو کر بڑی مچھلیوں کو چیلنج کر دیا تھا۔کیا اب میچ فکسنگ نہیں ہوتی یا آئندہ میچ فکسنگ نہیں ہو گی؟کسی کو یہ بتانے کی ضرورت نہیں ہے۔

کھیل کی تباہی میں پاکستان کے سماجی حالات کا بھی بہت عمل داخل ہے۔آج پاکستان میں سرمایہ داری ، امریکی سامراج کی گماشتگی اور ملائیت پورے پاکستانی سماج کو بربریت کی اندھی کھائیوں میں دھکیل رہی ہے۔دولت کی غیر مساویانہ تقسیم سے خوفناک ترین طبقاتی تفریق سے پیدا ہونے والے اذیتی مسائل جن میں بے روزگاری ، مہنگائی ، غربت اور خستہ حال ٹوٹا سماجی ڈھانچہ پاکستان میں ہر معیار اور مورال کو بری طرح تباہ کرتا جا رہا ہے۔انسانی قدریں دم توڑ رہی ہیں۔مایوسی اور نامیدی کے سیاہ بادل پاکستان کے افق پر چھا چکے ہیں جو ہر شعبہ زندگی میں نمایاں ہیں۔باروزگار افراد کی اجرتیں نہایت کم ہیں اور ان کو ہر وقت برطرفی کا خطرہ لاحق ہے جس سے ان کا سکون ختم ہو چکا ہے۔بے روزگار افراد کو روزگار کی کوئی مدھم سے امید بھی نہیں۔سڑکیں کم اور ٹریفک زیادہ ہے۔ٹوٹی پھوٹی سڑکیں ہیں کیونکہ جو سڑک ایک بار بن جاتی ہے دوبارہ کوئی اسے بنانے یا مرمت کرنے کی زحمت نہیں کرتا اور خاص طور پر غریب علاقوں میں یا تو سڑکیں ہیں ہی نہیں یا پھر ان کی حالت غیر ہے۔ناکافی ہسپتالوں میں کافی سے بھی بہت زیادہ سسکتے مریض جو شاید آپنے آپ کو خوش قسمت ترین سمجھتے ہیں کیونکہ ان کو کم از کم ہسپتال کا اگر ایک بیڈ نہیں تو زمین پر ایک گدا نصب تو ہوا ۔40 چالیس سے 50پچاس گریڈ تک کی گرمی اور پھر حبس میں بجلی کی لوڈ شیڈنگ سے ، اگلے جہان میں جہنم ملے یا نہ ملے البتہ یہاں ضرور مل جاتی ہے۔پاکستان میں60 ساٹھ فیصد سے زیادہ لوگ150 ایک سو پچاس روپے روزانہ آمدن سے کم پر زندگی گزار رہے ہیں انکے لیے

دنیا بھی دوزخ اور آخرت میں بھی دوزخ ہی ہے کیونکہ یہ خدا کی راہ میں کچھ خرچ کرنے کے قابل نہیں اور نہ ہی فکر روٹی میں ان کے پاس عبادت کا وقت ہوتا ہے۔اس غریب عوام کے پاس موجودہ نظام نے صرف دو راستے چھوڑے ہیں کہ وہ جرم یا بداعنوانی کر کے زندہ رہے یا پھر خودکشی کر لیں۔شاید اس لیے تو کہتے ہیں کہ غربت بھی ایک کفر ہے۔جس کی کوئی ملا بات نہیں کرتا۔

پاکستان میں آج اتنے عوامی مسائل ہیں کہ اس سے پاکستان اور اسکا وجود خود ایک سب سے بڑا مسئلہ بن چکا ہے۔حکمران پاکستانی ریاست کو صرف اور صرف اپنی لوٹ مار کے لیے استعمال کرتے ہیں۔یہ سب خود بیرونی امیر ممالک میں رہتے ہیں انکی دولت، اولادیں اور جائیدادیں بھی وہیں ہیں۔

موجودہ بدترین حالات میں کوئی غریب پاکستانی کس طرح کوئی بھی کھیل، کھیل سکتا ہے یا پھر کوئی کھیل دیکھ سکتا ہے اور خاص طور پر کرکٹ تو ایک مہنگی ترین کھیل ہے جس کو کھیلنے کے لیے سامان، وقت اور دیکھنے کے لیے ٹکٹ کوئی نارمل آدمی فورڈ نہیں کر سکتا۔اس کو روزی روٹی سے ہی فرصت نہیں ہے وہ کھیل میں کیا دلچسپی لے گا۔

آج کل جو کرکٹ کا بخار ہے وہ صرف محدود اور مخصوص لوگوں تک ہی ہے جس میں مڈل کلاس اور بوژوا کلاس ہے جو زندگی کی بنیادی ضرورتوں سے آزاد ہے اور اس کے پاس فارغ وقت ہے جو پاکستان کی20 بیس فیصد آبادی بھی نہیں ہو گی۔اور80 اسی فیصد سے زیادہ آبادی زندگی کی تمام لذتوں سے نہ آشنا ہے اور محروم ہے جس کے لیے کوئی کھیل کھیلنا یا دیکھنا سب گہرے زخم ہیں۔

جب کہ کھیل کسی بھی معاشرے کی بنیادی ضرورت ہیں۔نہ صرف بچوں ، نوجوانوں کے لیے بلکہ بوڑھے لوگوں کے لیے بھی جو نہ صرف اچھی صحت کے لیے لازمی ہے بلکہ اچھی اور مثبت سوچ کے لیے بھی اشد ضروری ہے۔لیکن آج کھیل اپنی اصلی شکل ، اہمیت اور فوقیت کھو چکا ہے۔جس کا ذمہ دار موجودہ کاروباری نظام اور اس کے حکمران ہیں جس میں ہر چیز بیچی جاتی ہے اور خریدی جاتی ہیں اسی لیے ہماری دوسری بہت سی بہترین کھیلیں ہاکی اور فٹبال وغیرہ تباہ ہو کر رہ گئی ہیں کیونکہ یہ کاروباری نقطہ نظر کے سے زیادہ فائدے مند نہیں ہیں۔

پاکستان میں کوئی بہتری لانے یا اس کی ابتر حالت کو سنوارنے کا حکمرانوں کے پاس کوئی خواب بھی نہیں رہا۔امیروں نے غریبوں سے اپنے آپ کو الگ کر لیا ہے ان دولت مندوں نے اپنے علاقے اپنی سڑکیں ، بجلی گھر ، پولیس ، غرض ہر چیز علیحدہ کر لی ہے۔یعنی ایک پاکستان میں دو پاکستان ہیں ایک میں امارت کی نمائش تو دوسری میں غربت اور غلاظت کے ڈھیر ایک طرف ڈیفینس اور بحریا ٹاونز اور دوسری طرف کچی آبادیاں۔

ان سنگین طبقاتی حالات میں کوئی ایک کھیل بھی کیسے صحت مند ہو سکتا ہے ؟ کسی بھی ٹیم کو کیا عوام کی اور سماج کی بیک اپ مل سکتی ہے ؟ یہ سماجی تباہ کن حالات کس ٹیم کی کیا حوصلہ افزائی کر سکتے ہیں؟ یہ حالات کس کھیل کے لیے اچھے میدان اور تربیت کے لیے جدید بہترین طریقوں کو بروکار لاسکتے ہیں؟ آخر ان ٹیموں میں انسان ہی تو ہیں جو حالات سے متاثر ہوتے ہیں۔پاکستان کی کوئی ایک ٹیم بھی بری نہیں ہے۔بلکہ برے ہیں حالات جن کو بدلنے کی ضرورت ہے۔

حج۔ہندوستان اور پاکستان کے لیے سونے کی چڑیا

کیا بھارت میں حج کرایہ 12ہزار روپے ہے؟ یہ بات کون مانے گا مگر یہ سچ ہے کہ بھارتی حکومت 16 سال سے عازمین حج کو فضائی کرائے کی مد میں رعایت دیتی آرہی ہے جس کے نتیجے میں گذشتہ 13 سال سے سرکاری حج اسکیم کے حاجی فضائی کرائے کی مد میں12 ہزار روپے ادا کرتے آرہے۔اس وقت بھارت کی حج سبسڈی کی مد میں رقم تین ارب روپے ہو گئی ہے یہ حج سبسڈی بھارت کے بجٹ میں شامل ہے اس وجہ سے1989 سے2004 تک بھارتی جنتا پارٹی کی جب تک حکومت رہی سرکاری حج کوٹہ72000 تھا۔اور حاجی71000 جاتے رہے ، 2002 میں عازمین حج کی جو تعداد70000 تھی2003 میں کم ہو کر69795 ہوگئی،بھارتیہ جنتا پارٹی نے حج سبسڈی میں اضافہ روکے رکھااور پانچ سال تک حج کوٹے میں اضافہ نہیں ہونے دیا۔کانگریس(جو انڈیا میں سیکولیر ازم کا سب سے زیادہ نعرہ لگاتے ہیں)نے2004 سے2008 تک اس نے ان چار برسوں39000 کا اضافہ کیا اور پرائیوٹ سیکٹر کا کوٹہ بھی بڑھایا اس سال انڈیا کے100068 عازمین فریضہ حج ادا کریں گے 2008 میں کانگریس نے بھارت میں حکومت بنائی اس نے آتے ہی سرکاری حج اسکیم کا کوٹہ بہتر ہزار سے بڑھا کر82000 کردیا اور2005 میں اس نے80772 مسلمانوں کو حج کروایا،2005 میں کانگریس نے چھ سال کے رکے ہوئے کوٹے میں اضافہ کردیا اور9000مسلمانوں کوماضی کی

نسبت زیادہ حج پر بھیج دیا۔

ہندو پردیش سمیت اپوزیشن نے آسمان سر پر اٹھالیا۔شیو سینا کے ایک سرگرم رکن نے الہ باد ہائیکورٹ میں حج سبسڈی کے خاتمے کے لیے رٹ دائر کردی جون2006 میں الہ باد ہائیکورٹ نے سبسڈی بند کرنے کا حکم دے دیا اس فیصلے کو مرکزی حکومت نے سپریم کورٹ میں چیلنج کردیا مرکزی حکومت نے حج کمیٹی ایکٹ اور دستور کی کئی شقوں کا حوالہ دیا حج سے تین ماہ قبل ستمبر2006 میں سپریم کورٹ نے ہائی کورٹ کا فیصلہ دائرہ کار سے باہر ہونے پر منسوخ کر دیا اور مرکزی حکومت کو اجازت دے دی مرکز نے اجازت کا فائدہ اٹھایا اوردسمبر2006 میں مزید نو ہزار کا اضافہ کیااو89000 عازمین بھیج دیے اورفی حاجی28000رروپے کی کرائے میں رعایت دی ،جس سے سبسڈی ایک ارب سے بڑھ کر 2 ارب79 کروڑ ہوگئی۔اس بھاری رقم کو حج دسمبر2007 میں رکوانے کے لیے شیو سینا یہ پھر کیس سپریم کورٹ لے گئی ، سبسڈی کے خاتمے کیلئے اس نے ایڑی چوٹی کا زور لگایا۔اسلامی ممالک میں کہیں حج سبسڈی نہ ہونے کی دلیل دی ، حج سبسڈی کو بھارتی آئین سے لیکر اسلام کے خلاف تک ثابت کرنے کی پوری کوشش کرڈالی ، حج سبسڈی کو سیکولر بھارت کے ماتھے پر کلنک تک کہا ، میڈیا نے بھی رائے عامہ اسکے خلاف ہموار کر دی اور انڈین مسلمان بھی حج سبسڈی کے جائز یا ناجائز ہونے کے شک میں مبتلا ہوگئے۔مرکزی حکومت نے تمام اعتراضات کے جواب داخل کروائے جس پر سپریم کورٹ کافیصلہ مئی2007 میں آیا سپریم کورٹ نے سبسڈی بحال رکھنے کا فیصلہ دیا اورعازمین کو سہولیات دینے کی ہدایت کردی کانگریس نے اس کا فائدہ اٹھایا اور سرکاری حج اسکیم کے کوٹے میں10,000 کامزید اضافہ کردیا اور 2007 میں ایک لاکھ 10 ہزار عازمین کو صرف12000 حج کرایے میں سعودی عرب روانہ کیا۔جس سے سبسڈی تین ارب ہوگی۔

اس سال پرائیوٹ سیکٹر کا کوٹہ 47000 سے بڑھا کر58000 کر دیا ہے۔ بھارت میں اس وقت سرکاری حج اسکیم کی تین کیٹگریاں ہیں جن میں سے مہنگی ترین کے کل حج اخراجات84000 ہیں اور عام کیٹگری میں کل حج اخراجات73000 ہیں۔

پاکستان میں گورنمنٹ کا حج کرایہ71000 ہے اور کراچی کے کل حج اخراجات1,85,000 ہیں اور اسلام آباد سمیت دیگر ایئر پورٹوں سے20000 ہیں اور پرائیوٹ سیکٹر کی صورت حال یہ ہے کم از کم کرایہ ہی 85000 ہے جس کی وجہ سے پرائیوٹ سیکٹر میں کم از کم کل حج اخراجات2,40,000 تک پہنچ گئے ہیں۔پی آئی اے نے سیلف اسکیم اور مختصر دورانیے کی آڑ میں 23 نومبر سے4دسمبر تک کراچی اور کوئٹہ سے حج کرایہ85000 سے بڑھا کر 10000ایک لاکھ کر دیااور کراچی ، کوئٹہ کے علاوہ ملک کے دیگر ایئرپورٹوں سے10000 ایک لاکھ سے کرایہ بڑھا کر ایک لاکھ20000 بیس ہزارروپے کر دیا۔گورنمنٹ اسکیم کے تحت حج کا دورانیہ 40چالیس دن ہوتا ہے اوپن حج اسکیم کے خاتمے کی وجہ سے مختصر دورانیے اور سیلف اسکیم کے تحت جانے والوں کی اکثریت ذاتی انتظام کی بجائے پرائیویٹ حج آرگنائزر کو ہی ترجیح دیتی ہے اور ملک میں حج پالیسی کی تاخیر کے باعث آخری تاریخوں میں جانے والوں کی تعداد زیادہ ہو گئی۔

رمضان جیسے رش کے سیزن میں سعودی عرب کا کرایہ52000 باون ہزار روپے ہوتا ہے اور عام دنوں میں 32000بتیس ہزار روپے ہوتا ہے ایک جانب طیاروں کے خالی واپس آنے اور تیل کی قیمتوں میں اضافے کی بنیاد پر پی آئی اے نے جو کہ 52000باون ہزار سے بڑھا کر پہلے 85000پچاسی ہزار کیا اور پھر اسے10000 ایک لاکھ روپے کر دیا ہے۔لندن کا دوطرفہ کرایہ اس سے آدھا ہے ذرائع کے مطابق پی آئی اے نے جو کرایہ باون ہزار سے

بڑھا کر85000 پچاسی ہزار کیا تھا وہ اس وقت عالمی مارکیٹ میں تیل کی قیمتوں میں متوقع اضافے اور 140 ایک سوچالیس ڈالر فی بیرل کے حساب سے لگایا گیا تھا اوراب یہ گر کر66 چھاسٹھ ڈالر فی بیرل ہو گیا ہے ایک بیرل میں159 ایک سو انسٹھ لیڑ تیل ہوتا ہے اس کمی کے باوجود اضافہ واپس لینے کی بجائے مزید بڑھا دیا گیا ہے۔

حج پی آئی اے کے لیے سونے کی چڑیا ہے پی آئی اے اس چڑیا کو ایک ہی لقمے میں نگلنے کی کوشش کر رہا ہے۔ساری فضول خرچیوں اور عیاشیوں کا نقصان عازم حج سے پورا کیا جا رہا ہے عام طور پر عازمین حج

اخراجات کے لیے انتہائی احتیاط کرتے اور اورحج رقوم کو ناجائز کے شک سے بھی بچایا کر جمع کیا جاتا ہے اور اس کا منافع پی آئی اے کی فضول خرچیوں میں صرف ہوتا ہے۔اگر یہ کہا جائے کہ انڈیا میں بھی حج پر انڈین ائر لائن کی اجارہ داری ہے لیکن انڈین حکومت حج کمیٹی کو سالانہ بے شمار سبسڈی دیتی ہے1957 انیس سو ستاویں سے2007 دو ہزار سات تک جو سبسڈی کی مد میں رقم دی گئی ہے یہ18 اٹھارہ ارب اور95 پچانویں کروڑ کی بھاری رقم ہے اب یہ سبسڈی سالانہ تین ارب روپے ہو گئی ہے اس لیے12000 بارہ ہزار روپے ایک حاجی کو ادا کرنے پڑتے ہیں۔ہماری حکومت نے کس بنیاد پر پی آئی اے کو اجارہ داری کی اجازت دے رکھی ہے اس وقت پی آئی اے اور دیگر ایئرلائنوں کے مقابلے میں 50000 پچاس ہزار سے 30000 تیس ہزارروپے کرایہ وصول کررہی ہے رش کے سیزن میں پی آئی اے کے مقابلے میں دیگر ایئر لائنوں کے دو طرفہ ٹکٹ انتہائی کم ہوتے ہیں۔

حج سیزن میں گلف ایئرلائن نے کرایہ74000 چوہتر ہزار روپے، ایئر عربیہ 68000اٹھاسٹھ

ہزار ، قطر76000 چھہتر ہزار روپے رکھا ہے دیگر ایئر لائنوں کے سستے کرایوں کے باوجو د عازمین اورحج آرگنازر کو دوسری ائر لائن لینے کی اجازت نہیں۔بغیر کسی رعایت کے حج پر پی آئی اے کی اجارہ داری نے پی آئی اے کو آپے سے باہر کردیا ہے او ر اس نے اپنے سارے خسارے پورے کر نے کا حل حج کو بنا لیاہے۔

اس تمام بحث کے بعد ہم آسانی سے یہ ثابت کر سکتے ہیں کہ انڈیا اور پاکستان دو نوں ریاستیں کس طرح مذہب اور اسکی اقدار کو اپنے سرمایہ دارانہ اور استحصالی نظام کو قائم رکھنے کے لیے بھر پور استعمال کر رہی ہیں۔ہندوستان ایک بڑی ریاست ہے لیکن وہ آج بھی تمام تر ترقی کے عالمی پراپیگنڈے کے باوجود انڈیا کو ایک مضبوط قوم میں نہیں پیرو سکی اور نہ ہی سماجی مسائل حل کرکے ترقی یافتہ ریاست بنا سکی ہے۔بھارت میں آج بھی18 آٹھارہ سے زائد علیحد گی کی تحریکیں جاری ہیں۔یہاں کے حکمران اور سرمایہ داری میں اتنی صلاحیت اور اہلیت نہیں رکھتی کہ بھارتی سماج کو مجموعی طور پر ترقی دے کر ترقی یافتہ ممالک کی طرح بوژوا انقلاب برپا کر سکیں۔انکی یہی نا اہلیت اور ناکامی انکو سیکو لر نعرے اور پراپیگنڈے کے باوجود فرقہ واریت کو قائم رکھنے اور اس کو بڑھانے کی جانب دھکیل دیتی ہے۔ اور یہ آج تک مذہب کو ریاست سے الگ نہیں کر پائی بلکہ یہی مذہبی تفرقہ بازی انکا طریقہ حکمرانی کا اٹوٹ حصہ ہے۔کیونکہ انڈین ریاست اسی اسلامی بنیاد پرستی کی حمائت اور مالی سپورٹ سے ہندو انتہا پرستی کی شدت کو کنٹرول کرنے کے لیے استعمال کرتی ہے۔

بھارت میں سیکولر ازم کا سب سے زیادہ پرچار کرنے والی پارٹی ،، گانگریس آئی،، ہی ہندوستان میں مذہبی فرقہ پرستی کے فروغ میں پیش پیش ہے۔مالی بحرانوں اور سماجی خستہ حالی کے باوجود انڈیا میں مختلف مذاہب کو ریاستی سبسڈیز اول بنیادوں پر دی جاتی ہے تاکہ سرمایہ

داری کی سماج کو ترقی نہ دینے کی صلاحیت کو اس میں چھپایا جاسکے اور اس موجودہ نظام کے خلاف ایک پورے ملک کی متحدہ عوامی تحریک کو کمزور کیا جاسکے۔اس لیے انڈیا میں حج یا حجیوں کو رعائیت دینے کا مطلب یہ نہیں کہ انہیں اسلام سے بڑی ہمدردی یا محبت ہے بلکہ انکے مفادات کی ضرورت ہے۔لیکن پاکستانی ریاست کو یہ مسئلہ درپیش نہیں ہے یعنی پاکستان میں اکثریت مسلمانوں کی ہے اس لیے اس کے لیے حجیوں کو کوئی رعائت دینا ضروری نہیں ہے۔اس کے الٹ کیونکہ یہاں مسلمانوں کی اکثریت ہے جو حج پر جانا چاہتے ہیں اس لیے ان کے لیے تو حج سونے کی چڑیا ہے۔جس کے سونے کے انڈے یہ ہر سال مزے لے لے کر کھاتے ہیں۔

انڈیا جہاں مجبوری میں حج کے لیے سبسڈیز رکھتا ہے تو وہاں پاکستان ہر سال اس سے خوب دھندہ کیا جاتا ہے۔یہ سب دوکاندریاں ہیں جو مذہب کے نام پر کی جاتی ہیں۔عوام کی متحدہ طاقت کو توڑنے کے لیے یہ سب تماشا کیا جاتا ہے۔سرمایہ داری کے استحصالی نظام کو بچانے کے لیے ہر سال یہ ڈرامہ رچایا جاتا ہے۔سامراج سے بھیک اور اس کی خوشنودی کے لیے کیا جاتا ہے۔

امریکن تہذیبوں کے تصادم کا نظریے سے لے کر انڈیا کا حجیوں کو رعائتیں دینایا پاکستان کا اس پر بزنس کرناسب مالیاتی نظام کی دوکانداریاں ہیں۔جس میں عوام کو بے وقوف بنا کر انکی محنت کا استحصال اور سماجی وسائل کی ذاتی مفاد کے لیے لوٹ مار کی جاتی ہے۔یہ سب حکمرانوں کے عوام کے خلاف بھیانک اور زہریلے ہتھیار ہیں۔جس میں مذہب، رنگ، نسل، قوم، زبان پر تعصبی تحریکیں مختلف شکلوں میں حکمرانوں کے جرائم کی اعکاسی کرتی ہیں۔جو عوام اور محنت کش طبقے کی طبقاتی تحریک کے خلاف زہر قاتل ہیں۔جبکہ طبقاتی تحریک میں

جڑے بغیر عوام اپنا کوئی ایک بنیادی مسئلہ بھی حل نہیں کر سکتے۔اور یہی نجات کا واحد حل ہے جیسے مقامی اور عالمی حکمران تباہ کرنا چاہتے ہیں۔چاہے وہ حج کے پردے میں ہی کیوں نہ ہو۔

اکتیس اکتوبر دوہزار آٹھ

روس میں سٹالنزم کی ناکامی ہی سوشلزم کی سچائی ہے

آٹھائیس اکتوبر دو ہزار بارہ کو فرینکفرٹ میں اکتوبر انقلاب کی سالگرہ پر ایک تاریخ ساز شاندار پروگرام جرمن اور اردو دو زبانوں میں ہوا جس میں جرمن اور پاکستانی کیمونٹی کی ایک بڑی تعدد ا نے شرکت کی اس پروگرام میں دانیال رضا کا مقالہ ،،روس۔ بالشویک ازم سے سٹالنزم تک ،،۔پڑھا جو مندرجہ ذیل ہے اور یہ مختلف مقامی اور عالمی اخبارات میں شائع بھی ہوا۔

کوئی مستقبل اپنے ماضی سے کٹ کر نہیں ہوتا اور جس کا کوئی ماضی نہیں اس کا کوئی مستقبل بھی نہیں جبکہ عوام ہمیشہ زمانے اور وقت سے ہی سیکھتے ہیں اور اسی تناظر میں آج کے پروگرام کا موضوع ،، بالشویک انقلاب کے پچانویں سال،، ہے۔یہ بالشویک انقلاب باذات خود تو نوماہ پر محیط تھا لیکن اس کی تاریخ ستر سالوں پر دراز تھی۔لیکن میں کوشیش کروں گا کہ آج کے کم ترین وقت میں اس کا مختصر جائزہ پیش کر سکوں۔

عام طور پر سماج پر حاوی سوچیں اور نظریات ہمیشہ حکمران طبقات کی طرف سے مسلط کردہ ہوتے ہیں۔جس کے لیے وہ تمام سماج اور ریاست کو اپنے مفادات کی آبیاری کے لیے منظم کرتے اور ترتیب دیتے ہیں جس میں پارلیمنٹ ، عدلیہ ، فوج ، انتظامیہ ،ذرائع ابلاغ ، تعلیمی ادارے ، سیاسی اور سماجی پارٹیاں یہ تمام حکمران طبقات کی سوچ اور حکمرانی کو قائم رکھنے کے

آلہ کار رہوتے ہیں۔لیکن جب بھی کسی سماج میں عوام کی زندگیاں تنگ ہوتی ہیں ، سماجی گھٹن بڑھتی ہے اور رائج الوقت نظام اس کے ازالے میں ناکام اور نامراد ہوتا ہے تو اسکے خلاف عوامی مذاحمتیں اور بغاوتیں ابھرتیں ہیں اور انقلابات برپا ہوتے جو سماج کو ترقی اور آزادی کی نئ اور عظیم سطحوں سے روشناس کرتے ہیں اسی لیے انقلابات تاریخ میں غیر معمولی واقعات کہلاتے جو ہر روز نہیں ہوتے۔جو معروض اور داخلی عوامل کے جدلیاتی امتزاج اور ملاپ سے جنم لیتے ہیں اور انقلابی پارٹی کی قیادت میں ہی اپنے حقیقی مقاصد سے ہم کنار ہوتے ہیں اور یہ ان مٹ نظر آنے والے حالات کا حال اور ماضی سب کچھ بدل کر رکھ دیتے ہیں انسانی تاریخ ایسے واقعات اور انقلابات سے بھری پڑی ہے۔ٹراٹسکی لکھتا ہے کہ جب عوام اپنے سروں پر مسلط نیلے آسمان کو اوپر سے دیکھنا شروع کر دیں گئے جو پیلا ہے تب انقلاب پر با ہوتا ہے۔اور اکتوبر انیس سو سترہ میں بھی روس کی سر زمین پر یہی ہوا تھا جہاں پیرس کیمون کے بعد بالشویک پارٹی نے لینن اور ٹراٹسکی کی قیادت میں دنیا کے عظیم ترین سوشلسٹ انقلاب سے مارکسزم کی سچائی پر مہر ثبت کی۔

ترقی پذیر ممالک کے جہاں بہت سے سیاسی اور سماجی المیے ہیں وہاں علمی اورذہنی المیے بھی کم نہیں ہیں جو ان سماجوں میں غیر مساوی ٹھوس سماجی حالات کے خلفشار اور پسماندہ ثقافت سے جنم لیتے ہیں۔جس سے اکثروبیشتر روائتی دانشوار اور عالم و فاضل بھی مقامی اور عالمی حالات کا حقیقی تجزیہ کرنے کی صلاحیت اور اہلیت کھو دیتے ہیں۔اسی وجہ سے ترقی پذیر ممالک کے نام نہاد دانشوار حضرات بالشویک انقلاب کے تمام عمل اور ارتقا کو بیان کرنے سے قاصر ہیں۔
عالمی مالیاتی نظام کے بحرانوں نے تو ویسے ہی سرمایہ داری کے عالمی ماہرین اور دیوتاوں کی مت ماری دی ہے جس سے وہ ہر سچائی اور حقیقت معلوم ہونے کے باجود بیان کرنے سے

معزور ہیں۔جس سے تاریخ اور فلسفے کے طالب علموں کو یہ معلوم ہو سکے کہ بالشویک انقلاب کیوں اور کیسے آیا روسی سماج میں اسکی گنجائش کیونکے بنی اور ستر سال بعد اس کی ٹوٹ پھوٹ اور زوال پذیری میں کن ٹھوس حقیقی عوامل کا عمل داخل تھا کیونکہ سماجی سائنس کا ہر طالب علم یہ جانتا ہے کہ کوئی بھی واقعہ اپنی ضرورت کے بغیر جنم نہیں لیتا اور اسکے پس منظر میں حالات و واقعات کا ایک اٹوٹ لیکن تغیر پذیر تسلسل ہو تا ہے اور ہر واقعہ کسی مقدار کی معیا ر میں تبدیلی کا ہی اظہار ہوتا ہے۔

روسی سماج میں تبدیلی کے تاریخی پیچیدہ عمل کی وضاحت نہ کرنے کی صلاحیت مقامی اور عالمی روائتی دانشواروں کو استحصالی حکمرانوں کی پچ پر کھلنے پر مجبور کر دیتی ہے جس سے یہ سوشلزم اور انقلاب کے خلاف در انقلابیوں کی بڑک بازی کا حصہ بن جاتے ہیں اور انہی کے میدان اور پچ پر سوشلزم کے خلاف چوکے چھکے مارتے نظر آتے ہیں انکا عوام اور عوامی تحریکوں سے کوئی تعلق اور واسطہ نہیں ہوتا بلکہ یہ عوام کی مخالف ٹیم میں کھیلنے والے ہیں جسکا محنت کش عوام کو بڑی جرات سے بے باک مقابلہ کرنا ہو گا۔انہی سرمایہ کے آگے سجدہ ریز دانشواروں کے بارے میں کہا گیا ہے کہ گرنے والا گہرائی نہیں دیکھتا اور آخیر میں یہی ترقی پسند اور نام نہاد انقلابی عوام کو مایوسی ، پسماندگی اور رجعتی پرستی کا درس دینے لگتے ہیں پاکستانی سماج آج انہی سٹالنیسٹوں ، ترقی پسند دانشواروں اور صحافیوں کا ڈاسا ہوا ہے۔

لیکن اگر ہم واقعی بالشویک انقلاب کے عروج و زوال کی داستان کو سنجیدگی سے سمجھنا چاہتے ہیں تو پھر ہمیں کیمونسٹ مینی فسٹو سے شروع کرنا ہو گا اور لیون ٹراٹسکی کی کتاب ،، انقلاب سے غداری کے ساتھ ساتھ ٹیڈ گرانٹ کی کتاب ،، روس انقلاب سے رد انقلاب تک ،، کا گہرائی سے مطالعہ کرنا ہو گا جس کے بعد ہی ہم اس اہل ہو سکیں کے کہ علم اور شعور کی

بنیاد پر اس کے متعلق سچائی کہہ سکیں۔

بالشویک انقلاب پر آج ہم یورپ کے حکمران ملک اور میٹروپول سٹی فرینکفرٹ میں اس لیے بحث کر رہے ہیں تا کہ مستقبل قریب میں یورپ اور پاکستان میں اٹھنے عوامی تحریکوں اور سرکشیوں کو ایک درست سمت دینے کے لیے پاکستان اور یورپ میں عوامی انقلاب کی جدوجہد کو عالمی مزدور تحریک سے منسلک کر کے منظم کر سکیں۔کیونکہ پاکستان کے انقلاب کا حقیقی دفاع اور اسکے استحکام کی ضمانت پاکستان کے اندر سے زیادہ باہر سے ہونے والی جدوجہد کرئے گی اورآج کا یہ پروگرام اسی کی کڑی ایک ہے۔

جنوری انیس سو انیس میں جان ریڈ نے لکھا تھا،، بالشویک ازم کے بارے میں کسی کی کوئی بھی رائے کیوں نہ ہولیکن یہ ایک ناقابل ترید حقیقت ہے کہ روس انقلاب انسانی تاریخ کے عظیم واقعات میں سے تھا اور بالشویکوں کا اقتدار عالمی اہمیت کا مظہر تھا جس سے کوئی انکار نہیں کر سکتا،،۔

کسی بھی انقلاب میں ہمیشہ انقلابی پارٹی بنیادی اہمیت اور حیثیت کی حامل ہوتی ہے جس کے بغیر دنیا کا کوئی انقلاب ممکن اور مکمل نہیں ہوسکتا۔اگر ممکن ہوتا تو عرب ، مڈل ایسٹ ، لاطینی امریکہ اور یورپ کی حالیہ عوامی تحریکیں اور بغاوتیں کب کی کسی جانی اور مالی نقصان کے بغیر انقلاب برپا کر چکی ہوتیں لیکن ایسا نہیں ہوا بلکہ انقلابی پارٹی کی عدم موجودگی میں یہ انقلابی عمل مزید پیچیدہ اور پرتشدد ہو گیا ہے۔دیر یا بادیر ان انقلابی تحریکوں کو کسی نہ کسی رخ لازمی بیٹھنا ہے انقلاب یا پھر رد انقلاب کی فتح کی صورت میں۔کیو نکہ کوئی بھی سماج زیادہ لمبا عرصہ تک ہیجانی کیفیت میں نہیں رہ سکتا۔حالیہ دنیا میں اٹھنے والی عوامی تحریکوں کو ابھی

کسی رد انقلاب کا سامنا نہیں ہے بلکہ انقلابی قیادت کی عدم موجوگی میں یہ انقلابی عمل لمبا اور گھمبیر ہو گیا ہے جس سے مستقبل میں کئی مرحلے آئیں گئے۔انقلاب اور رد انقلاب کے درمیان واضح جنگ مختلف شکلیں اختیار کرے گئی اور آخیر میں لازما اسکا فیصلہ کسی ایک کی جیت میں نکلے گا۔آج کے عالمی حالات دیکھ کر لیون ٹراٹسکی کا یہ فقرہ سچ ثابت ہوتا ہے کہ ،، آج کا عالمی اشتراکی انقلاب قیادت کے بحران میں سمٹ گیا ہے ،،۔

کیمونسٹ مینی فسٹو میں کارل مارکس لکھتا ہے کیمونسٹ کبھی بھی تعصب پسند اور تفرقہ پرور نہیں ہوتے۔وہ مزدورں اور عوام کے مقابلہ میں کبھی اپنی الگ فرقہ وارانہ پارٹیاں نہیں بناتے بلکہ یہ ہمیشہ مزدوروں کے ساتھ اور انکے شانہ بشانہ انقلابی جدوجہد کو اجتماعی طور آگے بڑھتے ہیں ۔لینن کہتا ہے کہ انقلابیوں کا صرف یہ فریضہ ہے کہ وہ اپنے نظرایات کا مستقل مزاجی اور صبر سے مسلسل پرچار کریں۔

انقلابی پارٹی ٹھوس نظریہ پر قائم ہوتی ہے لیکن اس کی حکمت عملی لچکدار ہو تی ہے طریقہ کار پر مصالحت اور تبدیلی ہو سکتی ہے لیکن نظریات نا قابل مصالحت ہوتے ہیں۔اکتوبر انیس سو سترہ کے اشتراکی انقلاب کی کامیابی میں بھی بالشویک پارٹی کا مارکسی نظریہ اور اس پر تعمیر درست لائحہ عمل ہی تھا جسکی فتح اکتوبر انقلاب کی صورت میں واقع ہوئی۔بالشویک انقلاب ٹراٹسکی کے نظریہ مسلسل انقلاب کی سچائی اور منشویکوں کے قومی جمہوری انقلاب کی تردید کا ثبوت بھی تھا۔

منشویکوں کا خیال تھا کہ روس میں پہلے بورژوا یا قومی جمہوری انقلاب کی ضرورت ہے جس کے بعد سوشلسٹ انقلاب کیا جاسکے گا۔لیکن ٹراٹسکی اس کے خلاف تھا اس کے نزدیک

سامراجی ممالک کے عالمی منڈی پر قبضے اور جکڑ نے مزید صنعتی انقلابات جو یورپ میں برپا ہوئے تھے کا راستہ روک دیا ہے۔کیونکہ صنعتی ترقی یا زرائع پیداوار کی جدیدیت نے سرمایہ داری میں زائد پیداوار کے بحرانوں کو جنم دیا ہے جسے عالمی حکمران کنٹرول کرنے میں نااہل اور بے بس ہیں جس سے وہ اب ترقی پذیر ممالک میں صنعتی انقلاب برپا کرنے کی بجائے یہاں کی ستی لیبر اور خام مال استعمال کر کے اپنے شرح منافع کو بڑھتے ہیں۔ترقی پذیر ممالک کا حکمران طبقہ تاریخ میں دیر سے داخل ہوا جس سے یہ عالمی اجارداریوں کا مقابلہ کرنے سے قاصر ہے ان ملٹی نیشنل کی عالمی جکڑ میں ترقی پذیر ممالک کا حکمران طبقہ سرمایہ درانہ انقلابات کرنے کی صلاحیت کھو چکا ہے اور اب اسکی زندگی کا انحصار اوردارومدار عالمی منڈی کے حکمرانوں کی گماشتگی، ایجنٹی پر ہے جو وہ کر رہا ہے اور یہ یہی کریں گئے اس لیے اب بورژا انقلاب کا فریضہ بھی مزدور طبقے کو ہی براہ راست سوشلسٹ انقلاب کے زریعے ہی ادا کرنا ہو گا۔

روس میں قومی جمہوری انقلاب نہیں بلکہ سوشلسٹ انقلاب کرنا ہو گا یہ نظریہ وقت کی کسوٹی پر درست ثابت ہوا جو ٹراٹسکی کا مسلسل انقلاب کا نظریہ تھا جیسے بعد میں اپریل تھیسیز کا نام دیا گیا۔اس پر لینن نے اتفاق کیا اور بالشویک انقلاب کا عمل اسی کا مظہر تھا۔

روسی انقلاب کسی علاقے یا قوم کا انقلاب نہیں تھا بلکہ عالمی انقلاب کا حصہ تھا اسی لیے لینن نے اسکا نام یو ایس ایس آر رکھا تھا تاکہ آنے والے وقت میں تمام دنیا کا یہی نام ہو۔یعنی یونائیٹڈ سوشلسٹ سوویٹ ریپبلک ، کیونکہ مارکسزم انٹر نیشنلزم کے علاوہ کچھ نہیں ہے اگر ہے تو پھر یوٹوپیائی ہے یا سٹالنسٹ ملائیت ہے۔بالشویک انقلاب برپا ہونے کے بعد لینن نے تقریر کرتے ہوئے کہا تھاکہ آج عالمی سرمایہ داری اپنی کمزور ترین کڑی سے ٹوٹ گئی اور اس

بالشویک انقلاب کی بقائے کی ضمانت ماسوائے ایک عالمی سوشلسٹ انقلاب کے کوئی نہیں دے سکتا۔

آج بہت سارے دانشوار اور سٹالنسٹ جو ماضی کے مزاروں سے بدتر ہیں یہ کہتے نہیں تھکتے کہ آج پاکستان میں ایک سوشلسٹ انقلاب نہیں آ سکتا کیونکہ یہاں نہ تو صنعتی مزدور ہے اور نہ ہی پڑھ لکھے افراد جو انقلاب کو سمجھ سکیں اور اسکو عملی شکل دے سکیں۔جو یہ کہتے ہیں وہ انقلاب نہیں چاہتے بلکہ یہ اس سے خوف زدہ ہیں، اس لیے کہ انکے مالی مفادات اور عیاشیاں موجودہ لوٹ کے نظام سے وابسطہ ہیں جس وجہ سے وہ غلط بیانی سے کام لیتے ہیں جھوٹ اور فریب کا پرچار کرتے ہیں۔بالشویک انقلاب ایسے روسی سماج میں آیا تھا جو کہ موجودہ پاکستان سے بھی تباہ حال اور پسماندہ تھا۔پہلی عالمی جنگ نے روسی سماج کی انیٹ سے اینٹ بجا دی تھی۔انقلاب کے بعد جنگ کی تباہی سے جو بچا کچھا روسی سماج بالشویکوں کے پاس آیا وہ زار شاہی کی نسبت ستاون فیصد تباہ حال تھا یعنی بتالیس فیصد جو تباہی کے بعد بچا تھا وہ کمزور اور لاغر سماج بالشویکوں کو اقتدار میں ملا۔سرکاری اعدوشمار کے مطابق روس میں ستر فیصد ناخواندگی تھی اور پاکستان میں یہ اعدوشمار کہیں کم ہیں۔

روس میں انقلاب کے وقت صنعتی مزدور تین اعشاریہ کچھ فیصد تھے جو چار فیصد سے ہر صورت کم تھے جبکہ پاکستان میں آج صنعتی مزدور پانچ فیصد سے ہر صورت زیادہ ہیں۔اور اگر یہ چار فیصد بھی ہو ں تو پچانوں سال قبل کی صنعت اور آج کی جدید صنعت میں زمین آسمان کا فرق ہے جس سے ، جو زرائع پیداوار کی سماجی طاقت پہلے تین فیصد مزدوروں کے پاس تھی آج یہ طاقت یقیناً ایک فیصد سے بھی کم صنعتی مزدوروں کے پاس ہو گئی بلکہ اس سے کہیں زیادہ سماجی طاقت سکڑ کر آج کم تعداد کے صنعتی مزدروں کے پاس منتقل ہو چکی ہے۔اس کم

ترین سماجی ترقی اور معیار کے باوجود بھی روسیوں نے دنیا کے جدید ترین سوشلسٹ انقلاب کو ممکن بنایا۔ اور ایک تباہ و برباد سماج کو بیس سالوں میں دنیا کی سپر پاور بنا کر حیران کر دیا۔ انیس سو پچاس میں روس کی جی ڈی پی امریکہ کے مقابلہ میں آٹھاون فیصد زیادہ تھی۔ یہ کم ترین وقت میں تیز اور بلند ترین سماجی ترقی تھی جو پہلی بار روس کے اشتراکی انقلاب کے بعد اس زمینی کرہ ارض پر انسانی تاریخ نے دیکھی تھی جسکا پہلے کبھی تصور بھی نہ تھا۔ کیونکہ سرمایہ داری کی تقریبا ساڑھے تین سو سالہ تاریخ میں اس بلند سطح پر تیز ترین ترقی کبھی ممکن نہیں ہو سکی اور اب تو ویسے ہی ناممکن ہے کیونکہ آج کل اسکی زندگی کا اور ٹائم چل رہا ہے۔ یہ سب سوشلسٹ انقلاب کے ثمرات تھے۔،، جن سب کو یہاں بیان کرنے کی گنجائش نہیں ہے ،،۔ اس کے باوجود کہ بالشویک انقلاب کی زوال پذیری کا عمل انیس سو تائیس میں جو زف سٹالن کے اقتدار میں آنے کے بعد ہی شروع ہو چکا تھا۔ جس نے انٹی مارکسزم اور انٹی لینن ازم نظرایات اور اقدامات سے ہر وہ کام کیا جو انقلاب اور سوشلزم سے غداری تھا۔ جس سے انسانی تاریخ میں پہلی بار پرولتاریہ بوناپارٹسٹ ریاست ابھری جو منصوبہ بند معیشت کی بالائی سطح پر افسر شاہی کی آمریت تھی جس نے کسی جونک کی طرح انقلاب اور اسکی حاصلات کو چوس کر تباہ کرنا شروع کر دیا۔ جس کا انجام انیس سو بانویں میں یلس کی فوجی بغاوت کی صورت میں سامنے آیا جو سوشلزم نہیں بلکہ سٹالن ازم کے نظریات اور اسکی پالیسیوں کا دیوالیہ تھا۔ لینن نے بالشویک انقلاب کو استحکام دینے کے لیے اور افسر شاہی سے بچانے کے لیے جن چار بنیادی اصولوں کو واضح کیا تھا ان میں۔

پہلا۔ تمام حکومتی اور ریاستی اہلکاروں میں تمام عہدوں کے لیے آزادانہ جمہوری طریقہ انتخاب رائج کیا۔

دوسرا۔ تمام عہدیدران کو اپنی مدت پوری کرنے سے پہلے سوویٹوں یا پنچائتوں کو واپس بلانے کا حق۔

تیسرا۔ کسی افسر کی تنخواہ عام ہنرمند سے زیادہ نہیں ہوگی۔

چوتھا۔ ریاست اور سماج کو چلانے میں تمام لوگ کو برابری کا حق حاصل ہو گا اور سب اس میں باری باری حصہ لیں گئے۔اسی بنیاد پر لینن نے کہا تھا کہ ایک وزیر اعظم باورچی بن سکتا ہے اور ایک باورچی وزیراعظم بن سکتا ہے۔

لیکن سٹالن نے بالشویک انقلاب کی ترقی اور پھیلاو تک کے ان عبوری اصولوں سے ہی نہیں بلکہ سوشلزم کے بنیادی نظریات سے بھی مکمل انحراف اور غداری کی اور انیس سو آٹھائیس 1928 میں منشویکوں کے رد انقلابی نظریے قومی جمہوری انقلاب یا مرحلہ وار انقلاب کی تھیوری کو تیسری انٹرنیشنل کا اصول بنا کر بے شمار ترقی پذیر ممالک کے سوشلسٹ انقلابوں کو شکست سے دو چار کردیا گیا اور یہاں کی سوشلسٹ پارٹیوں کو انقلاب کی جدوجہد سے روک کر قومی بوژوازی کی تلاش میں لگا دیا جو کسی انجانے ٹرک کی بتی تھی۔یہ قومی جمہوری انقلاب کا نظریہ ایک عالمی انقلاب کی راہ میں بڑی روکاوٹ بن گیا۔

انیس سو ترتالیس1943 میں سٹالن نے ورزویلٹ اور چرچل سے امن بقائے باہمی کا معاہدہ کر کے مزدوروں کی تیسری عالمی تنظیم کو توڑ دیا اور دنیا بھر میں تمام کیمونسٹ پارٹیوں کو سامراج کے خلاف جدوجہد سے روک دیا گیا۔اسی وجہ سے ہندوستان کاایک کامیاب سوشلسٹ انقلاب ناکام ہوا کیونکہ انیس سو چھیالیس 1946 کی برصغیر پاک وہند کی انقلابی تحریک جس نے برطانوی سامراج کے لیے ہندوستان کی زمین تنگ کردی تھی جو ایک اشتراکی انقلاب کی

مانگ تھی۔لیکن انڈین کیمونسٹ پارٹی کو سامراج کے خلاف جدوجہد کی ماسکو افسرشاہی کی طرف سے اجازت نہیں تھی جس سے سی پی آئی نے ہندوستان میں انیس سو چھالیس1946 کے انقلاب کی قیادت کرنے سے انکار کر دیا جو برطانوی سامراج کی عبرت ناک شکست بن چکا تھا۔اب بپھری ہوئی عوامی تحریک نے کچھ تو حاصل کرنا ہی تھا انقلاب نہیں تو رد انقلاب ہی سہی۔جس کے نتیجے میں ہندوستان ٹوٹ گیا۔معصوم لوگوں کا قتل عام ہوا۔ایک زندہ جسم کو بے رحیمی سے کاٹ دیا گیا جس سے آج بھی خون رس رہا ہے اور اس کے یہ زخم ایک سوشلسٹ انقلاب کے بغیر کبھی نہیں بھریں گئے۔پاکستانی اور انڈین عوام کو آج بھی انیس سو چھیالیس کا انقلاب کامیاب نہ کرنے کی سزا مل رہی ہے کیونکہ وقت بہت بے رحم ہوتا ہے یہ کسی پر ترس نہیں کھاتا۔اس کے ہاں ہر جرم کی سزا ہوتی ہے اور کوئی جرم قابل معافی نہیں ہوتا اور انڈیا پاکستان کی سماجی بربادی اور بے رحم ظلم وجبر اسی بٹوارے کے جرم کی سزا ہے۔

سٹالن کے رد انقلاب کے باوجود منصوبہ بندی پر مبنی سوشلسٹ معیشت نے روس کو دنیا کی دوسری بڑی طاقت بنادیا۔تاریخی عمل ہمیشہ پیچیدہ ہوتے ہیں اس لیے سوشلزم کی سچائی اور سٹالنزم کی ناکامی کو ثابت ہونے میں ستر70 سال کا عرصہ لگ گیا۔لیکن لینن اور اسکا ساتھی ٹراٹسکی جو ریڈ آرمی کا کمسار بھی تھا۔انیس سو تائیس 1923 سے پہلے ہی دونوں سٹالن کی غداری کی بھاپ گئے تھے۔اور انہوں نے سٹالن اور اسکی پرورده افسر شاہی کے خلاف جدوجہد شروع کر دی تھی۔جس کی پاداش میں لینن کو حکومتی معاملات سے ایک طرف کر دیا گیا جس میں لینن پر فالج کے حملہ نے خاص کردار ادا کیا اور آخیر کار انیس سو چوبیس1924 میں ولادی میر لینن کا انتقال ہو گیا جس نے سٹالن افسرشاہی کی آمریت کو مزید مضبوط

کرنے کا موقعہ فراہم کیا۔کمزور سماجی حالت نے اس میں بنیادی کردار ادا کیا۔

لینن اپنی زندگی میں ہر افسر شانہ قدر اور سوچ کے خلاف ناقابل مصالحت لڑا۔مئی انیس سو آٹھارہ1918 کو عوامی کونسل کے منیجر نے لینن کو اسکی مقرر کردہ تنخواہ سے زیادہ تنخواہ دینے کی کوشیش کی جس پر لینن نے یہ لینے سے انکار ہی نہیں کیا بلکہ اسکو خوب ڈانٹا اور کہا کہ تم منیجر رہنے کے قابل ہی نہیں ہو۔لینن ایک سرونٹ کواٹر میں رہتا تھا جہاں سردیوں میں مناسب ہیٹر کا بندونست نہیں تھا جس وجہ سے وہ کئی بار بیمار بھی ہو گیا۔انقلاب کے بعد ایک بار بیماری میں ڈاکٹر نے اسکو زیادہ دوھ پینے کو کہا لیکن اس نے اپنے حصے سے زیادہ دوھ لینے سے انکار کر دیا اس نے کہا کہ اگر میں مقرر کردہ دوھ سے زیادہ دوھ لوں گا تو وہ کسی کا حق ہو گا میں کسی کا حق مارنے سے بہتر سمجھتا ہوں کہ مر جاوں۔لینن ہمیشہ حجام کی دوکان میں بھی اپنی باری کا انتظار کرتا تھا اور کبھی بھی اپنی باری سے پہلے آگے نہیں گیا تھا۔

انیس سو تائیس 1923 میں سٹالن نے جارجیا کی پارٹی میں بالشویکوں کو برطرف کر کے پارٹی پر مفاد پرست ٹولے کی مدد سے قبضہ کر لیا اور اسی طریقے سے یہ مرکزی پارٹی کی جنرل سیکرٹری شپ تک غیر قانونی اور ناجائز ہتھکنڈوں سے پہنچا۔انیس سو بائیس 1922 میں لینن نے لکھا کہ کہ افسر شاہی ہمارا گلہ کاٹ رہی ہے۔لینن کے بعد اس کا ساتھی ٹراٹسکی سٹالنیسٹ افسر شاہی کی آمریت کے خلاف آخیر ی دم تک لڑا۔اس نے اپنی کتاب انقلاب سے غداری میں لکھا کہ ،، اگر سوشلسٹ معیشت پر سے سیاسی آمریت کی حکمرانی ختم نہ کی گئی تو بد انتظامی کی وجہ سے معیشت تباہ ہو جائے گئی جس سے سرمایہ داری کے رشتے دوبارہ استوار ہوں گئے جسکو ستر سال کا عرصہ لگے گا ،،۔اور ایسا ہی ہوا۔اسی وجہ سے سٹالن بالشویکوں کا دشمن ہو گیا تھا جس نے سٹالن کی قیادت کو مان لیا وہ بچ گیا اور جس نے نہیں مانا وہ قتل

کر دیا گیا۔

انیس سو انا تیس 1929 میں بالشویک پارٹی کی سنٹرل کمیٹی جس نے انقلاب کیا تھا اس میں سے صرف سٹالن خود زندہ تھا بقیہ کامریڈوں کو سٹالن نے قتل کر وادیا۔جب مراعات کے لیے حکمرانی قائم ہوتی ہے تو پھر یقینی طور پر اس میں بداعنوانی کے ساتھ ساتھ اقتدار کی کھنچا تانی بھی شروع ہو جاتی ہے جو ہمیں سٹالن کے دور میں ہی نظر آتی ہیں۔سٹالن کی موت کے بعد جس کو چند لوگ قتل بھی لکھتے ہیں۔اور چند لکھتے ہیں کہ اگر سٹالن نہ بھی مرتا تو اس کو قتل کر دیا جانا تھا۔جسکا اظہار ہمیں انیس سو آٹھاون 1958 میں خروشیف کی پالیسیوں سے نظر آتا ہے جس نے لینن کی وہ دستاویزات اوپن کیں جس میں لینن نے سٹالن کو اس کے عہدے سے برطرفی کا مطالبہ کیا تھا۔یہ تمام پالیسیاں بیوروکریسی کی آمریت کو قائم رکھنے کے لیے پیش کی گئیں نہ کہ اسے ختم کرنے کے لیے۔افسرشاہی کی بڑھتی بد انتظامیوں اور بداعنوانیوں نے معیشت کی کمر توڑ دی اور جب گورباچوف اقتدار میں آیا تو روسی معیشت تباہی کے آخیری دھانے پر پہنچ چکی تھی۔اس نے گلاسناٹ اور پیرا سٹایکا کے اقدامات کیے جس میں معاشی آزاد پالیسیوں اور جمہوری نام نہاد آزادیوں کا اعلان کیا گیا ان اصلاحات سے بھی افسرشاہی کو بچانا ہی مقصود تھا لیکن اس بار بہت دیر ہو چکی ہے روسی سماج اس پھٹنے والے غبارے کی مانند ہو چکا تھا جس میں سوئی مارنے سے اس میں سے ہوا نہیں نکلی بلکہ یہ پھٹ جاتا ہے اور گلاسناٹ اور پیرا سٹایکا سے بھی ایسا ہی ہو اور یلس کی فوجی بغاوت نے دنیا میں سٹالنزم کے طلسم کو بھی ٹوڑ دیا پھر اس جبر تلے جو کچھ کیا گیا وہ سب ننگا ہو گیا اس سے آزاد ہو گیا۔

دیوار برلن ٹوٹ گری ، مشرقی جرمنی اور مشرقی یورپ نے بھی سٹالنزم کو مسترد کر کے

مارکسزم کی سچائی کا لوہا منوایا اور سٹالنزم کے پردے میں چھپی مارکسزم کی حقیقت کو آشکار کیا جس کا ذکر ٹراٹسکی اکثر کیا کرتا تھا کہ ،، سوشلزم کو جمہوریت کی ایسے ضرورت ہوتی ہے جیسے ایک زندہ جسم کو آکسیجن کی،،۔

لیکن آج روس اور مشرقی یورپ کی عوام سوشلزم کی آڑ سٹالن ازم سے چھٹکارہ تو حاصل کر چکے ہیں لیکن یہاں سرمایہ داری کی بحالی نے انکی زندگیاں کو پہلے سے بھی اذیت ناک بنا دیا ہے جس سے آج یہاں ایک بار پھر پوری دنیا کی طرح جہاں آکو پائی تحریک ، عرب انقلاب، یورپ میں عوامی تحریکیں ،لاطینی امریکہ میں انقلابات سرگرم عمل ہیں جو ابھی عالمی سرمایہ سرمایہ داری کے خلاف سرکشیوں کا آغاز ہے جس کو صرف مارکسسٹ ہی ایک فصیلہ کن انجام سے ہم کنار کرسکتے ہیں۔کیونکہ فریڈک اینگلز نے کہا تھا کہ آج کی انسانیت کا مستقبل سوشلزم یا پھر بربریت کے سوا کچھ نہیں ہے۔

دو دسمبر دو ہزار بارہ

موت کے خوف کی لاچار گی

اس انسانی کرہ ارض پر بسنے والی آبادی کی اکثریت آج بھی موت کے خوف سے نجات حاصل نہیں کر سکی اور اس خوف کی لاچار گی کا شکار رہے حالانکہ آج کا دور انسان کی ترقی کا جدید ترین اور روشن خیال دور کہلاتا ہے لیکن آج بھی موت کے خوف کا وجود مزید ترقی کے آڑے آ رہا ہےاور اس کے ارتقا پر کڑے سوالات اٹھاتا ہے کہ ماضی کی جہالت اور اندھیرے آج بھی کیوں گہرے ہیں۔کیوں موت کے خوف پر آج بھی کاروبار ہو تا ہے۔کیوں آج بھی موت انسان کی کمزوری اور بے بسی ہے۔کیوں آج بھی موت کے خوف پر چلنے والے عالمی مذہبی دھندے قائم ہیں جو موت کی بلیک میلنگ کرتے ہیں۔کیوں موت کو منڈی کی جنس بنا کر خریدا اور بیچا جاتا ہے اور اس کے کاروبار کے لیے زندہ عام انسانوں کے ذہنوں پر موت کا خوف مسلط کیا جاتا ہے۔جنت اور دوزخ بھی اسی موت کی پیداوار اور بیوپار ہیں۔موت کا خوف بدوں ، وحشیوں اور جانور نما انسانوں کے لیے تو سمجھ میں آتا ہے جو وحشت اور بربریت کی پیداوار تھے جو زندگی کا احساس تو رکھتے تھے لیکن اپنی کم علمی اور اجتماعی کمزوری کی وجہ سے اسے سمجھنے سے قاصر تھے یہ اپنے سرداروں ، حکمرانوں اور طاقت وروں کو اپنا خدا ، بھگوان یا دیوتا بنا لیتے تھے اور انکی اطاعت اور فرمانبرداری میں اپنی مغفرت سمجھتے تھے یعنی طاقت کا

مرکز ہمیشہ سے خدا رہا ہے۔جب جب اس طاقت کا مرکز بدلتا گیا خدا بھی بدلتے گئے۔لیکن علم کے اجالوں نے ذہنوں کے اندھیروں کو جھٹک دیا۔خدا اپنی لامحدویت سے محدود ہو گئے اور مادی سے غیر مادی ہوتے چلے گئے کیونکہ سائنس اور ٹیکنولوجی نے خدا کے مادی تصور کے لیے کوئی جواز نہ چھوڑا تھا۔لیکن آج بھی ماضی کی طرح ان خداوں سے مادی خواہشات اور ضرورتیں ہی وابستہ ہیں یہاں تک کہ ان کی وضاحت بھی مادیت کے بغیر ممکن نہیں ہے اس سے یہ ثابت ہوتا کہ آج ذہنی نہیں بلکہ مادی ضروریات زندگی کی محرومی نے ہی خداوں کو زندہ رکھا ہوا ہے۔انسانی زندگی جب سماجی محرومی ومحکومی کا شکار ہوتی ہے تو وہ اس کی نجات کے لیے دوسری مسائل سے پاک ہمیشہ کی زندگی کے تصور میں آج کی تمام تکلیف اور مصائب برداشت کرنے کا درس دیا جاتا ہے یہ تبلیغ یقیناً حکمرانوں کے حق میں ہے جو اس دنیا میں بھرپور زندگی گزارتے ہیں۔اس لیے موت کا خوف کم علمی، کم ہمتی اور محرومی کی علامت ہے یہ جوں جوں بڑھے گی توں توں موت کے اندھیرے سایوں کا خوف بھی بڑھے گا اور طبقاتی اور درجاتی معاشرے میں اس سے نجات ممکن نہیں ہے۔

تہذیب یافتہ انسانوں اور نام نہاد سول لائز معاشروں میں بھی یہ رجعتی یلغا آج بڑی تیزی سے پھیلائی جا رہی ہے اور نظام کا بحران اس کو سماجی بنیادیں فراہم کر رہا ہے۔جومادی اور شعوری ترقی کی نفی کرتے ہیں یہی بے شمار سماجی تضادات آج اپنا برملا اظہار کرتے ہوئے موجودہ جدیدیت میں چھپی پسماندگی کو بڑی بے رحمی سے الف ننگا کردیتے ہیں۔کیونکہ تہذیب تو رضاکارانہ معاشرتی ہم آہنگی، مادی شعوری اور معاشرتی ترقی کا نام ہے۔لیکن جنگ و جدل ، علاقائی اور مذہبی نفرتیں ، ڈنڈے اور سرمایے کی حکمرانی، امارت اور غربت کی وسیع خلیج اور طبقاتی تضاد کے حالات کسی بھی سول لائزیشن کی نمائندگی نہیں کرتے بلکہ اس کی نفی ضرور

کرتے ہیں۔

آج کا سوال یہ ہے کہ موت ہے کیا اور اس کا خوف کیوں ہے۔موتیں دو قسم کی ہوتی ہیں انسان کی ایک طبعی موت ہے اور دوسری شعوری موت جن کا آپس میں بہت گہرا تعلق ہے لیکن موت سے مراد عام طور پر طبعی موت ہی لیا جاتا ہے۔آج طبعی موت کا خوف کس طرح انسانی سوچ کو مجروح کرکے شعور اور سماج کے زوال کا سبب بنتا ہے۔جب تک موت کو نہ سمجھا جائے اس کے خوف سے آزادی ممکن نہیں ہے اور اس کا بڑھتا خوف جدید انسان کو بھی ماضی کے مزاروں میں دفن کرتا رہے گا اور انسان کبھی بھی اپنے ہولناک ماضی سے مکمل آزاد نہیں ہوسکے گا۔انسان موت کے خوف سے آزادی حاصل کیے بغیر کبھی باشعور نہیں ہو سکتا اور ایک حقیقی انسانی سماج کی تعمیر و ترقی نہیں کر سکتا۔

زندگی اور موت کے درمیان چند ساعتوں کا فاصلہ ہے۔ان لمحوں کا سفر کسی شخص کا طویل اور کسی کا مختصر ہو سکتاہے۔لیکن اربوں سال پر محیط زمینی تاریخ میں یقیناً کسی انسان کی سو سالہ زندگی بھی چند سکینڈوں سے زیادہ کوئی حیثیت اور اہمیت نہیں رکھتی۔زندگی اور موت کا فیصلہ زیادہ یا کم سانسیں یا سال نہیں کرتے بلکہ ان کے دوران یا درمیان زندہ معیار اور قدر کرتے ہیں۔یعنی کسی شخص نے اپنی زندگی کو کتنا بلند انسانی معیار اور سماجی قدر بخشی جو اس کی حقیقی موت اور زندگی کا فیصلہ کرتی ہے۔قدری معیاری زندگی کو کبھی موت نہیں آتی اور شعوری زندگی ہر انسان کو طبعی موت سے بہت بلند کر دیتی ہے جبکہ بہت سے لوگ زندگی میں مردوں سے بھی بدتر ہوتے ہیں جو اس دھرتی پر چلتی پھرتی زندہ لاشیں اور بوجھ ہیں جنکا نہ ہونا ہونے سے بہت بہتر ہے کیونکہ کہ یہ لوگ شعوری یا لاشعوری طور پر سماجی قدری زندگی کے دشمن ہیں اس لیے کہ اس زمین پر کوئی بھی انسان(ذہن)کسی فلسفے کے بغیر زندہ

نہیں رہ سکتا اس کا لازما زندگی کے متعلق ایک نظریہ ہوتا ہے اگر جدید اور ترقی یافتہ نہیں ہے تو پھر رجعتی اور قدامت پرستانہ ہی ہو گا اور غیر جدلیاتی نظریہ زندگی یقیناًانسان اور سماج دشمن ہیں۔

آج تک کی انسانی تاریخ میں بہت سے لوگوں کی اپنی زندگی تو بہت مختصر تھی لیکن انہوں نے اپنی اس قلیل سی حیات کو سماجی علوم اور عوامی جدوجہد سے وہ قدر دی کہ یہ امر ہو گئے ۔سینکڑ وں اور ہزاروں سال بعد بھی یہ آج زندہ وحیات ہیں اور رہتی دنیا تک رہیں گئے کیونکہ انہوں نے اپنے ادوار میں زوال پذیر معاشروں کے خلاف بے خوف علمی اور عملی جنگ کی اورمروجہ ریت ورواج اور قوانین کے خلاف بڑی جرات سے بغاوت کا علم بلند کیا اور ہمیشہ کے لیے زندہ تاریخ کا حصہ بن گئے۔تب یہ باغی اور قانون شکن تھے لیکن آج یہ تاریخ ساز ہیں۔ ان میں سقراط ، ہیگل ، ڈارون ، کارل مارکس ، لینن ، نیوٹن ،آئن سٹائن، گرام بیل ، آلگزینڈر فلیمنگ وغیرہ اور حضرت محمد کے علاوہ وہ تمام پیغمبر ، گرو، دیوتا اور دیویاں بھی شامل ہیں جنہوں نے انسانی تاریخ میں ظلم اور نا انصافی کے خلاف آواز بلند کی جس وجہ سے یہ آج بھی زندہ ہیں یعنی زندگی کا پیمانہ صرف سماجی قدر یا معیار ہے اور کچھ نہیں جبکہ مذہبی بیمار پیغبروں پر اپنا الگ ہی غیر منطقی اور غیر حقیقی روحانی لیبل لگا دیتے ہیں۔

انسان کا اس کائنات پر جنم مادی اور سماجی حالات کی پیداوار ہے۔اس جنم پر اس کا کوئی اختیارتو نہیں لیکن یہ قدرت سے لڑ کر اپنی شعوری ترقی سے اپنی طبعی موت پر قابو حاصل کر تا جا رہاہے کیونکہ جس انسان کی زندگی چالیس برس پر ختم ہو جاتی تھی جیسے آج بھی افریقہ کے بہت سے ممالک میں انسانی زندگی چالیس سال سے زیادہ نہیں ہے اور پاکستان کی اوسط عمر بھی چالیس کے قریب ہی ہے وہیں پر یورپ میں لوگوں کی زندگی اوسط ستر سال

سے زیادہ ہے جو کہ قدرت کو زیر کرنے سے حاصل ہوئی اور طبعی موت کے آسیب کو شکست دی گئی یہ میڈیکل سائنس کی ترقی بھی موت کے خوف سے نجات حاصل کر کے ہی کی گئی ہے ورگرنہ قناعت اور اطاعت کا درس تو شکر اور صبر پر ہی ختم ہو جاتا ہے لیکن ترقی و تعمیر، تحقیق اور تنقید کے بغیر ممکن نہیں ہے۔

قدری معیاری زندگی پر ٹراٹسکی لکھتا ہے کہ زندگی گزارنا آسان نہیں ہے جب تک انسان کے پاس کوئی ایسا عظیم مقصد نہ ہو جو ذاتی تکالیف، اذیتوں، بے وفائی، غداری اور بیچ پن سے بلند کر دے ورگرنہ انسان کہیں نہ کہیں، کبھی نہ کبھی گر جاتا ہے جھک جاتا ہے بک جاتا ہے اور جب کوئی اس عظیم مقصد کو اپنا لے تو پھر نا صرف زندگی آسان ہو جاتی ہے بلکہ موت کاخوف بھی ٹل جاتا ہے۔اگر آپ عظیم لوگوں کی حالات زندگی کا مطالعہ کریں تو آپ کو معلوم ہو گا کہ وہ خواہشیں جن کے لیے عام لوگ کٹ مرتے ہیں اور انسانی صفات سے بھی گر جاتے ہیں ان سوشل فائٹرز کے لیے یہ کتنی غیر اہم اور نامعقول ہوتی ہیں کیونکہ جب مقصد عظیم ہو اور عزم اٹل تو پھر انسان حقیقی طور پر جانورروں کی صف سے باہر آتا ہے کیونکہ روٹی روزی کمانا بچے کرنا اور پالنا یہ تو حیوانوں کی صفت ہے یہاں تک انسان جانوروں سے کسی طور پر بھی بلند نہیں ہوتا(بے شک موجودہ نظام کے بحرانوں نے انسان کو جانوروں کے اس معیار سے بھی گرا دیا ہے اور ان تنگ دست حالات نے طبعی موت کے خوف کو بڑھا دیا ہے)بلکہ صرف اور صرف سماجی ارتقا کی جدوجہد میں اس کا کردار اس کو حیوانوں سے بلند اور ممتاز کرتا ہے(جو ماضی سے آج کہیں زیادہ ضروری اور لازمی ہے)۔جانور نیچر کے مطابق زندگی گزار دیتے ہیں جبکہ انسان نیچر کو بدل کر زندگی گزارتا ہے۔جب انسان اسی زمین پر اپنی زندگی کو سمجھتا ہے تو پھروہ کسی اور جنت کو تلاش نہیں کرتا بلکہ اسی دنیا کو

جنت بناتا ہے یا اس کی کوشیش کرتا ہے۔ جس کے لیے ٹراٹسکی نے ایک اور جگہ لکھا ہے۔
میں بھول چکا ہوں کے میں آخیری بار کب رویا تھا اس لیے نہیں کہ میری زندگی میں دکھ اور مصائب نہیں ہیں بلکہ اس لیے کہ میں نے جان لیا ہے کہ جنگیں مسلسل جدوجہد سے ہی جیتی جا سکتی ہیں۔ آنسوں اور آہوں سے نہیں۔اور ہمارے عہد کی زندگی کسی طور پر بھی کسی جنگ سے کم نہیں۔ آج پاکستان اور عالمی دنیا میں رجعت پرستی اور قدامت پرستی کی لہر سے یہ واضح ہو تا ہے کہ عام عوام نے سیاست اور سماج میں حصہ لینا چھوڑ دیا ہے جس سے جاہل ، بنیاد پرست ، مفاد پرست ،گھٹیا، لیٹرے اور پسماندہ افراد حکمرانی میں آگئے ہیں جنہوں نے عوام کے اس مایوس معاشرتی رویے سے فائدہ اٹھا کر سماجی اور عوامی سرمایے اور دولت کے اپنے پاس انبار لگا لیے ہیں جس سے طبقاتی تفریق وسیع سے وسیع تر ہوتی جا رہی ہے اور عالمی معاشرہ زوال کی گہرائیوں میں دھنستا جا رہا ہے۔اس کا انت یقیناً پھر اسی وقت ہو گا جب عام عوام اپنے آپ کو موجودہ حالات سے بلند کر کے اپنے آپ کو انسانی صفات سے ہم کنار کریں گئے سیاست ،معیشت اور سماج میں اپنا عظم انقلابی کردار ادا کرتے ہوئے حقیقی سماجی تبدیلی برپا کریں گئے تب عوام اپنی موت کے خوف کو شکست فاش دیں گئے کیونکہ موت کا خوف ہی انسان کو کمزور ، لاچار ، اپاہج اور اطاعت گزار بنا دیتا ہے جو تبدیلی اور ترقی کے راستے میں بڑی روکاوٹ ہے اور جس دن ہم نے موت کے خوف پر فتح حاصل کر لی یہ دنیا کسی بھی خیالی جنت سے کم نہیں ہوگئی۔تب آج کے ناخدا ، بھگوان اور دیوتا منہ کے بل کہیں اوندے گرے ہوں گئے جنہوں نے ہمیں کمزور اور مظلوم بنایا ہےاور یہ تاریخ میں کوئی پہلی بار نہیں ہو گا۔

اسلام اور عوام

عمومی طور پر سماج پر حکمران طبقات کی سوچ حاوی اور مسلط ہوتی ہے۔جو اپنے مفادات اور اقتدار کے لیے تمام حالات واقعات کو توڑ موڑ کر پیش ہی نہیں کرتے ہیں بلکہ تاریخ کی سچائی کو بھی اپنے مطابق جھوٹ اور منافقت سے ترتیب دے کر مرتب کرتے ہیں جو پھر تعلیمی اداروں ، نصاب ، زرائع ابلاغ ، ریاست اور اس کے اداروں ، نشر و اشاعت کے زریعے اس رجعتی اور قدامت پرست سوچ کو عوام کے ذہنوں میں ٹھونستے ہیں تاکہ وہ موجودہ استحصال کی حاکمیت اور نظام کو سر خم تسلیم کرلیں اور کسی دوسرے متبادل کے متعلق سوچ بھی نہ سکیں۔سیاست ، ریاست اور معیشت پر براجمان طبقات کا عوامی سوچ کی ترقی کے تمام راستے بند کرنے کی وجہ سے ہی اکثرو بیشتر عوام موجودہ نظام میں رہتے ہوئے اپنی عذاب ناک اقتصادی اور سماجی زندگی کی تبدیلی کے لیے ادھر ادھر سر پٹختے رہتے ہیں۔سیاسی اور انقلابی مایوسی انہیں مذہب میں پناہ تلاش کرنے پر مجبور کرتی ہے۔بے شک اس کے کوئی نتائج جلد سامنے نہیں آتے لیکن بادیر عوام اس نتیجے پر پہنچ جاتے ہیں کہ موجودہ نظام کی تبدیلی کے بغیر انکی زندگیوں میں کوئی تبدیلی نہیں آئے گئ جس کے بعد عوام سماجی تبدیلی کے لیے انقلابی اور طبقاتی تحریکوں کی راہ پر نکل پڑتے ہیں اور داخلی عنصر یعنی انقلابی پارٹی کی موجودگی

میں انقلاب کا سفر آسان اور ممکن ہو جاتا ہے۔

جمہوری اشتراکی انقلاب کا راستہ روکنے کے لیے آج کے حکمران ہر انسانی اور غیر انسانی، مقدس اور غیر مقدس۔ حربے اور جذبے کا شرم ناک استعمال کرتے ہیں۔ تمام انسانی تاریخ کو مسخ کر کے اسے اپنے استحصال اور جبر کے لیے موثر بنانے کی کوشش کرتے ہیں۔ تاریخ کے نظریات جس میں تمام مذاہب بھی شامل ہیں ان کو اپنی لوٹ کھسوٹ اور مالیاتی ظلم کو جاری رکھنے کے لیے بروکار لاتے ہیں ۔مذاہب کے نشے کو اپنے خلاف عوامی مذاحمت کو کم یا ختم کرنے کے لیے استعمال کرتے ہیں۔اور مذہبی پیشوا ان حکمرانوں اور انکی کالی دولت کا مذہبی دلائل سے تحفظ کرتے ہیں۔بقول لیون ٹراٹسکی تمام ملائیت زرداروں کی چوکھٹ پر دم ہلانے اور انکے ٹکروں پر پلنے والے انکی حفاظت کے لیے شکاری کتے ہیں جو عوام کو ہر وقت نوچنے کے لیے تیار رہتے ہیں اور خاص طور پر بحران زدہ معاشروں میں یہ زیادہ زہریلے اور خطرناک ہوتے ہیں۔

آج اس زمینی کرہ ارض پر جو سینکڑوں مذاہب ہمیں نظر آتے ہیں یہ کبھی لاکھوں میں تھے اور جن مذاہب کا آج وجود نظر آتا ہے یہ کبھی تھے ہی نہیں یعنی انسانی تاریخ میں سماجی تبدیلی کے ساتھ ساتھ مذاہب کی ٹوٹ پھوٹ کا عمل جاری رہا جو اب بھی جاری ہے اور جاری رہے گا کیونکہ مادی سماجی ترقی نے غیر مادی سوچوں پر گہری چوٹیں لگائیں اور انکی لامحدودیت کو محدود کر دیا ہے اسی لیے آج کوئی ایک مذہب بھی اپنی کلاسیکل شکل میں موجود نہیں ہے اور موجودہ تبدیل شدہ شکل بھی آئندہ قائم نہیں رہے گی۔ کیونکہ اس دنیا میں وقت سب سے بڑا سچ ہے جسکی کسوٹی پر ہی ہر سچ اور جھوٹ کا فیصلہ ہوتا ہے اور وقت کی تبدیلی ہر ایک کو برباد کر دیتی ہے اور نئے وقت کے نئے تقاضے ایک حقیقت بن کر ابھر

آتے ہیں جس کو نہ ماننے والے مٹ جاتے ہیں اور تاریخ کی ردی کی ٹوکری کا کوڑا بن جاتے ہیں۔

ایک عالمی تحقیق کے مطابق آج دنیا کی چالیس فیصد سے کم آبادی مذہبی عقائد پر یقین رکھتی ہے جب کہ دنیا میں ساٹھ فیصد سے زائد لوگ کسی بھی مذہب کو نہیں مناتے یعنی دہریے ہیں جن کی تعداد میں مسلسل اضافہ ہو رہا ہے۔آج کے بڑے مذاہب میں اسلام ، عیسائیت ، یہودیت ، یزیدی یا ہندو ازم شامل ہیں یہ بھی اپنی اصل شکل کھوتے جا رہے ہیں اور موجودہ جدید حالات میں انکی ترقی اور بقا ممکن نہیں رہی جس سے مذہبی حکمرانوں میں شدت پرستی اور انتہا پسندی کے رجحان عود آئے ہیں اور یہ دنیا کو درپیش معاشی ، سماجی اور سیاسی مسائل کے ساتھ نئے تکلیف دہ اور خونی مسائل سے دو چار کر رہے ہیں۔

مقامی یا عالمی مذہبی یا غیر مذہبی لڑائیوں کے پیچھے علاقائی یا عالمی حکمران کے منڈی اور مالیات کے مفادات اور انکے تضادات کار فرما ہیں چونکہ عالمی مالیاتی نظام جو آج انسانی معاشروں کو ترقی دینے کی اہلیت کھو چکا ہے۔اب اسکی بقا صرف انسانی خون اور سماجی بربادی سے ہی ممکن ہے۔لینن لکھتا ہے کہ سرمایہ داری اپنی سماجی ترقی کی تمام صلاحیت ختم کر چکی ہے اب اس کا دوجود دنیا کو ماسوائے تباہ و بربادی کے کچھ نہیں دے سکتا اور وقت کے ساتھ ساتھ موجودہ نظام زیادہ بھیانک اور خون ریز ہوجائے گا۔اس لیے فریڈرک اینگلز نے کہا تھا کہ اب انسانیت کا مستقبل ماسوائے سوشلزم یا بربریت کے کچھ نہیں ہے۔

مذہبی عقائد پر ایمان رکھنے والے مذہب کو جذباتی اور روحانی طور پر زیادہ تسلیم کرتے ہیں جس وجہ سے مذاہب کا حقیقی تاریخی سماجی کردار مخدوش یا ختم ہو جاتا ہے اور یہ ایک شاونزم

بن جاتا ہے جو عقل پر جذبات کو فوقیت دیتا ہے۔جس سے مذاہب اور تاریخ کو سیکھنے کی صلاحیت ختم ہو جاتی ہے اور یہ ایک فتور بن کر معاشرے میں نفرت اور پسماندگی کو پھیلنے کا سبب بن جاتا ہے جو ہمیں موجودہ حالات میں ہر طرف نظر آتا ہے۔

اگر ہم سماجی سائنس کی کسوٹی پر اسلام کی تاریخی حقیقت اور حیثیت کو دیکھیں گئے اور انسانی تاریخ میں اسکے کردار کا تعین اور تجزیہ کریں گئے جس کو آج دنیا میں سب سے زیادہ ماننے والے موجود ہیں۔

سماجی حالات ہی انسانی شعور کا تعین کرتے ہیں اس لیے پسماندہ یا ترقی پذیر ممالک جس میں پاکستان بھی شامل ہے ان کی غیر مساوی سماجی ترقی میں پھلتا پھولتا معاشرتی انتشار کا زہر سوچوں اور ذہنوں کو کمزور اور متذبذب کر دیتا ہے۔جس سے ہم کسی واقعہ یا حقائق کو دیکھنے ، پرکھنے اور تجزیہ کرنے کی صلاحیت سے اکثر محروم ہو جاتے ہیں۔اسی تناظر میں اپاہج شعور جب کسی بھی مذہب کو جاننے یا تحقیق کرنے کی کوشیش کرتا ہے تو اس میں بچپن کا ٹھونسا ہوا بھاری بھرکم خوف اسے لرزہ دیتا ہے اور دوسرا مذہب سے جن افراد کے اقتصادی مفادات منسلک ہوتے ہیں وہ بھی اس مذہبی یا دوسرے الفاظ میں جہنم کے خوف سے عقل و شعور اور انسانی روح کو مسخ کر دیتے ہیں۔کافر ، واجب القتل مشرک ، مردود اور ناجانے کیسے کیسے فتووں سے جو اصل میں نفسیاتی حربے ہوتے ہیں کے استعمال سے سوچنے اور سمجھنے کی حس تک کو مٹانے کی کوشیش کی جاتی ہے۔

یہ حال اسلامی ملاوں کا ہی نہیں ہے بلکہ عیسائی ، یہودی ، ہندو سبھی مذہبی ملا وں کا ہے جو اپنے غیر منطقی حملہ وارانہ مذہبی رویے سے گفتگو کے آغاز پر ہی مذہب کو غیر حقیقی، فرسودہ

اور پسماندہ ثابت کر دیتے ہیں اور یہی رویے مذہب میں بے شمار شکوک و شبہات کو پیدا کر کے اس کی نفی کر دیتے ہیں اس سے تاریخ میں مذاہب کے ترقی پسندانہ سماجی کردار بھی روشن ہونے کی بجائے سیاہ اندھیرے میں دفن ہو جاتے ہیں جس کے ذمہ دار کوئی نہیں بلکہ یہی مذہبی ٹھیکیدار ہیں۔

تمام مذاہب کی تاریخ بھی انسانی طبقاتی جدوجہد سے کٹ کر الگ کوئی تاریخ اور جدوجہد نہیں ہے بلکہ اجتماعی انسانی تاریخ کے کل کا جزو ہیں جس میں انسانیت نے آج تک کی ترقی یافتہ تہذیب کا سفر کسی آسانی اور عیاشی سے طے نہیں کیا بلکہ اس کرہ ارض پر بسنے والے انسانوں نے آج تک کی جدید سماجی ترقی کے حصول کا سفر آج سے پہلے کے وحشت ، بربریت اور جہالت میں غرق معاشروں کے خلاف اپنی سماجی زندگی کی تبدیلی کے لیے بہت کٹھن گزار ، ٹوٹے پھوٹے اور نشیب و فراز کے راستوں کی تکلیفوں کو برداشت کر کے طے کیا ہے اور ایک فتح مند جدوجہد کو ہمشہ قائم رکھا جو آج بھی زندگی میں بہتری کے لیے جاری ہے جو کبھی ختم نہیں ہو گی۔

لیکن آج کا المیہ یہ ہے کہ موجودہ مالیاتی نظام کے زوال میں تاریخ کے تمام رد شدہ ، بنیاد پرست اور تعصب زدہ نظریات کو حکمرانوں اور انکے گماشتوں نے ابھار کر اور اس کے پراپیگنڈے سے موجودہ نظام کے تنزل کے لیے سطحی جواز تراشتے یا پیش کئے اور موجودہ نظام کو تحفظ دینے کی کوشش کئیں جو اب بھی مسلسل جاری ہیں۔یہی وجہ ہے کہ مذاہب بھی اقتدار اور عوامی استحصال کا ایک طریقہ کار اور آلہ کار ہیں اس سے الگ انکی آج کوئی الگ حثیت اور اہمیت نہیں جس وجہ سے مذاہب عالمی مالیاتی کمپنیاں یا بڑے بڑے کاروبار کی شکلیں اختیار کر چکے ہیں جو غریب عوام کے جذبات و احساسات پر کیے جاتے ہیں یا پھر

کالے دھن اور منشیات کی پیداوار پر یہ ترقی کر رہے ہیں جس طرح سال دوہزار تیرہ میں طالبان کے بنیاد پرستوں نے چار سو ڈالر پوست اور منشیات کے دھندے سے کمائی کی۔

انٹرنیٹ اور سوشل میڈیا پر بھی مذاہب کی خوب کھنچا تانی زور شور سے جاری ہے۔اس غیر سنسر شدہ سوشل میڈے نے جہاں سوچوں میں تیزی ، انفارمیشن اور نظریات کے تبادلے سے اظہار رائے اور رائے عامہ کو نئے اور وسیع مواقع فراہم کیے وہاں کم ظرف ، جاہل اور قدامت پرستوں نے اپنی رجعتی پرستی کے زریعے معیار اور ذہنوں کو پراگندہ کرنا بھی شروع کر دیا ہے۔اور انکے پاس سوشل میڈیا کا آنا بالکل ایسا ثابت ہوا جیسے بندر کے ہاتھ ماچس آگئی ہو اجو ہر وقت صرف نفرت اور تعصب کی آگ میں شعوری ترقی کو بھسم کرتے رہتے ہیں۔

اس مضمون کا بنیادی مقصد بھی عمومی طور پر بڑھتی یا کم از کم میڈیے میں مذہبی جنونیت کو حوا بنا کر ذہنوں کو تعفن زدہ کرنا اور عوام کی متحدہ تحریک کو تقسیم کرنے کی بھیانک سازش کو بے نقاب کرنا ہے تاکہ طبقاتی تحریک کو تمام تعّصبات سے بالا ناقابل مصالحت اور ناقابل تسخیر بناکر انسان کی حقیقی آزادی اور نجات کو ممکن بنایا جا سکے۔

سوشل میڈے میں مذاہب اور اسکے خلاف جو جنگ گرم ہے اس میں مذہب کے خلاف لکھنے والے تقریبا تمام افراد اپنا نام بدل کر بغیر تصویر اور جعلی آئی ڈی سے منزل عام پر متحرک ہیں جبکہ تمام مذہبی افراد اپنے اصلی ناموں اور تصویروں سے لکھتے ہیں۔اس سے یہ حقیقت آشکار ہوتی ہے کہ مذہب میں عدم برداشت جنونیت اور خونی وحشت بہت بڑھ گئی ہیں جس وجہ سے مذہب کے خلاف لکھنے والے ان مذہبی دیوانوں سے خوف زدہ ہیں جو دماغ سے سوچنے کی بجائے آئے دن انسان اور شعور کو قتل کرنے کے درپے ہوئے رہتے ہیں شاید

انہیں مرنے کی بہت جلدی لگتی ہے اور یہ جلد از جلد جنت میں جانا چاہتے ہیں لیکن مذاہب کو نامانے والوں کے نزدیک یہی دنیا جنت ہے اس لیے یہ ٹھنڈے مزاج کے مالک ہوتے ہیں یہ ہوش اور عقل سے کام لیتے ہیں وہ زندگی کو فطرت کا انمول اور خوبصورت تحفہ سمجھتے ہیں جس سے وہ لطف اندوز ہوتے ہیں اور بغیر ذہنی محرومیوں کے اسے خوب انجوائے کرنا چاہتے ہیں اور یہ ہر شخص کا بنیادی انسانی حق ہے کہ وہ اپنی ذاتی زندگی کیسے گزارتا ہے اور کیسے گزارنا چاہتا ہے۔

لیکن افسوس ناک یہ ہے کہ آج زیادہ تر وہ افراد جومذہب پر سوشل میڈیے کی لاحاصل گفتگو یا جنگ میں ملوث ہیں ایک نہ ختم ہونے والی انارکی پھیلا رہے ہیں کیونکہ یہ انتہا پسند یا پھر مفاد پرستانہ بحث و مباحثے ہیں ان دونوں کا مقصد کچھ سیکھنا یا سیکھنا نہیں ہے بلکہ اپنی افضلیت اور برتری کو ثابت کرنا ہے یا پھر اپنی مذہب یا مذہب مخالفوں سے نفرت کا شدید اظہار ہے۔یہ علمی لڑائی عمل اور عقل سے عاری ہے جس کا کوئی مقصد اور منزل نہیں بلکہ اس گفتگو کا مقصد صرف ٹائم پاس کرنا ہے جس سے انتشار اور اشتعال بڑھتا ہے اس سے شعور کی ترقی کی بجائے پستگی سامنے آتی ہے۔اس کے باوجود سوشل میڈیے پر بے شمار ترقی پسند مذہبی علمی تحقیق اور سوالات کے زریعے نہایت شاندار کام سر انجام دے رہے ہیں۔

اگر ہم تاریخی آئینے میں جھانک کر سنجیدگی سے اسلام کی تاریخ کا جائزہ لیں تو ہمیں معلوم ہو گا کہ سعودی عرب جو آج اسلام کا سب سے بڑا ٹھکیدار بنا بیٹھا ہے حقیقت میں یہ اسلام کے خلاف تھا کیونکہ یہ قبلہ قریش سے تعلق رکھتے ہیں جو ہاشم قبلے کے خلاف ہمیشہ لڑتے رہے جبکہ آنحضرت کا تعلق ہاشم قبیلے سے تھا بے شک یہ زمانہ بربریت کی خاندانی لڑائیاں ہی تھیں لیکن بہت خون ریز اور تباہ کن تھیں جس نے سماجی تاریخ کو بہت متاثر کیا۔

سماج میں کوئی واقعہ اپنی ضرورت اور ٹھوس حالات کے بغیر جنم نہیں لیتا اسی طرح اسلام نے بھی اپنے وقت کی سماجی ضرورت کے تحت جنم لیا۔ جس نے وہاں کے معاشرتی ، سیاسی اور معاشی حالات کو تبدیل کیا۔ اسلام کا آغاز نبوت کے بعد سے ہوا اور حضور کی وفات تک مکمل ہوا یعنی کل اسلام تائیس سالوں میں مکمل ہوا جو حضور کی نبوت کے بعد کی عمر تھی جس میں آپ دس سال مکہ اور تیرہ سال مدنیہ میں رہے جبکہ اسلام کی حقیقی بنیاد مدنیہ میں آنے کے بعد پڑی جب حضور نے مدنیہ میں مہاجرین اور مدنیہ کے انصار اور قریب وجوار کے قبیلوں اوس و خزاج کو متحد کرکے اس پسماندہ ترین معاشرے میں اس وقت کے مطابق ایک جدید قوم کی تشکیل کی یا بنیاد رکھی جو ایک ترقی پسند انہ قدم یا اصلاحات تھیں اور یہی حقیقی سماجی اصلاحات تھیں جس نے تمام اسلامی اصولوں کو ٹھوس سماجی جواز فراہم کیا جس سے اسلام پھیلا کیونکہ یہ عرب کے پسماندہ ترین علاقے اور حالات میں آگے کا قدم تھا جس نے زرائع پیداوار کی وسعت اور اجتماعی محنت سے قدر زائد کو جنم دیااور اقتصادی بہتری اسلام کی سیاسی فتوحات میں تبدیل ہوئیں اس کی بنیادوں میں حضرت خدیجہ کا سرمایہ بھی بہت اہمیت کا حامل تھا جس نے ابتدائی اسلام کو زندہ رکھا اور اسے روشناس کرایا اور حضور نے بے خوف نبوت کا اعلان بھی کیا۔ حضور کی وفات کے بعد اسلامی حکمرانوں نے تبلیغ ، تیغ یا جنگوں کے زریعے اس کو بڑھایا یا وسیع کیا تب کا وقت ان کے ساتھ تھا اس لیے یہ پسماندہ تہذیبوں کو فتح کرتے جا رہے تھے جن میں چند عظیم تہذیبوں بھی روندی گئی۔

جاری ہے ۔۔۔ یعنی جاری تھا

اس مضمون کے بعد مجھے بہت سے وسیع ظرف مسلمانوں کے دھمکی آمیز ای میلز اور فون آئے جس کی بنیاد پر میں نے اسلام اور عوام پر مضامین لکھنے کا یہ سلسلہ بند کر دیا اور ایک جامع کتاب لکھنے کا پکا ارادہ کرلیا ہے تا کہ نہ میری اور نہ ہی کسی اور کی اسلام کی تاریخی اہمیت اور آج کے معاشرے میں اس کا کردار کے حوالے سے کوئی تشنگی رہے اور میں تفصیل سے اس پر لکھ سکوں جو کتاب جلد مارکیت میں آرہی ہے۔

مسلمانوں کے خلاف مغرب کی اشتعال انگزیاں

ڈنمارک اور ھالینڈ کی حکومتوں کا کارٹونز اور فلم بناکر اسلام کے خلاف موجودہ اشتعا ل انگزی انکی پچھلے لمبے عرصے سے عالمی سطح پر فرقہ واریت کو جنم دے کر پھیلانے کی پالیسی کا تسلسل ہے اور ان اشتعال انگزیوں کو مغربی حکمرانوں کا حمائت کرنا افسوس ناک اور قابل مذمت ہے اور ساتھ ہی عالمی میڈیے کااس کو ہوا دینا بھی شرم ناک ہے۔یہ امریکہ کی سینٹ جیمز یونیورسٹی واشگٹن کے پروفیسر سیمول ہنگٹن کی1997 انیس سو ستانوے میں لکھے گئے مقالے تہذیبوں کے تصادم کے جعلی اور عوام دشمن نظریے کو عملی جامہ پہنانے کا عمل ہے تاکہ عالمی مالیاتی نظام کے بحران سے ابھرتے سماجی مسائل کی طرف سے عوام اور محنت کشوں کی مذاحمت کمزور کرکے طبقاتی لڑائی کو پسپا کیا جاسکے کیونکہ آج کے عالمی مسائل طبقاتی جو قطعی مذہبی نہیں ہیں جبکہ عالمی حکمرانوں کا مقصد طبقاتی مسائل کو مذہبی رنگ میں الجھا کر عوامی مذاحمت کو ناکارہ بنانا ہے تاکہ سرمایہ دارانہ نظام کی اذیتوں کو عوام بغیر مذاحمت کے خاموشی سے برداشت کرلیں۔

یہ نان ایشوز کو ایشوز بنانے کی ضروری پالیسی ہے۔دوسری طرف دنیا میں انتہا پسند ملائیت ان اشتعال انگزیوں کو اپنے حق میں جسطرح استعمال کر رہی ہے اسی سکے کا دوسرا رخ ہے اور

عالمی حکمران اس مذہبی اشتعال انگزیوں سے جو عالمی مزدور تحریک کو توڑنے کے لیے مذہبی نفرت پیدا کرنے کے جو مقاصد حاصل کرنا چاہتے ہیں ملاں اس کی تکمیل کر رہے ہیں۔ یہ مذہبی جماعتیں منافرت کو پھیلا کر انہی عالمی مغرب کے حکمرانوں کی پالیسیوں کا حصہ ہے جو وہ دنیا پر لاگو کرنا چاہتے ہیں۔ مذہب ہر شخص کا جہاں ذاتی مسئلہ ہے وہاں یہ جذباتی بھی ہے جس کا حکمرانوں اور ملاؤں کو مکمل علم اور احساس ہے اور اسی لیے یہ یورپی حکمران اور ترقی پذیر ممالک کے بنیاد پرست اپنے کاروباری مفادات کے لیے مذہب کو بھر پور استعمال کر رہے ہیں اس کے باوجود کہ یورپی قوانین اور آئین مذہب کو کسی شخص کا ذاتی معاملہ قرار دے کر اسکی آزادی کا حق دیتے ہے۔

مارکسی استاد ٹیڈ گرانٹ لکھتے ہیں کہ قانون اور آئین ، عوام اور کمزور لوگوں کے لیے مقدس شے کی حثیت رکھتا ہے جبکہ حکمرانوں اور طاقت وروں کے لیے یہ کاغذ کے چند ٹکروں سے زیادہ کچھ اہمیت اور حثیت نہیں رکھتا وہ جب چاہیں اپنے مفادات کے لیے ان مقدس قوانین کے کاغذی ٹکروں کو پھاڑ کر ردی کی ٹوکری میں پھینک دیتے ہیں۔ تمام طبقاتی تاریخ اسکو ثابت کرتی ہے۔ منافرتیں ، تعصب، نسل پرستی، قوم پرستی، مذاہب، لسانیت ، ذات پات، وغیرہ جو رجعت پسندی کی ہی مختلف شکلیں ہیں یہ جتنے بھی ماضی کے تعصب ہیں عالمی اور مقامی حکمران آج عوام کے اتحاد کی طاقت کو تباہ کرنے کے لیے بھرپور استعمال اور انکی کوشیش کر رہے ہیں اور آئندہ مزید کریں گئے۔

طبقاتی جدوجہد کے خلاف اس جنون اور وحشت کی ضرورت ماضی سے زیادہ آج اس لیے بھی زیادہ ہے کہ آج سرمایہ داری اپنے بحرانوں پر قابو پانے کے لیے ریاستی حدووقیود کو کراس کر کے گلو بائزیشن کے دور میں داخل ہورہی ہے جہاں یہ اب عالمی انسانیت کا

زبردست استحصال کرکے اپنے منافعوں یا شرح منافوں میں اضافہ کریں گئے جس کے خلاف عوامی مذاحمت کا ابھرنا لازمی امر ہے اور یہ مزدور مذاحمت اب گلوبائزیشن کی وجہ سے علاقائیت کی بجائے عالمی ہوگئی یا پھر پہلے سے بڑی اور وسیع ہوجائے گی جو بازار کے امن اور استحصال کے خلاف سر اٹھائے گئی۔اس لیے حکمران اس عوامی مذاحمت کے خلاف اپنی مالیاتی گلوبلائزیشن کے لیے سرمایہ داروں اور اجارہ داریوں کا اتحاد تو چاہتے ہیں لیکن عوام کا نہیں بلکہ وہ اسکو پہلے سے بھی زیادہ کمزور کرنے کی کوشیش کریں گئے۔حکمران عوام کو مزید تقسیم در تقسیم کرکے اپنی عالمی لوٹ مار کو یقینی بنانا چاہتے ہیں جس کے لیے اپنے اس پروجیکٹ پر عالمی سامراجیوں نے آج زیادہ فعل اور پلانگ سے کام شروع کردیا ہے تاکہ مستقبل میں انہیں اپنے استحصال میں کوئی بڑا مسئلہ در پیش نہ آئے۔

جرمنی کی کانسلر مسز انجیلا مائیکل نے ان اسلام کے خلاف کارٹونز پر پریس کانفرنس میں کہا کہ، ان کارٹون کا بنایا جانا ایک جمہوری عمل ہے اور اس کے خلاف تشدد آمیز ردعمل ایک پسماندگی جہالت غیر تہذبیت اور غیر جمہوری ہے اس نے مزید کہا کہ ان کارٹون کی وجہ سے جو ردعمل سامنے آرہا ہے وہ ہمارے لیے بہت مثبت ہے کیونکہ اس سے ہم کو معلوم ہوگیا ہے کہ ہم نے مستقبل میں کس سے تعلق رکھنا ہے اور کن سے تعلقات توڑنے ہیں اور محتاط رہنا ہے۔کیونکہ آج گلوبائزیشن کا دور ہے اور ہمیں ملکوں اور قوموں کے ردعمل کا معلوم ہونا چاہیے تاکہ گلوبزئزیشن کا عمل کامیابی سے چل سکے اوران مذہبی جنونیوں کا معلوم ہونا ہمارے لیے فائدے مندہے کیونکہ یہ وحشی جنونیت اور رجعت پرستی دنیا اور انسانوں کے لیے بہت بڑا خطرناک ہے اور اس حوالے سے کارٹون کا بنایا جانا ایک مثبت قدم ثابت ہوا ہے۔لیکن جرمنی کے تمام بائیں بازو نے کانسلر کی ان باتوں کو مسترد کیا ہے اور کہا کہ یہ

ایک نئی خانہ جنگی کو جنم دینے کی باتیں ہیں اور ہمیں فسادات کرانے کی بجائے بھائی چارے کی فضا پیدا کرنی چاہیے اور ہمیں تمام مذاہب کا احترام کرنا چاہیے اور اس کے علاوہ لوگوں کے ذاتی معاملات کو سماجی نہیں بنانا چاہیے۔

ہمیں مارکسٹوں کو آج کے تمام میڈیے اور ان کے حکمرانوں کو مکمل مسترد کر دنیا چاہیے جو اپنے سرمایہ کی مفادات کے پیش نظر دنیا کو آگ اور خون میں جھونک رہے ہیں۔ہمیں اشتعال انگزیوں کو چاہے وہ مغربی حکمرانوں کی طرف سے ہوں یا ملاوں کی طرف سے ہوں ان دونوں کو مکمل در کرنا چاہیے یہ عوام پر ظلم کرنے کے نئے پروگرام اور سکرپٹ ہیں۔

مذہب ہر شخص کا ذاتی مسئلہ ہے جس میں اسکو آزدای ہونی چاہیے اس کا مذہب اور فرقہ چاہے کوئی بھی ہو مذہب یا فرقے کو استعمال کرکے دوسروں پر ظلم وجبر کا کوئی جواز قابل قبول نہیں ہے۔مذاہب آج ایک طرف سرمایہ داروں جاگیرداروں فوجی اور عالمی حکمرانوں کے استحصال کا آلہ کار بن گئے ہیں تو دوسری طرف نکھٹو مذہبی پیشوا وں کی بغیر کام کاج کئے بڑی بڑی آمدنیوں کا ذریعے بھی ہیں۔جو پھر عوام اور عام لوگوں کا خون چوس کر وجود میں آتی ہیں یعنی دونوں کا وجوہ عوامی استحصال پر مبنی ہے۔

مذہبی جماعتوں کے بڑے بڑے اثاثے کہاں سے آئے ہیں یا تو انہوں نے اسلام کے نام پر عام لوگوں سے لوٹے ہیں یا پھر انکو حکمرانوں کی خدمت گزاری کے عوض ملے ہیں یعنی ظلم کی حمائت اور طرف داری کا انعام ہیں۔غرض صرف حکمرانوں کا ہی دین دھرم آج سرمایہ نہیں ہے بلکہ ان ملاوں کا بھی سب کچھ یہی ہے ہر مذہب اور فرقہ آج عالمی عوام کے زبردست استحصال اور ظلم کا ذریعہ بنا ہوا ہے چاہے یہ اسلام ہو یہودیات، عیسائیت، ہندو اور

بد مت وغیرہ وغیرہ اور یہ مذہبی ملاں ہی ہیں جنہوں نے عالمی دنیا میں اسلام کی ایسی شکل بنا کر پیش کی ہے کہ جس سے بقیہ مذاہب ان سے اتنے دوراور خوف زدہ ہوگئے ہیں اور ساتھ ہی بنیاد پرستوں نے اسلام کو سماجی مسئلہ بن کر اس کو رسوا کردیا ہے۔

محنت کش عوام کو آج تمام دنیا میں مذاہب کے نام پر کیئے جانے والے کھلواڑ کو اس کے حقیقی عمل میں دیکھانا چاہیے اور اس ظلم وجبر اور استحصال کی بھیانک رات کے خاتمے کے لیے عوامی اور مزور فتح کو یقینی بنانا چاہے جس میں انسان کو اس موجودہ اذیت سے ہمیشہ ہمیشہ کے لیے نجات دلانی ملے گی اور پھر جہاں مذہب بھی استحصال کا ذریعہ نہیں بن سکے گا۔

عظیم مارکسی استاد، ٹیڈ گرانٹ کی پہلی برسی

مسلسل ستر سال تک ایک انتھک سیاسی سرگرمی کی زندگی گزارنے والے مارکسی نظریہ ساز ٹیڈ گرانٹ ، پچھلے سال20 بیس جولائی کے دن وفات پا گئے تھے۔ٹیڈ کی موت بلاشبہ ایک عہد کا خاتمہ تھا، لیکن ٹیڈ کی موت اور اس عہد کے خاتمے سے اس جدوجہد کا خاتمہ نہیں ہو ا اور نہ ہو گا جو ٹیڈ گرانٹ نے نظریات کی ترویج اور ان کے دفاع کے لیے عمر بھر اختیار کئے رکھی۔مارکسی اصولوں کی زندگی بھر کی اس نگہداشت و نگہبانی کے نتیجے میں ایک ایسا بیش قیمت علمی و نظریاتی خزانہ تخلیق پایا جو ٹیڈ کی 70 ستر سال کی سیاسی محنت اور نظریاتی ریاضت کی بدولت مضامین ، تقریروں اور تحریروں کی شکل میں سامنے آیا اور ہمیں ورثے میں ملا۔ٹیڈ کا یہ کام نہ صرف مارکسزم کے دفاع کے ضمن میں ایک ان ٹوٹ دھارے کی حثیت رکھتا ہے بلکہ یہ کئی نظریاتی ،سیاسی اور تنظیمی سوالوں کا بھی احاطہ کرتا ہے جو برطانیہ سمیت دنیا بھر کی مزدور تنظیموں اور تحریکوں کی طرف سے سامنے آئے۔لیکن اس کا مطلب یہ ہرگز نہیں ہے کہ ٹیڈ کا کیا اور کہا سب ”عقل کل“ تھا۔ہر مارکسی استاد کی طرح ٹیڈ نے بھی کئی غلطیا ں کیں۔لیکن ایک تو یہ اتنی زیادہ نہیں تھیں اور پھر ٹیڈ نے ان غلطیوں سے کئی قیمتی سبق حاصل کئے۔ہمارے نکتہ نظر کے مطابق،یہ طریق کار ہوتا ہے جو کہ اہم ہے، یعنی

جدلیاتی طریق کار جو کہ ٹیڈ کی تحریروں کے رگ و پے میں سرایت کر چکا تھا۔1920 انیس سو بیس کی دہائی کے آخر میں، کمیونسٹ پارٹی سے نکالے جانے والے ایک مارکسی رالف لی کی توجہ کی بدولت ٹیڈ نے ٹراٹسکائیٹ تحریک میں شمولیت اختیار کر لی تھی۔22 بائیس سالہ رالف اور سولہ سالہ ٹیڈ دونوں نے جوہانسبرگ ،، جنوبی افریقہ،، میں محنت کر کے ایک چھوٹے سے ٹراٹسکائیٹ گروپ کی بنیاد رکھی۔یعنی اس کے ذریعے سے انہوں نے جنوبی افریقہ کے سیاہ فام محنت کشوں سے رابطے استوار کئے۔اس وقت کے حالات کی مناسبت سے ان کو کئی کامیابیاں ملیں لیکن تب حکمرانوں کی سخت گیری کے باعث ان کو نقصان بھی اٹھانا پڑا۔اس وقت ہمارے پاس ٹیڈ کی جو اولیں تحریر دستیاب اور محفوظ ہے وہ1935 انیس سو پینتیس اپریل میں لیون سیدوف کو لکھا جانے والا خط ہے جو اس وقت انٹرنیشنل کمیونسٹ لیگ کے جنرل سیکٹرٹری تھے۔ٹیڈ ان دنوں آئی ایل پی میں موجود کمیونسٹ گروپ کا ممبر تھا لیکن گروپ کی لیڈرشپ کے مفادپرستانہ رویے کی وجہ سے ٹیڈ کے اس سے اختلافات پیدا ہو چکے تھے۔اپنے مذکورہ خط کے ذریعے ٹیڈ اور دیگر کامریڈ زنے لیون سیدوف کو حالات و واقعات سے آگاہ کرنے کی کوشش کی تھی اور یہ کہ لیبر لیگ آف یوتھ میں مارکسزم کے امکانات بارے بھی اپنی رائے بیان کی تھی۔چند ہی مہینوں کے بعد خود ٹراٹسکی بھی انہی نتائج پر پہنچااور اس نے لیبر پارٹی کے ضمن میں نئے تعلق کے بارے لکھا ”برطانوی سیکشن ، اپنے کیڈرز کی ابتدائی ریکروٹمنٹ لیبر لیگ آف یوتھ کے 30000 تیس ہزار نوجوان ارکان میں سے کرے گا۔۔

مرکزی نظریہ ساز

دوسری عالمی جنگ کے بعد سے ٹیڈ گرانٹ عالمی ٹراٹسکائیٹ تحریک کا مرکزی نظریہ ساز بن گیا اوراس نے مشرقی یورپ اور چین میں سٹالنزم کے کردار اور اس کے ارتقاپر انتہائی اہم

مواد تحریر کیا۔اس نے ٹراٹسکی ازم کے حقیقی طریقو ں اور روایات کا نہ صرف تحفظ کیا بلکہ ان کو جنگ کے بعد سامنے آنے والی نئی صورتحال پر منطبق بھی کیا۔نتیجہ یہ ہوا کہ اس نظریاتی مواد نے برطانیہ میں تحریک کو نئی جہتیں اور سمتیں مہیا کر دیں۔یہ ایک ایسا ہدف تھا جسے ٹراٹسکی کی وفات کے بعد انٹرنیشنل کی قیادت پورا کرنے سے قاصر تھی۔ٹیڈ نے جنگ کے بعد کے ابھار کی وضاحت کی۔ساتھ ہی اس نے ورکنگ کلاس کے ارتقائی عمل کے دوران عوامی تنظیمو ں کی اہمیت پر زوردیا۔یہ نظریاتی مواد بعد میں ملیٹنٹ رجحان کی تعمیر و تشکیل کے ضمن میں بنیاد ثابت ہوا۔جو برطانوی تاریخ کی سب سے کامیاب ٹراٹسکائیٹ تحریک تھی۔ٹیڈ گرانٹ اور خودہمارے لئے نظریہ کبھی بھی ثانوی چیز نہیں رہا۔بلکہ اس کی ہمیشہ مرکزی اور بنیادی اہمیت رہی ہے جس نے نسلوں پر محیط عمومی تاریخی تجربات کے ارتکاز کو مرتب اور متشکل کئے رکھا ہے۔ نظریہ تاریخی تجربات سے اخذ کردہ وہ جوہر ہے جو ہمیں طبقاتی جدوجہد کے اتار چڑھاو سے آگہی فراہم کرتا ہے۔آج کے تیز ترین اور اچانک تبدیلیو ں کے دور میں ٹیڈ کی مارکسی نظریے کو ترقی دینے کی صلاحیت بلاشبہ ایک انتہائی قابل قدر اثاثہ ہے۔ٹیڈ کا یہ اثاثہ نہ صرف محفوظ ہے بلکہ اسے نئی نسلوں تک پہنچایا جانا ضروری ہے۔

اگرچہ ٹیڈ کی بیشتر تحریریں چھپ چکی ہیں لیکن ابھی بھی اس کا بہت سا مواد ایسا ہے جو شائع نہیں ہوا یا جسے ازسرنو شائع کیا جانا ضروری ہے۔میلیٹنٹ سے افسرشاہانہ انداز سے نکالے جانے کے 30 تیں سال بعد1989 انیس سوانانویں میں اس کی تحریروں کا منتخب مواد "ان ٹوٹ دھارا کے نام سے شائع کیا گیا تھا۔لیکن کئی سالوں سے یہ کتاب بھی اب دستیاب نہیں ہے۔ٹیڈ ایک سچا اور حقیقی مارکسی نظریہ ساز ہے جس نے دوسری عالمی جنگ کے بعد ٹراٹسکی کے نظریات اور کام کو نہ صرف ترقی دی بلکہ ان میں گرانقدر اضافہ بھی کیاہے۔ٹیڈ کے نام

پر بنائی جانے والی ویب سائیٹ پر ہم نے اگرچہ ٹیڈ کے دوسری عالمی جنگ کے دوران لکھے جانے والے بہت سے قیمتی اور گرانقدر ڈاکومنٹس اور دیگر مواد،شائع کر دیے ہیں۔

اکتوبر انقلاب۔جب عوام نے تقدیر اپنے ہاتھ میں لی

نومبر دنیا کے پہلے مزدور انقلاب کی سالگرہ کا مہینہ ہے جب عوام نے وقت اور تاریخ کا دھارہ موڑ کر اپنی طاقت کالوہا پوری دنیا کو منوایا تھا۔اس وجہ سے اس دن پر عالمی مزدور جشن مانتے ہیں جبکہ عالمی حکمران ماتم کرتے ہیں۔7 سات نومبر کو تمام دنیا کی طرح پاکستان میں بھی بائیاں بازو پاکستان کے چھوٹے بڑے شہروں میں یوم بالشویک ازم بڑے شاندار طریقہ سے مناتے ہیں۔

دیواربرلن کے گرنے کے بعد مالیاتی سرمایہ کے تمام ناخداوں نے دنیا کو یہ پیغام بڑے غرور اور تکبر سے دیا کے آج سوشلزم ختم ہو گیا۔امریکہ نے اسکوانسانی تاریخ کے خاتمے کا نام دیا اور سرمایہ داری کو ایک ابدی نظام کے طور پر تسلیم کرنے کا اعلان کر دیا تھا۔لیکن دیوار برلن کے گرنے کے جشن کے ابھی10 دس سال بھی مکمل نہ ہوے تھے اور امریکہ میں صدر بش اور ریپبلیکن (سخت گیر سرمایہ داروں کی پارٹی)کی موجودگی میں ہی امریکہ کی کنپٹی پر لاطینی امریکہ میں انقلاب کی سرکشیاں ہونے لگیں۔جس کا آغاز وینوزویلا سے ہوا جو بولیویہ ، مکسیکو ، چلی ، ایکواڈوراور پورے لاطینی امریکہ تک پھیل چکا ہے۔اور انہی تحریکوں کا اثر ہے کہ امریکہ کے اندر ریپبلیکن کا تختہ دھڑام ہو گیا ہے۔انہیں سرخ ہواوں کی وجہ سے امریکہ

میں بھی عوامی تحریکوں نے سر اٹھا لیا ہے جو ابھی عراق کی جنگ اور دوسری جنگی پالیسیوں کے خلاف اور غیر ملکیوں کے خلاف قوانین اور دوسری سیاسی اور سماجی اصطلاحات کے خلاف متحرک ہیں جو مستقبل میں انقلابی تحریکوں کا پیش خیمہ بنے گئیں۔

ہم اکثر تمام میڈیے پر سوشلزم، کیمونزم اور انکے پیروں کاروں کے خلاف سخت گیر پراپیگنڈہ سنتے ہیں کہ یہ ناکام ہو چکا ہے۔یہ کفر ازم ہے۔یہ ایک خیالی سوچ ہے وغیرہ وغیرہ۔اور وہ افراد اس پر یقیں بھی کر لیتے ہیں جن کا علم زیادہ اور وسیع نہیں ہوتا یا پھر انکو مارکسزم اور روس کے انقلاب اور اسکی زوال پذیزی پر مواد میسر نہیں ہوتا۔جس سے وہ حکمرانوں کی ہی زبان بولتے ہیں۔

آج کا تمام میڈیا خود سرمایہ داروں کا یا ان کے ایجنٹوں کا ہے اور یہ کبھی بھی نہیں چاہیں گئے کے ان کے خلاف کوئی بھی سچ یا حقائق منظرے عام پر آے۔جس سے انکے جھوٹ، فریب اور استحصال کا پردہ چاک ہو۔اور عوام ان سے نفرت کرنے لگیں اور انکے ظلم کے خلاف اور اپنے حقوق کے لیے اٹھ کھڑے ہوں۔جس سے انکی ظلم پر قائم حکمرانی کو چیلنج ہو جائے۔اس لیے وہ عوام کی ہر جدوجھد، آواز اور آزادی کو بھرپور دباتے ہیں۔سوشلزم عالمی محنت کشوں اور عوام کا اپنے حقوق اور آزادی کا نظریہ ہے۔1917 انیس سو سترہ کا روسی انقلاب اس کا عملی اظہار تھا۔جو جوزف سٹالن کی سوشلسٹ نظریہ سے غداری اور جرائم کی بالی چڑھ گیا۔اور عالمی سامراج کو موقعہ مل گیا کہ وہ سوشلزم کے خلاف زہریلا اور جھوٹا پراپیگنڈہ کر سکیں۔لیکن عوام اور محنت کشوں کو خود سچ اور حقائق تلاش کرنے ہیں۔

پرانے کیلنڈر کے مطابق اکتوبر اور نئے کے حوالے سے سات نومبر روسی انقلاب کا دن ہے۔

اس دن انسانی تاریخ میں پہلی دفعہ محنت کش طبقے نے اپنی آزادی کی خواہش کو مارکسزم کی سائنسی بنیادوں پر استوار کیا۔شوشلزم کو عمل میں ڈھالنے کا نام بالشویک ازم ہے۔اور انسانی مانگ کے خاتمے کا نام کیمونزم یا مارکسزم ہے۔

آج تک کی تمام ترقی جہاں محنت کشوں کی مرہون منت ہے وہاں یہ آج تک کے انسانوں کی زندگیوں کی ضمانت بھی رہی ہے۔یہ انسانی ترقی کسی ایک مسلسل،متوازن اور غیر تغیر پذیز عمل نہیں بلکہ اس کے الٹ ایک جدلیاتی عمل ہے۔جس کی ترقی کبھی تیز،ست اور اتار چڑھاو سے جاری رہی ہے۔اور انقلابات نے انسانی معاشروں کو انتہائی مجزاتی ترقیاں بخشیں۔ ہمشہ جب بھی معاشرتی ارتقا ٹھہراوکا شکار ہوا تو عوامی بغاوتیں ابھریں۔اور انقلابات آئے۔ روم میں غلاموں کی بغاوتیں،عہد وسطی میں کیمونسٹوں کی سرکشیاں1971 انیس سو اکہتر میں پیرس کیمون اور 1905انیس سو پانچ میں روس کا انقلاب۔اسی طرح غلاموں کے بعد جاگیردارانہ نظام پھر سرمایہ دارانہ نظام اور پھر عالمی مالیاتی نظام جو ایک کے بعد ایک آتے چلے گئے جس کے بعد دنیا میں شوشلسٹ تحریکیں ابھریں۔اور1917 انیس سو سترہ میں روس کے کیمونسٹ جو بالشویک کہلاتے تھے لینن اور ٹراٹسکی کی قیادت میں شوشلسٹ انقلاب کی فتح سے ہم کنار ہوے۔

اس انقلاب نے دنیا میں اس چیز کو ثابت کر دیا کے مارکسزم ایک یوٹوپیائی(خیالی) نظریہ نہیں بلکہ ایک عملی اور انسانی ترقی کے لیے آج ناگزیذ ضرورت ہے۔اسی انقلاب نے روس جیسے ترقی پذیز اور پسماندہ ملک کو جس کے صنعتی مزدور صرف پانچ فیصد سے بھی کم تھے چند سالوں میں دنیا کی دوسری بڑی سپر پاور بنا دیا۔سرمایہ داری، جاگیر داری اور منڈی کی معیشت کے خاتمے جو سرمایے کے حصول اور شرح منافع میں اضافے کی بجاے منصوبہ بندی کی

معیشت جو انسانی ضرویات کی باز یابی کے لیے ہوتی ہے نے روس کو خلائی نظام اور دوسرے کئی شعبوں میں دنیا میں اول حثیت دلائی۔کم سے کم وقت میں یہ بلند ترین ترقی آج تک کی تمام انسانی تاریخ میں پہلی بار ممکن ہو ئی اور اس سے پہلے اتنی شاندار ترقی کبھی کس نظام حکومت میں نہیں ہوئی تھی اور نہ ہی انسانی تاریخ میں کبھی دیکھی گئی تھی۔

انیس سو نوے تک یو ایس ایس آر اسٹیل، مشین، ٹریکٹرز۔ٹرکوں۔سیمنٹ، کوئلہ، گیس، تیل ، ریلوے، انڈر گرونڈ ٹرین(میترو) سمت 30 تیس اہم شعبوں اور بنیادی صنعتوں میں دنیا کی سب سے زیادہ پیداوار کرتا تھا۔دوسری عالمی جنگ کے بعد 25پچیس سالوں بعد مغربی ممالک کی نسبت روس نے1975 انیس سو پچھتر تک دو گناہ ترقی کی۔فی کس آمدن میں ایک160 سو ساٹھ فیصد کا اضافہ ہوا۔سماجی خرچ کی مد میں400 چار سو فیصد کا اضافہ ہوا۔ 5600000پانچ کرڑوڑ ساٹھ لاکھ فلیٹ تعمیر ہوے۔بنیادی اور ثانوی تعلیم تمام آبادی کے لیے لازمی اور مفت تھی۔شرح خواندگی ننانوے فیصد تھی۔دنیا میں سب سے زیادہ
ڈاکٹر،انجنیرز،سائنس دان،اور ماہرین روس کے پاس تھے۔روس ہی کو دنیا میں سب سے پہلے چاند پر جانے کا اعزاز حاصل ہے۔اور اس نے خلائی تیکنیک میں امریکہ کو بہت پیچھے چھوڑ دیا تھا۔چند سالوں میں ترقی کی شرح28 اٹھایس فیصد سے30 تیس فیصد تھی۔جو آج تک کوئی سرمایہ دار ملک کرنے سے قاصر ہے۔بے روز گاری یہاں ایک جرم تھا۔روسی مزدوروں کا اپنی ضروریات زندگی پر خرچ کے بعد بھی تنخواہ کا50 پچاس فیصد بچ جاتا تھا۔تمام انسانوں کی بنیادی ضروریات کی فراہمی ریاست کی اول ذمہ داری تھی۔

روس کو ترقی کی اس عظیم سطح پر لے کے جانے کا عمل صرف انقلاب ہی کر سکتا تھا۔اس کے باوجود کے پہلی عالمی جنگ نے روس کو تباہ برباد کر دیا تھا،اور انقلاب کے خوف سے 21

اکیس سامراجی ممالک نے فوجی جارحیت سے رہتی سہتی کسر بھی پوری کر دی اور روس کو کسی بھیانک کھنڈر میں تبدیل کر دیا۔اور پھر بالشویک انقلاب نے اس کھنڈر کو عالمی طاقت بنانے کا مجزہ کر دیکھایا جو آج تک کی انسانی تاریخ میں کبھی نہ ہوا تھا۔تقریبا 350000ساڑھے تین لاکھ کی بد حال فوج کو انقلابی عمل کے ذریعے صرف18 اٹھارہ ماہ کے قلیل عرصے میں دفاع اور جنگ کے وزیر ٹراٹسکی نے تیس لاکھ کی مضبوط عوامی فوج میں تبدیل کر کے سامراجی یلغار کو شکست فاش دی۔اس جنگ میں امریکہ، برطانیہ ، فرانس کے مزدوروں نے روس کے حق میں ہڑتالیں کر دیں۔اور اپنی ہی فوج کی سپلائی بند کر دی۔بہت سے فوجیوں نے جنگ کرنے سے انکار کر دیا، اور بہت سارے فوجی جنگ چھوڑ کر واپس چلے گئے۔جوالائی 1918انیس سو اٹھارہ میں لینن نے امریکی مزدوروں کو خط لکھا، ہم کو آزاد کراوں ،ہم نے اپنا سب کچھ اس انقلاب پر لگا دیاہے یہ کوئی مہم جوئی نہیں ہے بلکہ وقت اور عوام کی ضرورت تھی۔

اس کے بعد جرمنی، فرانس، اٹلی، ہنگری، اور برطانیہ میں انقلاب پھوٹ پڑے لیکں اپنی منزل سے ہم کنار نہ ہونے کی وجہ سے روسی انقلاب تنہا رہ گیا۔جرمنی میں نومبر 1918 انیس سو اٹھارہ، جنوری1919 انیس سو انیس، مارچ1921 انیس سو اکیس، اور اکتوبر 1923انیس سو تیس میں انقلابات تھے۔

تیسری انٹرنیشنل کے مرکزی مجلبیس عاملہ میں لینن نے کہا تھا، جرمنی کا دل برلن ہے، اور جرمنی یورپ کا دل ہے۔اور جرمن انقلاب کے لیے اگر ہمیں روس کا انقلاب قربان بھی کرنا پڑا تو ہم کر دیں گیں۔اس لیے کہ لینن ایک عالمی انقلاب کا حامی تھا اور ہر سائنس کی طرح مارکسزم بھی عالمی ہے۔انقلاب کے بعد اس نے کہا تھا کے، آج ہم نے عالمی سرمایہ

دارانہ غلامی کی زنجیر کو اس کے کمزور ترین حصے سے توڑ دیا یعنی اس نے عالمی مزدور انقلاب کو کبھی بھی نظر انداز نہیں کیا۔لینن نے انقلاب کی مضبوطی اور فروغ کے لیے چار اصول بنائے تھے۔

پہلا ، ہر ریاستی اہلکار پنچائتوں سے منتخب ہو گا اور ان کو ہی جواب دہ ہو گا۔

دوسرا ہر حکومتی اہلکار اپنی مدت پوری ہونے پر تبدیل ہو گا اور یہ اہلکار پنچائت میں اپنی حمائت کھونے سے یہ پہلے بھی تبدیل ہو سکتا ہے۔

تیسرا ہر سرکاری اہلکار کی تنخواہ ایک عام ہنر مند مزدور سے زیادہ نہ ہو گی۔

چوتھا کوئی الگ ریاستی فوج نہ ہوگی بلکہ تمام عوام مسلح ہونگے۔

یہ بالشویک انقلاب چھ سال اپنی کلاسیک شکل میں موجود رہا۔اس انقلاب کی کمزوری میں عالمی انقلاب کے نہ آنے سے تنہا رہ جانا۔جنگی حملوں سے دفاع میں بہت سے کیڈروں کی موت کی وجہ سے بہت سے مفاد پرست پارٹی میں چور دروازوں سے شامل ہونے لگے۔جنگی تباہی سے معیشت برباد ہو گی۔اور ملک قحط کا شکار ہو گیا۔اس مانگ اور قلت نے ریاستی عناصر کو مضبوط کیا جو افسر شاہی کا جواز بنی ان بدتر حالات نے جہاں بیوروکریٹک ڈھانچے کو ٹھوس سماجی بنیادیں مہیا کیئں وہاں سٹالین نے اس کو شعوری شکل دی۔

اینگلز لکھتا ہے۔کسی بھی معاشرے میں جہاں فن سائنس اور حکومت ایک اقلیت کی ملکیت میں ہوں وہ اقلیت انکو اپنے مفادات کے حصول کے لیے غلط استعمال کرتی ہے۔اور پوزیشن میں بددیانتی کرئے گی۔اور ایسا ہی ہوا۔1930 انیس سو تیس کے بعد سٹالنیسٹ افسر شاہی

نے مارکسزم سے انحراف کرتے ہوے تمام لینن کے اصولوں کو ختم کر دیا اور اپنی افسر شاہی کو مضبوط کیا۔اس نے قومی شوشلزم کا تعصاب پسند اور غیر سائنسی غدارانہ نظریہ پیش کیا۔ نظریہ مسلسل انقلاب کی جگہ قومی جمہوری انقلاب کا فرسودہ نظریہ پیش کیا گیا۔تیسری انٹرنیشنل کا سامراجی ممالک سے مصالحت کر کے خاتمہ کر دیا گیا۔1928 انیس سو اٹھاتیس تک انقلابی سنٹرل کمیٹی کے 24چوبیس میں سے 23 تائیس ارکان کو قتل کروا دیا۔اس سے نہ صرف انقلاب پذیری کا عمل شروع ہو کر گہرا ہوا بلکہ عالمی انقلابات کے راستے بھی بند ہو گئے۔اور جو دنیا میں جو چند انقلابات آئے بھی ان کوسٹالنزم کی وجہ سے سخت نقصان ہوا جن میں چین ،کیوبا ، ویتنام ،کمبوڈیالاوس، موزبیق، انگولا۔اور دوسرے ممالک تھے جہاں ریاستی بغاوتیں اور گوریلاجنگوں کے زریعے انقلاب لائے گئے جس میں محنت کش عوام کی شمولیت اور شرکت نہایت کم اور غیر موثر تھی جس وجہ سے یہاں سٹالنسٹ یا اس جیسی افسر شاہانہ حکومتیں نمودار ہوئیں جو زیادہ پائیدار اور مستحکم نہیں تھیں جس کی وجہ یہاں ترقی میں زیادہ یا مطلوبہ اضافہ نہیں ہو سکا۔

سٹالن نے سامراجیوں سے بقائے باہمی کے جعلی نظریے کے تحت مفاہمت کر لی تھی۔سٹالنزم کا نظریہ ناقص، غیر سائنسی اور غیر مارکسی نظریہ تھا جس کو وقت اور تاریخ نے غلط ثابت کرکے تاریخ کی ردی کی ٹوکری میں پھنک دیا جبکہ 70ستر سال تک جو یہ نظریہ قائم رہا اس کی وجہ بالشویک انقلاب تھا اور اس کی معاشی حاصلات اور ثمرات تھیں جس نے سٹالنزم کے جرائم کو چھپائے رکھا۔وگرنہ یہ اپنے آغاز ہی سے ایک مسترد سوچ تھی جس نے ایک عظیم انقلاب کو شکست سے دو چار کر دیا۔۔

کیا ہم ملک اور اسلام دشمن ہیں ؟

پچھلے دنوں سے چند شر پسندوں نام نہاد صحافیوں نے فرانکفرٹ میں پریس کلب کو انجمن تاجران بنا ڈالا ہے انہوں نے ہمارے خلاف اسلام دشمن ، ملک دشمن ہونے کا پراپیگنڈہ شروع کر رکھا ہے۔جس کو یہ لندن اور لوکل اخبارات کی زینت بھی بنا رہے ہیں جو جرمنی اور یورپ میں ہمارے بڑھتے ترقی پسند نظریات کی طاقت کی علامت ہے جو ر جعت پسندوں اور جعلی صحافیوں کی کمزوری اور شکست کا ثبوت ہے۔

ویسے تو ہمیں ان افراد کو جواب دینے کی کوئی خاص ضرورت نہیں ہے اس لیے کہ یہ چند افراد فرینکفرٹ یا جرمنی میں ماسوائے سرکاری حلقوں کے کہیں اور معروف خاص نہیں ہیں اور انکی تمام جدوجہد بھی سرکاری اداروں کی چمچہ گیری اور ان کے ساتھ کوٹ ، پنٹ اورٹائی کے ساتھ تصویریں اتار کر پریس میں چھپوانے کا جنون کمال ہے جو اسطرح اپنی علمی اور عملی احساس کمتری اورجہالت کی تسکین کرتے ہیں۔لیکن میں اس کا جواب اس لیے دے رہا ہوں یا دینا چاہتا ہوں ، تاکہ اس موقع سے بھرپور فائدہ اٹھا کر اپنے مضبوط نقطہ نظر اور عوامی نظرایات کو مزید واضح کیا جائے۔اور خاص طور پر ملک اور مذہب کے حوالے سے کہ ہم مارکسٹوں کیا سوچ رکھتے ہیں یہ لکھا جائے۔

جناب والا۔ جس طرح آپ نے چیزوں کو بنیاد پرستانہ اور رجعتی انداز میں پیش کیا چیزیں ایسی قطعی نہیں ہیں نہ ہوا کرتی ہیں۔ آپ نے جو بیان کیا اور جس طرح بیان کیا وہ نہایت تعصب پسندانہ ہی نہیں بلکہ غیر حقیقی بھی تھا جس سے عام عوام شاید کچھ سیکھنے اور سماجی ترقی میں ہاتھ بٹانے کی بجائے اس سے سماجی تخریب کا ری کا اندیشہ زیادہ ہے۔ جو کسی بھی صحافی اور دانش مندی کے دعویدار کو زیب نہیں دیتا۔

جنہوں نے ہمیں ملک اور مذہب دشمن قرار دیا انہوں نے شاید ملکوں ، مذہبوں اور انسانوں کی تاریخ نہیں پڑھی کیونکہ انسانی تاریخ ان ملکوں ، مذہبوں ، نسلوں ، قوموں ، زبانوں سے بہت پرانی اور اعلی ہے۔ جب یہ سب نہیں تھے۔ انسان تب بھی تھا اور انسان نے ہی ان سب کو اپنی بھلائی اور بہتری کے لیے اسے وجود بخشا اور استعمال کرکے سماجی ترقی حاصل کی ۔ کیونکہ ان تمام چیزوں کا تعلق انسانی زندگی سے ہے موت سے نہیں ہے۔ اگر انسان ہو گا تو تبھی ملک بھی ہو گا اور مذاہب ، قوموں ، نسلیں ، زبانیں بھی ہوں گئیں۔ انسان کے بغیر ان تمام چیزوں کا وجود ممکن نہیں۔ ان سب کا وجود اتنا پرانا نہیں ہے جتنا انسان کا ہے۔ یہ تمام چیزیں انسان کی پیدائش کے بعد آئیں۔ اس لیے میرے نزدیک مقدم انسان ہے۔ میں تو تاریخ اور فلسفے کا ایک طالب علم ہوں لیکن آپ تو اس کے استاد ہوں گئے جو اتنے بلند دعوے سے ہم پر الزمات لگادیئے۔ آپ کو تو سب معلوم ہی ہو گا۔ یہ تمام عناصر انسانی تاریخ کے ارتقا میں ہمیشہ تغیر کا شکار رہے اور رہیں گئے اور یہ کبھی مستقل اور ٹھوس نہیں رہے ہیں اور نہ ہی آئندہ رہیں گئے۔ ان میں اتار چڑھاو ، ٹوٹ پھوٹ ، تعمیر و تخریب ، پیدائش اور موت کا عمل مسلسل جاری ہے۔ اس سے کوئی تھوڑا سا پڑھا لکھا بھی اختلاف نہیں کرئے گا ماسوائے ملا کے وہ دینی درسگاہوں میں ہو یا صحافت میں۔

کیا کبھی کسی نے صحراوں ، پہاڑوں ، دریاوں ، سبزاروں اور آبشاروں کو ملک ،مذہب یا کچھ اور کہا ہے میرے خیال میں نہیں کیونکہ انسان کی پیدائش کے بعد ہی ان سب کو اپنے نام تک مل پائے یعنی انسان کاوجود ہی ان سب کی پہچان بنا اور ہے۔یہاں تک کہ خدا کی پہچان بھی انسان سے ہی ہوئی۔ملکوں یا قومی ریاستوں کی تاریخ تو ویسے بھی اتنی پرانی نہیں ہے اور نہ ہی اتنی مقدس ہے جتنی آپ نے بنا ڈالی۔ہم کسی اور ملک کے بارے میں بات نہیں کرتے بلکہ اپنے ہی ملک کو لے لیتے ہیں۔پاکستان کو بنے ابھی کچھ زیادہ دیر نہیں ہوئی۔کیونکہ تاریخ کے پروفیسر اس چیز کو مانے گئے کہ 64 چونسٹھ سال کسی ملک اور قوم کے لیے کوئی زیادہ عرصہ نہیں ہوتا اور پھر ان چونسٹھ سالوں میں اس ملک کا ایک حصہ بھی ٹوٹ کر الگ ہو چکا ہے۔مشرقی پاکستان جو اب بنگلہ دیش ہے۔جس سے ہماری جغرافیائی شکل تبدیل ہوگئی۔ اگر میں غلط نہیں ہوں تو آج جو پاکستان ہے وہ انیس سو اکہتر کے بعد والا ہے کیونکہ پہلے والی جغرافیا شکل اب نہیں ہے اس لیے میرے خیال میں ہمارے پاکستان کو اصل میں اکتالیس سال ہوئے ہیں چونسٹھ سال نہیں کیونکہ آپ کے ہی مطابق آپ کسی بھی ملک کی تعریف اس کی مقدس سرحدی لائینوں کے حوالے سے ہی کرتے ہیں انسانی اور عوامی حوالے سے نہیں۔اس لیے پاکستان کا بے دریغ انسانی جانوں اور سرمایے سے دفاع بھی کیا جاتا ہے اور بے جان ملک کو زندہ عوام پر ترجیح دی جاتی ہے اسی لیے تو آپ کہتے ہیں کھاس کھائیں گئے بم بنائے گئے آپ کا اصل مطلب بھی یہی ہے کہ عوام کو کھاس کھلائیں اور خود عیاشی کریں (جبکہ کوئی ملک اور قوم صرف کسی زمینی ٹکڑے پر لائین لگانے سے اور اس کے وحشیانہ دفاع سے نہیں بنتے بلکہ خوشحال عوام اور جدید سماجی ڈھانچے سے بنتے ہیں یہ ایک الگ بحث ہے جس کی اس مضمون میں گنجائش نہیں)۔یہ میری ذاتی رائے ہے جس میں میں

غلط بھی ہو سکتا ہوں کیونکہ میں نہ تو کوئی اتھارٹی ہوں اور نہ ہی کوئی پروفیسر اور نہ ہی آپ کی طرح کوئی عظیم دانشوار ہوں۔لیکن میں جمہوری حوالے سے اپنی رائے کے اظہار کا حق رکھتا ہوں اگر وہ حق آپ مجھے دیتے ہیں۔

آپ جس پاکستان کا دشمن ہمیں کہتے ہیں کبھی اس کی حالت زار پر سنجیدگی سے غور بھی کیا۔ کہ وہاں عوام کا کیا حال اور کیا چال ہو چکی ہے۔کس معاشی ، سیاسی اور سماجی اذیت میں تڑپ رہی ہے۔یا آپ صرف تقرریں ہی کرتے ہیں۔آپ سوٹ پہن کر اور ٹائی لگا کر یورپ کے ریسٹورنٹ کے آرام دہ ماحول میں پاکستان پر خوبصورت پر وقار تقاریر کرکے اور دوسروں پر الزمات لگا کر پاکستان کی اصل کرب ناک عوامی صورتحال کو نہیں بدل سکتے۔آپ ہی کے میڈیا کے مطابق آج صوبہ بلوچستان جو پاکستان کا سب سے بڑا صوبہ ہے اور پاکستان کا چھالیس فیصد ہے کے درالحکومت کوئٹہ کے صرف دس کلو میٹر کے اندر ہی پاکستان کا جھنڈا لہرایا جاتا ہے اور قومی ترانہ پڑھا جاتا ہے بقیہ تمام بلوچستان میں بلوچوں کے اپنے پرچم اور ترانے ہیں جو وہ لہراتے ہیں اور گاتے ہیں۔آپ اس پاکستان کی بات کر رہے ہیں۔

تین ہفتے قبل میں نے ایک بلوچی نوجوان کو جو بلوچ تنظیم بی ایس او ،، بلوچ سٹوڈنیس فیڈریشن ،، کا رہنما بھی ہے۔میں نے اس کو فیس بک پر دوستی کی دعوت بھجی اور اس نے جو آگے سے مجھے جواب دیا وہ شاید آپ سن نہ پائیں کیونکہ آپ بڑے محب وطن ہیں۔اس نوجوان کے الفاظ میں جوں کے توں لکھ رہا ہوں ،، تم حرامی پنجابی اور پاکی(شراپ کے پیگ کو بد تمیزی سے پاکی کہتے ہیں اور کسی پاکستانی کو ذلیل کرنے کے لیے اسے پیگ سے تشبیہ دی جاتی ہے۔برطانیہ کے پاکستانی اس لفظ سے خوب آشنا ہیں)ہم سے کیا چاہتے ہو۔تم کو معلوم ہے کہ ہم تم سے آزادی کی مسلح جنگ لڑ رہے ہیں۔تم ہمارے معاشی اور سماجی خون ریز

مسائل کے ذمہ دار ہو تم قاتل ہو تم ڈاکو ہو تم نے ہمیں برباد کر دیا ہے آئندہ کبھی ایسی جرات نہیں کرنا ہماری تم سے صرف دشمنی ہے اور دوستی کبھی نہیں ہو سکتی۔یہ تمام عبارت آج بھی میرے پاس محفوظ ہے اگر آپ کہیں تو میں اپنی فیس بک پر اسے اوپن کر دیتا ہوں،، کیا آپ اس پاکستان کی بات کرتے ہیں،،۔

اس نوجوان کو میں نے آپ کی طرح پاکستان اور اسلام دشمن قطعی نہیں کہا بلکہ اپنا ساتھی اور دوست کہا میں نے اس سے نفرت نہیں کی بلکہ محبت کی۔میں نے اسے دوتکارہ نہیں بلکہ گلے لگایا اور کہا کہ جس نظام اور حکمرانوں نے تم کو برباد کیا ہے انہوں نے ہی ہمیں بھی ذلت اور رسوائی کی موت پر مجبور کر دیا ہے اور آج پنجاب کی آدھی سے زائد آبادی بھوک ، ننگ ، افلاس ، بجلی، پانی، گیس کی لوڈ شیڈنگ اور بے روزگاری سے ٹرپ رہی ہے جیسے آپ علاقائی سماجی مسائل سے تڑپ رہے ہو۔ہمارے تمھارے مسائل ایک ہیں ہماری جنگ ایک ہے سرمایہ داری ، جاگیر داری اور سرداری نظام کے خلاف تم ہمارے دشمن کبھی ہو ہی نہیں ہوسکتے بلکہ تم ہی تو ہمارے اصل اور حقیقی ساتھی ہو طبقاتی ساتھی اگر ہم مل جائیں تو اپنے دشمنوں کے خلاف مضبوط طاقت بن سکتے ہیں انہیں شکست دے سکتے ہیں اپنے طبقاتی دشمنوں کے خلاف ہمارا اتحاد ہی فتح کی واحد ضمانت ہے اور ہمارے اندار ٹوٹ ہی ہمارے دشمنوں کی جیت۔اب فیصلہ تمھارے ہاتھ ہے۔۔۔۔

اس کے ساتھ میں نے چنگاری ڈاٹ کام کے چند آرٹیکل جو بلوچستان پر تھے اس کو میل کیے ۔آج صرف یہ نوجوان ہی نہیں بلکہ بہت سارے بلوچی آج میری فیکس بک پر میرے ساتھی ہیں۔اور اب ہم مل کر ظلم و جبر اور استحصال کے خلاف جدوجہد کر رہے ہیں۔اب وہ مجھے پنجابی اور پاکی نہیں بلکہ کامریڈ کہتا ہے۔اور آپ نے اور آپ کے محب الوطن اور محب

اسلام ساتھیوں نے مجھے اپنی فیس بک سے ہی نکل دیا ہے۔ بہت اچھا کیا اس کے لیے بہت شکریہ۔

آپ نے تو شاید جمال الدین کی ایک کتاب اور انٹرویو کو دیکھ کے انکو ملک دشمن کہا ہو لیکن آپ نے شاید بلوچستان اور سندھ میں ہر ماہ شائع ہونے والے بے شمار رسائل اور میگزین نہیں پڑھے۔

اگر پڑھنے کی خواہش ہو تو میری فیس بک پر ایک نظر ڈالیں۔ آپ جن کو محب وطن اور مسلمان کہتے ہیں ان حکمرانوں اور مذہبی درندے کے مظالم دیکھیں اور پڑھیں کہ کس طرح یہ بے گناہ اور معصوم عوام کو خونی غسل دے رہے ہیں۔ آپ کو پورے بلوچستان، سندھ اور خیبر پختون خواہ کے عوام پاکستان کے دشمن نظر آئے گئے۔۔۔۔

ابھی چند دن قبل کراچی میں پاکستان اتحاد اور امن ریلی کا جو بھیانک خونی حال ہوا ہے وہ سب نے ٹی وی اسکرینوں پر دیکھا۔ اور جنہوں نے اس ریلی کا یہ حال کیا وہ بھی آپ کی طرح پاکستان اتحاد اور امن کے بلند دعویدار ہیں۔

آپ کی نظر میں وہ تمام محب وطن ہیں جنہوں نے آج پاکستان کے نام پر پاکستان کو لوٹ کر اسے بربریت کے اندھے دور میں دھکیل دیا۔ جن سرمایہ داروں نے پہلے بازاری معیشت کے تحت عوام کے خون کا آخیری قطرہ تک نچوڑا کر پاکستان میں قوت خرید کو ختم کر دیا اور حکمرانوں سے مل کر پاکستان کو اجاڑ دیا۔ اب جب اسکی سماجی اور معاشی حالت تباہ ہو گی ہے تو دوسرے ممالک کے عوام کا خون نچوڑنے چلے ہیں۔ یہ اپنا تمام سرمایہ ، دولت اور فیکٹریاں دوسرے ممالک میں منتقل کر رہے ہیں۔

پاکستان میں مزدوروں کو بے روزگاری اور موت کے منہ میں دھکیل کر خود پیسے کی ہوس کو پورا کرنے کے لیے ملک چھوڑے جا رہے ہیں۔ آپ کی نظر میں یقیناًیہی محب وطن ہیں۔ جنہوں نے پاکستان کے قومی خزانے کو بڑی بے دردی سے لوٹ کر ودیسی بینکوں میں اپنی لوٹی ہوئی دولت جمع کرائی جن سامراجی ملکوں کے خلاف یہ دشمنی کا ڈنڈھورہ پیٹتے ہیں ۔ آج پاکستان پر جتنے قرضے ہیں ان سے کئی گناہ زیادہ رقم آج ان محب وطنوں کی دشمن ممالک، یورپی اور امریکی بینکوں میں موجود ہے۔

ہاں وہ تمام پاکستانی عوام ملک دشمن ہیں جو مہنگائی ، بے روزگاری ، غربت ، بجلی اور گیس کے خلاف محب وطنوں اور اسلام دوستو ں کے خلاف سراپا احتجاج ہیں۔ محب وطنوں اور اسلام کے عظیم ٹھکیداروں نے کراچی ، بلوچستان، وزیرستان ، خیبر پختوان خواہ اور پنجاب میں ملک اور اسلام کو بچانے کی خاطر خون کی ندیاں بہا رہے ہیں۔ خود کش حملے کر رہے ہیں ، پورے پاکستان کو تباہی اور بربادی کی اندھی گہرائی میں دھکیل دیا ہے انہوں نے کبھی مذہب ، کبھی ملک ، کبھی قوم ، کبھی نسل اور کبھی زبان کے نام پر قتل گری اور لوٹ گھسوٹ کا بازار گرم کر رکھا ہے ، غیر ممالک میں مقیم پاکستانیوں کو عزت کی بجائے ذلت کا شکار کر دیا ہے جن سے پاکستان کو سب سے زیادہ زرمبادلہ ملتا ہے۔ پھر بھی یہی حکمران محب وطن ہیں اور اسلام کے ٹھیکیدار ہیں۔ اور جو ان کے خلاف احتجاج کر تے ہیں وہ کافر اور ملک دشمن ہیں۔ تو جناب میں آپ کو یہ باور کرادوں کہ اگر یہ وحشی حکمران اور درندے ملا محب وطن اور مسلمان ہیں تو پھر آپ نے درست کہا ہم ایسے محب وطن اور مسلمان نہیں ہوسکتے اس سے ہم کافر اور ملک دشمن ہی بھلے۔ ہم ہر ظلم و استحصال کے خلاف آواز ہی نہیں اٹھائیں گئے بلکہ علمی اور عملی مذاحمت بھی کریں گئے جہاں تک ممکن ہوئی۔ آپ ہمیں ملک دشمن اور اسلام دشمن

کہہ کر عوامی اور طبقاتی جدوجہد سے روک نہیں سکتے۔اور ویسے بھی ہم انقلابیوں پر یہ الزامات کوئی نئے نہیں ہیں اگر کوئی نئے ہوں تو وہ لائیں۔

ہم فرقہ پرستی ، جنونیت ، جنس اور مذہب کے نام پر دوکانداری ، نفرت ، استحصال اور جبر کے مکمل خلاف ہیں۔ہم سمجھتے ہیں کہ مذہب ہر شخص کا ذاتی مسئلہ ہے جس کے فرائض کی ادائیگی میں ہر ایک کو مکمل آزادی ہو۔ہم جہاں مذہب کے نام پر کسی کو اقلیت قرار دینا انسانی جرم سمجھتے ہیں وہاں عورتوں کو چادر ، چار دیوارای اور جنس کی بنیاد پر تفریق اور استحصال کی بھی مخالفت کرتے ہیں۔

بقول ڈاکٹر جاوید جان

مذہب کے جو بیوپاری ہیں

وہ سب سے بڑی بیماری ہیں

وہ جن کے سوا سب کافر ہیں

جو دین کا حرف آخر ہیں

ان جھوٹے اور مکاروں سے

مذہب کے ٹھکیداروں سے

میں باغی ہوں میں باغی ہوں

جو چاہو مجھ پر ظلم کرو

جہاں سانسوں پر تعزیریں

جہاں بگڑی ہوئیں تقدیریں ہیں

ذاتوں کے کورکھ دھندے ہیں

جہاں نفرت کے یہ پھندے ہیں

سوچوں کی ایسی پستی ہے

اس ظلم کی گندی بستی سے

میں باغی ہوں میں ناغی ہوں

جو چاہے مجھ پر ظلم کرو

میرے ہاتھ میں حق کا جھنڈا ہے

میرے سر پر ظلم کا پھندہ ہے

میں مرنے سے کب ڈرتا ہوں

میں موت کی خاطر زندہ ہوں

میرے خون کا سورج چمکے گا

تو بچہ بچہ بولے گا

میں باغی ہوں میں باغی ہوں

جو چاہو مجھ پر ظلم کرو

بھوک کا کوئی ملک ، مذہب ، جنس اور قوم نہیں ہوتی۔اور نہ ہی اس بھوک کے دوزخ میں یہ زندہ رہ سکتے ہیں۔پاکستان کا ایک حالیہ واقعہ شاید جو آپ کو یاد ہو کہ ایک خاندان قبروں سے مردے اکھاڑ کر کھاتے تھے اور زندگی کی سانس لے رہا تھا۔آپ اس اسلامی جمہوریہ پاکستان کی بات کرتے ہیں یا پھر اس کی جس میں غربت کے ہاتھوں خودکرشیوں کی شرح دنیا میں سب سے زیادہ ہے پانچ اعشاریہ ایک فیصد کے قریب ، یا پھر اس اسلام اور پاکستان کی جس کے دوسرے بڑے شاندار اور ترقی یافتہ شہر لاہور میں ستاون ہزار نابالغ بچیاں غربت کے ہاتھوں جسم فروشی پر مجبور ہیں۔۔۔۔۔کہاں تک سناوں کہاں تک سنو گئے جناب۔۔۔۔

اگر آپ سمجھا سکتے ہیں تو اس پاکستان کی تراسی فیصد عوام جو روزانہ دو ڈالر سے کم پر زندہ ہے ۔زندگی جو ایک رحمت ہوتی ہے یہ زحمت بن چکی ہے جو جنت ہوتی ہے اسے جہنم بنا دیا گیاہے پاکستان میں آج جس عوام کی زندگی کسی بھیانک عذاب سے کم نہیں آپ ان کو پاکستان ، اسلام ، قوم ، ملک اور جمہوریت کے معنی بتائیں اور سمجھائیں۔جن کے نزدیک آج پاکستان اور اسلام کچھ اور ہی معنی رکھتا ہے جو یقیناً آپ سے بالکل متضاد ہیں۔ہاں آپ کے نزدیک پاکستان، اسلام ، جمہوریت کا مفہوم یقیناًاور ہے اور ہوگا۔کیونکہ آپ کے وہ مسائل نہیں آپ کے وہ حالات نہیں ہیں کیونکہ اچھے مالی اور سماجی حالات میں یہ سب چیزیں بہت اچھی لگتی ہیں بلکہ جن کے پاس یہ سب کچھ ہے مال و دولت اور عیاشی کی زندگی یہ پاکستان بھی انہی کا ہے یقیناًعوام اور محنت کش طبقہ جلد ان سے چھن کر اسے اپنا پاکستان بنائیں گئے

تب یہ عوامی جمہوری پاکستان ہوگا چند دولت مندوں کا بلکہ عوام کو ہوگا۔

بھوک۔بقول ساحر تہذیب کے سب آداب بھولا دیتی ہے۔اور اسلام میں بھی ہے کہ بھوکے پیٹ نماز جائز نہیں۔لیکن آپ نا جانے کس اسلام اور پاکستان کی بات کرتے ہیں جن کا تعلق یقینا عوام سے نہیں ہے۔اگرآپ اسلام اور دینی مداسوں کی بات کرتے ہیں تو کون سے اسلام اور اسکے کون سے دینی مدرسے کی۔کیونکہ آج اسلام تہتر نہیں بلکہ چوہتر بچپہتر ہیں جنہیں ملائیت فرقوں کا نام دیتی ہے۔لیکن حقیقت میں اور عملی طور پر یہ ایک دوسرے کے ایسے خلاف ہے جیسے شاید ہندو مسلم بھی نہیں ہیں۔اسلام کے نام پر ایک دوسرے کے گلے کاٹے جاتے ہیں۔ہر فرقہ دوسرے کو کافر کہتا ہے ، خود کش بمبار بھی مسلم ہیں اور اس میں مرنے والے بھی مسلم۔مساجد ، اور امام بارگاہیں بنانے والے بھی مسلمان اور انکو گرانے والے بھی مسلمان ، جنازے بھی مسلمانوں کے اور اس میں بم پھوڑنے والے بھی مسلم ، لال مسجد کو بچانے والے بھی مسلم اور اس پر مسلح حملہ کرنے والے بھی مسلم،القاعدہ بھی مسلم ، طالبان بھی مسلم بے گناہ مرنے والے عوام بھی مسلم ، پاکستان بھی مسلم ، زرداری ، نواز شریف ، الطاف بھائی بھی مسلم بھوک ، ننگ ، افلاس سے مرنے والے غریب بھی مسلم اور پاکستانی۔آپ ذرا وضاحت کریں آپ کس اسلام اور پاکستان کی بات کرتے ہیں۔جس کے ہم دشمن ہیں۔

آپ کا آخیری الزام یہ ہے کہ ہم علامہ اقبال سے اتفاق نہیں کرتے۔امید ہے کہ مندرجہ بالا مضمون سے آپ کوہمارا نقطہ نظر معلوم ہو گیا ہوگا کہ ہم کس سے اتفاق کرتے ہیں اور کس سے اختلاف کرتے ہیں۔لیکن آپ سب کے لیے عرض ہے کہ ہم ہر اس سوچ ، ریت ورواج، ثقافت، اخلاقیات ، نظام اور نظریہ کو نہ صرف فرسودہ اور پسماندہ کہتے ہیں بلکہ انسان

اور سماج دشمن بھی کہتے ہیں اور اس کے خلاف مذاحمت بھی کرتے ہیں۔جو انسانوں کے دکھتے اور رستے مالی اور سماجی زخموں پر مرہم رکھنے کی بجائے اس پر نمک چھڑکے۔۔۔۔۔ذاتی طور پر میں ساحر لودھیانیوی کا دلداد ہوں۔اس کے باوجود کہ میرا شاعرانہ پہلو کافی مضبوط نہیں ہے۔

اقبال کی ذات کے خلاف ہم نہ کبھی تھے نہ ہوں گے ہم تو جناب آپ کی بھی بہت عزت کرتے ہیں شاید اقبال کی طرح نہیں لیکن اس سے کم بھی نہیں۔ہم ذاتی طور پر ہر ایک کی عزت کرتے ہیں اور کسی کے خلاف نہیں ہیں۔ہم نظریاتی لوگوں کا شخصیات کی ذات پر تنقید کبھی موضوع ہی نہیں رہا۔ہاں البتہ پیٹی بوژوازی کی سوچ کا المیہ یہ ضرور رہاہے کہ لوگوں کو ذاتی اور مفاداتی حوالے سے دیکھو، پرکھو اور تعلقات استوار کرو۔اس لیے تو جو کوئی شخص نمایاں ہوتا ہے یا آپ کے مفادات کا پاسبان ہوتا ہے آپ اس کی پیغمبروں کی طرح پرستیش شروع کردیتے ہیں خدا نے بھی کہا کہ میں نے پیغمبروں کو بشر بنا کر بھیجا۔لیکن آپ نے کبھی یہ سننا بھی گوارا نہیں کیا۔اسی طرح آپ نے قائد اعظم اور علامہ اقبال کو حضرت ، رضہ تعلی عنہ ہو ، رحمت اللہ اور کچھ تو علیہ اسلام بھی کہتے ہیں۔آپ یقیناًانہیں میں سے ہوں گئے ۔لیکن کسی اور کی بات کیا کروں ہماری اپنی ایک محفل میں ایک دوست نے حضرت کارل مارکس رضہ تعلی عنہ ہو کہہ دیا تھا۔لیکن یہ سوچ ہمارے حکمرانوں ، تعلیمی و تربیتی ادروں ، زرائع ابلاغ اور دینی مدرسوں نے تعمیر کی ہے۔تاکہ وہ افراد جو انکے مفادات اور حکمرانی، بداعنوانی، اور ظلم واستحصال کے حصول کا زریعے ہیں انکے متعلق کوئی سوچنے اور سمجھنے کی صلاحیت سے عاری ہو جائے یا ہمت ہی نہ کرئے۔یہ احساس محرومی اور رجعتی سوچ کی غلاظت ہے۔جو کسی بھی باشعور کے لیے قابل قبول ہی نہیں ہے بلکہ قابل نفرت بھی ہے۔

ہم علمی اور فکری گفتگو کرتے جو کسی کی ذات پر نہیں ہوتی حالانکہ اقبال کو میں اسکی ذاتی زندگی کے حوالے سے بہت پسند کر تا ہوں جس پر آپ کو اعتزاز ہے۔لیکن ہماری علمی محفلوں میں تنقید اور تعریف ، اختلاف اور اتفاق سبھی کچھ ہو تا کیونکہ ہم چاہتے بھی یہی ہیں کہ لوگ جو سوچتے ہیں اس کا اظہار کریں تاکہ ذہنوں کا زنگ اور سوچوں کا جمود ٹوٹ گرئے ۔کیونکہ اس کے بغیر کوئی سماجی ترقی اور تبدیلی نہیں ہوسکتی۔ہاں اس کے بغیر بھی ترقی ہو سکتی لیکن فرسودگی کی پسماندگی کی ، جہالت کی ، غلامی کی، ذلت اور محرومی کی جو آج ماشاللہ کافی ہے۔ جسے کے خلاف ہماری جدوجہد ہے۔حضرت علی کا قول ہے علم حاصل کرنا ہے تو پھر سوال کرو اور تمام دنیا کے سماجی اور نفسیاتی علم دان اس پر متفق ہیں کہ تنقید ہی کسی بھی تعلیم اور علم کا آغاز ہے جبکہ اطاعت غلامی کی زنجیر ہے۔لیکن ہمیں سوال ، تنقید اور علمی بات چیت سے ایسے دور رکھا جاتا ہے جیسے حضرت آدم کو ایک شجر سے دور رہنے کا حکم تھا۔ لیکن آج کاسوال یہ کہ کیا وہ اس درخت سے دور رہے ؟

اکتیس مئی دو ہزار تیرہ

فرینکفرٹ ، جرمنی

انقلابی پارٹی کی تطہیر و تعمیر

موجودہ پاکستان کے قدامت پرست رجعتی حالات جن میں ایک طرف مالیاتی نظام کے زوال سے معاشی اور رجعتی دہشت گردیاں ہیں تو دوسری طرف اس کے خلاف کوئی بڑی انقلابی عوامی تحریک بھی نہیں ہے ایسی صورتحال میں ایک حقیقی انقلابی پارٹی کی تعمیر و ترقی ایک مشکل، کٹھن اور نہایت ہی صبر آزما لیکن ضروری کام ہے۔جب روس اور مشرقی یورپ جو سوشلزم کے نام لیوا تھے ٹوٹ کر بکھر گئے اور آج سرمایہ داری کی راہ پر گامزن ہیں. دیوار برلن بھی گری چکی لینن اور مارکس کے بت بھی گرا دیئے گئے ہیں اور مارکسزم کی ہر نشانی کو مٹا دیا گیا یا مٹیا جا رہا ہے۔نام نہاد سوشلزم کے پوچاریوں نے بھی اپنے کعبے تبدیل کر لیے ہیں ۔شرح منافع کے ماہرین اور پروفیسر حضرات نے اپنی ملازمتوں سے مکمل انصاف کرتے ہوئے مارکسزم اور کیمونزم کوناکام اور مردہ قرار دیکر سرمایہ داری کے عارضی جنتی قبرستان میں اپنی قبر کی جگہ بک کر لی ہے۔

لیکن یہ اس سے بڑی حقیقت ہے کہ رات کا آخیر ی پہر ہمیشہ بہت تاریک اور ہولناک ہوتا ہے اور اس کے بعد ہر صبح کا سورج طلوع ہوتا ہے۔تاریکی جتنی گہری ہوگئی روشنی اتنی ہی زیادہ ہوگئی اور اندھیروں میں رہنے والے لوگ اجالوں سے ہمیشہ خوف زدہ اور مایوس ہوتے ہیں۔روس کی ٹوٹ کے چھالیس سال بعد عالمی سطح پر عوامی سماجی اور معاشی حالات کی مسلسل

ابتری، دہشت گردیوں اور جنگوں میں بڑھوتریوں سے بے شمار عوامی تحریکوں کے باوجود کسی ایک ملک میں اشتراکی انقلاب کے نہ آنے نے نام نہاد بائیں بازو کی مڈل کلاس بے صبر قیادتوں کے صبر کے تمام پیمانے لبریز کردیئے کیونکہ انہوں نے اپنے معیار زندگی کو کبھی عام محنت کش کے برابر نیچے کیا ہی نہیں اور انقلاب کو اپنی ضرورت بنایا ہی نہیں بلکہ اسے ہمیشہ شعوری یا لاشعوری طور پر عوام کا ہی مسئلہ قرار دیا اس لیے وہ اپنی زندگی انقلابی جدوجہد سے انجوائے کر رہے تھے یا آج بھی کر رہے ہیں اور انقلاب کے بعد لینن بننے کے خواہش مند ہیں لیکن انقلاب میں دیری نے انکے کردار اور اعمال کو بے نقاب کر دیا اور آج وہ کسی نہ کسی مفادپرستی یا انتہا پسندی کی کھائی میں جا گرئے جو ایک ہی سکے کے دو رخ ہیں۔

یہ حقیقت ہے کہ اس زمین پر آج سے پہلے انسانیت کے مسائل کبھی اتنے تکلیف دہ اور انسانی بحران اتنے سنگین نہیں تھے جتنے آج ہیں۔ بھوک ، ننگ افلاس، پیاس ، جرائم ، قتل گری ، کرپشن ، جنگیں، دہشت گردیاں،عدم استحکام،سرمایے اور دولت کی اندھی ہوس اور لوٹ جو اس انسانی کرہ ارض کو روند رہی ہے موجودہ مسائل نے انسانوں کا جینا مشکل ہی نہیں بلکہ ناممکن بنا دیا ہے جس سے خودکشیوں میں مسلسل اضافہ ہو رہا ہے خود کش بمبار بھی خودکشیوں اور موجودہ اذیت ناک زندگی سے نفرت کا ایک اظہار ہیں کیونکہ موجودہ نظام نے انسانی زندگی کو اتنا بھیاک اور خوف ناک بنا دیا ہے کہ زندگی سے موت بہتر لگتی ہے اور یہ رد انقلابی حالات بنیاد پرستی کے دھندے لیے بہت سازگار ہیں۔

سماجی تبدیلی جو ایک سوشلسٹ انقلاب کے علاوہ کچھ نہیں ہے کی مانگ اور پکار ہر طرف پھیل چکی ہے اور ایک سماجی تبدیلی کے لیے حالات تیار ہیں۔ترقی پذیر ممالک کے علاوہ سامراج کی کوکھ میں بھی اس کا واضح اظہار برطانیہ میں لیبر پارٹی کے جیرمی کاربن اور امریکہ میں

ڈیمو کریٹ پارٹی کے برنی سینڈر کی آواز میں عوامی دباؤ کے تحت ہو رہا ہے جن کو بوژوا میڈیا بھی سوشلسٹ امیدوار کہہ رہا ہے۔یونان انقلابی تحریکوں کا گڑھ بن چکا ہے۔ سپین ، پرتگال، اٹلی میں بھی عوام سرمایہ داری کے خلاف صف آرا ہیں اور فرانس جس کو انقلابات کی ماں کہا جاتا یہاں بھی ایک نئے انقلاب کی تیاری ہو رہی ہے اور فرانس کا سماج ایک بار پھر انقلاب سے حاملہ ہو چکا ہے۔لاطینی امریکہ اور ایشا میں مزدور تحریکیں عرب کے بعد ایک نئے موسم بہار کی غماز ہیں

آج تمام دنیا میں انقلابی حالات کے باوجود ایک سوشلسٹ انقلاب کا نہ آنا لینن اور ٹراٹسکی کے سچ کو درست ثابت کرتا ہے کہ ایک مارکسی پارٹی کے بغیر حقیقی اشتراکی انقلاب ممکن نہیں ہے۔معروضی حالات جتنے بھی انقلابی ہوں ہر عوامی تحریک اور انقلاب داخلی عنصر ،،مارکسی پارٹی،، کے بغیر ادھورے ہیں۔

موجودہ عالمی مالیاتی نظام میں اقتصادی بحران در بحران اس کا معمول بن چکا ہے اور یہ سماجی ارتقا میں ناکام و نامراد ہے منڈی کو گرم رکھنے کی تمام اصلاحات ہی اس کی سرد بازاری کی حامل ہو چکی ہیں۔ ہر طرف بے روز گاری اور غربت کا سیلاب بڑھتا ہی جا رہا ہے جس کے خلاف دنیا بھر میں عوام اور محنت کش طبقہ موجودہ نظام کی تبدیلی کی مانگ اپنی بکھری تحریکوں میں کر رہا ہے لیکن مارکسی قیادت کی عدم موجودگی میں یہ اپنی منزل کے نشان ہر بار کھو دیتے ہیں۔آج عوامی انقلاب کے لیے انسانی تاریخ میں ایک انقلابی پارٹی کی اتنی اشد ضرورت شاید کبھی نہیں تھی جینی آج ہے جو جدید ، ایڈونس ٹھوس نظریات اور اور بہترین لچکدار حکمت علمی پر تعمیر ہو۔

پاکستان میں ایک حقیقی مارکسی پارٹی کے فقدان نے پورے سماج کو مافیا سرمایہ داری ، لمپن جاگیرداری، اور تحائف بنیاد پرستی کی اندھی کھائی میں دھکیل دیا ہے۔پسماندگی اور جدت کے امتزاج نے ایک بے ہودہ فطور کو جنم دیا ہے۔جس کا انت ماسوائے ایک سوشلسٹ انقلاب کے کوئی نہیں کر سکتا۔

دنیا کے مختلف ممالک کی طرح پاکستان میں بھی آج تک ایک انقلابی پارٹی کی تعمیر وترقی ایک اہم ترین اور ضروری امر رہا ہے لیکن سماجی اور ثقافتی پسماندگی اس کی تعمیر میں ایک بڑی روکاٹ رہی ہے۔لینن نے ایک انقلابی پارٹی کی تعمیر کے متعلق کہا تھا کہ مارکسی کیڈرز کو دو محاذوں پر انقلاب کی کامیابی کے لیے بڑی بے رحیمی اور جرات سے لڑنا پڑتا ہے ایک پارٹی سے باہر نظام کے خلاف اور دوسرا پارٹی کے اندر جو پارٹی کی بیرونی سطح کی سماجی اور ثقافتی رجعت پرست قدریں و روایات پارٹی کے اندر بار بار سرائیت کر جاتیں ہیں جس میں منافقت ، دوہرا معیار ، ہیروازم، سیاسی اور نظریاتی کام میں روزمرہ معمولات کا عادی ہو جانا ،شاونزم، اقبراپروری ،خود غرضی، نظریاتی تعلیم کا غیر اہم ہونا اور دوسری معاشرتی ،ثقافتی غلطتیں جو کسی پارٹی کی موت ہیں کے خلاف ڈٹ کر لڑنا ہے۔انقلابی پارٹی محنت کشوں کا انقلاب کے لیے ایک جراحی اوزار ہے جس کو ہمیشہ تیز اور جدید ہونا چاہیے نظریات کی روشنی میں حکمت عملی کو نئے سیاسی اور سماجی حالات و واقعات کے مطابق ڈھلتے رہنا چاہیے۔پارٹی کا سب سے بڑا دشمن اس کا روٹین ازم ہے جس کی انقلابی پارٹی کبھی متحمل نہیں ہو سکتی۔پارٹی میں قیادت کبھی آخیری اور مقدس نہیں ہوتی اور سماج میں تبدیل ہوتے حالات و واقعات قیادتوں کا نظریاتی امتحان ہوتا ہے جن پر انکوپورا اترنا ہوتا ہے جو انکی مسلسل نظریاتی تعلیم وتربیت کا حصہ ہوتے ہیں اس لیے انقلابی پارٹی میں کوئی استاد نہیں ہوتا بلکہ سب طالب علم ہوتے ہیں

جو ہر لمحہ سیکھتے ہیں اور اس کا عملی اظہار کرتے ہیں۔اور جب بھی پارٹی میں نظریاتی تعلیم و تربیت اور کیڈرز کے بننے کا عمل رکتا ہے ،نئے ممبر مضبوط نظریاتی بنیادوں پر تنظیم میں شامل نہیں ہوتے جس سے پارٹی بحران اور جمود کا شکار ہو کر انقلابی جدوجہد کی تباہی کا موجب بنتی ہے اور اس میں ٹوٹ پھوٹ کا عمل تیز ہوتا ہے۔سب سے زیادہ صف اول کی انقلابی قیادت کو مضبوط نظریاتی تعلیم کی ضرورت ہوتی ہے تاکہ درست لائحہ عمل اور وقت کے مطابق حکمت عملی تیار کی جاسکے تاکہ ہر موڑ پر انقلابی جدوجہد کو آگے بڑھایا جائے جس میں تمام ممبران کو مرکزی جمہوریت کے تحت شامل ہونا چاہیے اور مرکزی جمہوریت کوئی مرکزی آمریت نہیں ہے اور نہ ہی ہونی چاہیے۔پارٹی اور اسکی قیادت میں زیادہ سے زیادہ نوجوانوں کو شامل کرنا چاہیے کیونکہ انقلاب کا اصل بادود اور ضمانت نوجوان ہی ہیں۔

پاکستان میں محنت کشوں کی کمزور ترین معاشی حالت کی وجہ سے انکی ٹریڈز یونینوں اور انقلابی پارٹیوں کی قیادت پر اکثر و بیشتر مڈل کلاس ، اپر کلاس یا مال دار افراد براجمان ہوتے ہیں جو نہ اپنی کلاس چھوڑتے ہیں اور نہ ہی اپنی کلاس کی غیر انقلابی حرکتیں جس وجہ سے دیر یا بادیر انقلابی پارٹیوں میں ٹوٹ پھوٹ کا عمل جاری رہتا ہے جبکہ لینن نے بڑی سختی سے کہا تھا کہ جب تک مڈل کلاس کے افراد انقلابی پارٹی میں آکر اپنے معیار زندگی کو عام محنت کش کے برابر نہیں لاتے وہ کبھی بھی قیادت کے اہل نہیں ہوسکتے۔مڈل کلاس میں انقلاب کے لیے صبر تحمل نہیں ہوتا ہے جبکہ انقلاب صبر اور مستقل مزاجی سے مارکسزم کی وضاحت ہے اور یہ افراد نہ ہی ایک مزدور انقلابی ڈسپلن کو زیادہ عرصہ برداشت کرسکتے جبکہ آجکا مزدور انقلاب عالمی مزدور انقلاب ہے جس کے لیے ایک عالمی منظم ڈسپلن اور عالمی مزدور تنظیم کی ضرورت ہے جو مڈل کلاس کی ذہنی اور جسمانی صلاحیت سے بہت بلند ہے اور خاص کر ایک

لمبے عرصے کے لیے ، یہ صرف تبھی ممکن ہے جب مڈل کلاس مزدوروں کے معیار زندگی کو مکمل اپنا لیں اور انقلاب کو عوام کی طرح اپنی ضرورت بنا لیں ناکہ انقلاب صرف عوام کے لیے کریں۔وگرنہ مڈل کلاس سوچ انقلاب کے نام پر ایک در انقلابی سوچ ہے۔سرمایہ دار طبقہ ہمارے سامنے کھلا دشمن ہے لیکن پیٹی بوژوازی آستین کا سانپ ہے۔

اکثر انقلابی پارٹیوں کی قیادت اپنی نظریاتی کمزوری سے روٹین ازم جو قدامت پرستی کی ہی ایک شکل ہے کا شکار ہو کر پارٹی پر ایک بوجھ ایک زندہ لاش بن جاتی ہیں اس سے پارٹی کا نظریاتی اور جمہوری دم گھٹنے لگتا ہے جس سے ضروری ہو جاتا ہے ان لاشوں کا بوجھ اتار پھنکیں تاکہ انقلابی پارٹی دوبارہ کھلی فضا میں تازہ جمہوری اور نظریاتی سانس لے سکے۔ہمارے مارکسی استاد محترم کہتے ہیں جب جسم کے کسی حصہ میں کینسر ہوجائے تو پھرزندگی بچانے کے لیے اس حصے کو کاٹ دینا چاہیے وگرنہ یہ زہر تمام جسم میں پھیل کر اس کی موت بن جاتا ہے ۔انقلابی پارٹی کی تعمیر میں تطہیر کوئی نیا اورمایوس کن عمل نہیں ہے بلکہ یہ بعض اوقات پارٹی کی زندگی اور تعمیر و ترقی کے لیے لازمی بن جاتا ہے جس کی بنیاد ٹھوس نظریات پر ہونا چاہیے۔ناکہ ذاتی تسلط کا تسلسل اور انا پرستی جو انقلابی پارٹی کے لیے زہر قاتل ہیں کے جسکی جراحی کی جاسکے۔ تمام انقلابی تاریخ پارٹیوں کی تعمیر و تطہیر پر مبنی ہے لیکن صرف وہی پارٹی تاریخ میں سرخرو ہوئی اور ہوگئی جنکے نظریات کی سچائی وقت کی کسوٹی پر پورے اترے یا اتریں گئے۔

آخیری جیت ہمیشہ سچے جذبات کی نہیں بلکہ ٹھوس نظریات کی ہوتی ہے۔

سولہ آٹھارہ اپریل دو ہزار

مارکسی معیشت۔ طبقاتی جدوجہد کیوں نا قابل مصالحت ہے ؟

یا

بازاری معیشت بمقابلہ منصوبہ بند معیشت

پاکستان کے معرض وجود سے آج تک تقریبا چھیاسٹھ سالوں سے آمریت اور جمہوریت کے کھیل تماشوں میں مردار سرمایے کے نظام کو بچانے کی وحشت ناک سعی کی جا رہی ہے اس مالیاتی استحصال سے عوام کو بھوک ننگ اور افلاس کے عذاب میں زندہ درگور کر دیا گیا ہے اور سماج بجلی ، پانی ، گیس ، پٹرول ، علاج ، خوراک ، صفائی اور ٹرانسپورٹ کی عدم دستیابی اور برباد انفراسٹکچر سے بربریت کی اندھی کھائیوں میں دفن ہو رہا ہے جبکہ حکمران کڑور پتی نہیں بلکہ ارب پتی بنتے جا رہے ہیں کبھی ظلم اور کبھی آزادی کی آڑ میں سرمایہ داری نظام کو قائم رکھا جاتا ہے۔

پاکستان میں موجود امریکی گماشتہ ،سرمایہ داری اور نیم جاگیردارانہ نظام کے خلاف یقیناً ہر شخص نے اکثر وبیشتر طبقاتی جدوجہد کی بازگشت سنی ہو گئی۔اور خاص کر حالیہ یورپ اور امریکہ کی آکو پائی تحریکوں کے حوالے سے یہ ،، طبقاتی جنگ ،، کا نعرہ صرف ترقی پذیر

ممالک میں ہی نہیں بلکہ اب ترقی یافتہ ممالک میں بھی بہت مقبول عام ہو چکا ہے۔ذوالفقار علی بھٹو جب کال کوٹھری میں تھے تو انہوں نے بھی اس کا اقرار کیا کہ طبقاتی جدوجہد ناقابل مصالحت ہے اور انکی موت کی وجہ بھی دو طبقات کے درمیان آبرومندانہ مصالحت کرانے کا نتیجہ تھی جس کا اظہار انہوں نے اپنی کتاب ،، اگر مجھے قتل کر دیا گیا ،، میں کیا۔ اس کتاب میں انہوں نے لکھا کہ دو طبقات ،، مزدور اور سرمایہ دار ،، کے دومیان جنگ کا نتیجہ ہمیشہ کسی ایک کی فتح میں ہی ہو گا اس کے علاوہ کوئی دوسرا راستہ اور متبادل نہیں ہے اور نہ ہی ہو سکتا۔

کارل مارکس نے تمام انسانی تاریخ کو طبقاتی جدوجہد قرار دیا اور اسے حسابی اور سماجی سائنس کے قوانین سے داس کیپیٹل میں طبقاتی استحصال کو عملی طور پر ثابت کر کے تمام انسانی تاریخ اور دنیا بھر میں تہلکا مچا دیا جس کے بعد علامہ اقبال جیسے قدامت پرست کو بھی لکھنا پڑا کہ مارکس ایک ایسا پیغمبر ہے جس کے پاس کتاب تو ہے لیکن نبوت نہیں ہے۔

مالیاتی حکمران اور انکا میڈیا تمام تر بھرپور پروپیگنڈے کے باجود آج تک مارکسی سوچ اور تحریکوں کو اس زمینی کرہ ارض پر ہر ظلم وجبر کے باوجود ختم کرنے میں ناکام اور نامراد رہا۔ جوں جوں سرمایہ دارانہ استحصال بڑھ رہا ہے توں توں اس کے خلاف طبقاتی جدوجہدیں تمام دنیا میں ابھر رہی ہیں اور مختلف شکلوں میں مزید تیز ہو رہی ہے۔

روس کے ٹوٹنے اور دیوار برلن کے گرنے پر طبقاتی جدوجہد اور اشتراکی انقلاب کے خلاف سامراجی حکمران کا کانوں کے پردے پھاڑ دینے والا جوشور تھا یونان ، اسپین ،آئر لینڈ، قبرص اور پرتگال کے بحرانوں اور عرب سرزمین ، ترکی اور برازیل میں انقلابی سورشوں نے اسے

دفن کر دیا ہے لیکن عقل کے اندھے ، گونگے اور بہرے اب بھی شاید سوشلزم اور طبقاتی جدوجہد کی سچائی کو ماننے سے انکاری ہیں۔بدترین اندھا وہ ہوتا ہے جس میں دیکھنے کی کوئی خواہش بھی نہ ہو۔بہرہ وہ جو کچھ سننا بھی نہ چاہے اور گونگا وہ جو چند رٹے رٹا جملوں کا ہر وقت ورد کرے۔یہی آج کے ناموار دانشوار اور مفکرین زرائع ابلاغ میں طبقاتی جدوجہد کے خلاف مکرو پراپیگنڈے کا زہر اگل رہے ہیں اور آج کی عوامی اور طبقاتی لڑائیوں کو تہذیبوں کے تصادم کے فریب سے گڈ مڈ کرنے کی ہر ممکن کوشش کر رہے اور کہتے ہیں کہ انسانی تار یخ کا سفر ختم ہو چکا ہے۔صرف سرمایہ داری ہی اب انسانیت کا واحد مقدر ہے اور طبقاتی جدوجہد غیر موثر ہو چکی ہے ان اخباری بیونوں ، مکالوں اور کالموں کا عملی زندگی سے کوئی دور کا تعلق بھی نہیں کیونکہ انکی کالی سیاہی ابھی خشک بھی نہیں ہوتی کہ یورپ اور امریکہ کے اقتصادی بحرانوں سے جنم لینے والے دھماکہ خیز سماجی اور سیاسی خلفشار عالمی منظر نامے کو تبدل کرکے انھی کی سیاہی سے انکے منہ کالے کر دیتے ہیں۔دنیا بھر میں سامراجی خداوں کی تمام تر کوششوں کے باوجود سماجی اور اقتصادی بحرانوں بڑھتے اور پھلتے ہی جا رہے ہیں جو عوامی اور طبقاتی جدوجہد کو تیز ہونے کے لیے جواز اور ٹھوس حالات پیدا کر رہے ہیں۔

ماضی کے سٹالنیسٹ جو آج سرمایہ داری کے پنڈت بن چکے ہیں انہوں نے بھی اپنے نام نہاد قومی جمہوری انقلاب کا نام چھوڑ کر اصلاحاتی این جی اوز میں سرمایہ کی حاکمیت کو قبول کر لیا ہے۔جبکہ دوسری طرف اس انسانی کرہ ارض پر بڑھتی معاشی ، سیاسی ، سماجی بد حالی اور انتشار کو تاریخ کے آئینہ میں دیکھیں تو معلوم ہو گا کہ جیتی ، آج ایک حقیقی تبدیلی اور سوشلسٹ انقلاب کی ضرورت ہے اتنی پہلے کبھی شاید نہ تھی اسی لیے در انقلابی قوتیں بھی آج اشترا کی انقلاب کو روکنے کے لیے انقلاب کے نعرے سے کھواڑ کررہے ہیں اور اور انقلاب کے نام پر

در انقلاب کا کھیل ، کھیل رہے ہیں جس میں بھیانک ملائیت سے لے کر خوش لباس نام نہاد ترقی پسند بھی شامل ہیں۔ان حالات میں ہمیں انقلاب اور انقلابی جدوجہد کو سنجیدگی سے دیکھنا اور پڑھنا ہوگا تاکہ ہم اپنی منزل کا درست تعین کر سکیں تاکہ رجعت اور انتہا پسندی کی کھائی میں گرنے سے بچ سکیں۔

طبقات اور طبقاتی جدوجہد کیا ہے ؟

انقلاب کے دشمن طبقاتی جدوجہد کی تعریف اور مفہوم کو نہایت مبہم اور غلط طریقہ سے پیش کرتے ہیں۔گرہوں اور سماجی پرتوں کو طبقات کہتے ہیں۔جو بالکل غلط ہے کیونکہ طبقات ہمیشہ سے زرائع پیداوار کے گرد بنتے اور ٹوٹتے ہیں۔جب زمیں زریعہ پیداوار تھی اور اس کے گرد زندگی کی معاشی اور سماجی سرگرمیاں گھومتی تھیں تب یہی زمین انسانی ضروریات کو پورا کرنے کا آلہ کار تھی۔جسے ہم جاگیرداری نظام کہتے ہیں اس میں کسان اور زمیندار یا زرعی مزدور اور جاگیر دار ہوتے ہیں جن کے درمیان طبقاتی کشمکش تھی۔یہ دو بنیادی طبقات تھے جبکہ موچی ، کمہار ، منشی سماجی پرتیں تو تھیں لیکن یہ بذات خود کوئی طبقات یا طبقہ نہیں ہیں بلکہ ملکیت سے محروم یہ تمام سماجی پرتیں محنت کش طبقے کا ہی اٹوٹ حصہ تھیں انکی الگ کوئی طبقاتی حیثیت نہیں تھی نہ ہی ہے اس لیے انکے درمیان کوئی طبقاتی تضاد موجود نہیں بلکہ مشترکہ مفادات کی وجہ سے طبقاتی جڑت ناگریز ہے۔جاگیرداروں کے خلاف جدید کسانوں او ر زرعی مزدور کی قیادت میں ہی بقیہ سماجی پرتوں نے ایک عوامی جدوجہد سے جاگیرداری کے خلاف بغاوت کر کے سرمایہ داری کی بنیاد رکھی جس نے جاگیرداری کی ہی کی کوکھ سے جنم لیا تھا۔انقلاب فرانس جاگیرداری کے خلاف سرمایہ داری کا ایک کلاسیکل انقلاب تھا۔جو انسانی

تاریخ میں ایک سنہری باب کی حیثیت رکھتا ہے اور انسانی تاریخ کے میوزیم کا انمول حصہ ہے آج بین الاقومی سطح پر دو واضح مضبوط طبقات موجود ہیں ایک سرمایہ دار جیسے بوژو ازی بھی کہتے ہیں اور دوسرا مزدور جیسے پرولتاریہ کہا جاتا ہے۔بوژوا طبقے سے مراد جدید سرمایہ داروں کا طبقہ ہے جو سماجی پیداوار کے زرائع کے مالک ہیں اور مزدوروں سے اجرت پر کام لیتے ہیں ۔جبکہ پرولتاریہ ملکیت سے محروم موجودہ زمانے کا اجرت پر کام کرنے والے مزدوروں کا طبقہ ہے۔جس کے پاس اپنا کوئی زریع پیداوار نہیں اس لیے اسے زندہ رہنے کے لیے اپنی محنت بیچنا پڑتی ہے۔جو اس کی زندگی کو قائم رکھنے کا واحد سبب ہے یعنی محنت مزدوری۔ان دونوں طبقات کے آپس میں متضاد مفادات ہیں۔جس کو طبقاتی لڑائی اور جدوجہد کہا جاتا ہے۔جس کو کارل مارکس نے حسابی اور سائنسی طریقہ سے یوں ثابت کیا۔

مارکسزم کے تین بنیادی ستون ہیں جس میں تاریخی مادیت ،جدلیاتی مادیت اور مارکسی اقتصادیات ہیں تاریخی اور جدلیاتی مادیت میں تمام انسانی تاریخ میں سماج کے ارتقا کو جدلیاتی قانون سے ثابت کیا گیا ہے جبکہ مارکسسٹ اکانومی میں قدر اور قدر زائد مرکزی کردار کی حامل ہے۔اور اسی سے ہم یہ ثابت کر سکتے ہیں کہ سرمایہ درانہ طریقہ استحصال کیا ہے جو طبقاتی کشمکش کا محور ہے اور ناقابل مصالحت طبقاتی جنگ کا اعلان کرتا ہے۔

قدر

محنت کرنے کی طاقت یا صلاحیت جب کسی قدرت کے عطیہ کو استعمالی جنس میں تبدیل کرتی ہے تو قدر کہلاتی ہے۔دنیا کی ہر جنس دو اشیا سے مرکب ہوتی ہے مادہ اور انسانی محنت۔مادہ قدرت کی طرف سے مفت عطا ہوتا ہے۔اس لیے جنس میں جو قدر پیدا ہوتی ہے۔وہ صرف

انسانی محنت کا نتیجہ ہے۔قدرت مادے کی شکل بدلتی رہتی ہے۔اور انسان بھی اپنی محنت سے مادہ کی شکل بدلتا رہتا ہے۔

قدر دو اجزا کا مرکب ہے۔مادہ اور انسانی محنت۔جس کا کلیہ ہے۔مادہ جمع انسانی محنت مساوی ہے قدر کے۔مثلا ، اگر کسی کپڑے کی فیکٹری میں دو لاکھ ، 20000روپے کے مساوی قدر موجودہ ہے تو وہ کپڑے میں دو لاکھ کے مساوی ہی قدر منتقل کر سکتی ہے۔یہی حال دنیا کی ہر شے کا ہے جب کوئی قدر نئی جنس بنانے میں صرف ہوتی ہے تو استعمال ہوتے ہوتے یہ اپنی قدر کے مساوی قدر جنس میں پیدا کر دیتی ہے اور خود خرچ ہو جاتی ہے۔

کسی مشین کو دیکھنے سے معلوم ہو گا کہ وہ جنس کی تیاری میں مکمل داخل ہوتی ہے لیکن اپنی قدر کا ایک جز ہی ایک دن میں جنس میں داخل کرتی ہے یہ عمل ہر روز برابر جاری رہتا ہے یہاں تک کہ مشین اپنی تمام قدر دوسری نئی جنس میں منتقل کر دیتی ہے اور مشین کی عمر ختم ہو جاتی ہے۔مشین کی قدر یعنی دو لاکھ روپے معیاری سماجی لازمی محنت کا دوسرا نام ہے۔
مشین کسی شے میں وہ معیاری سماجی ضروری محنت منتقل کرتی ہے جو اس کے بنانے میں صرف ہوئی۔

زندہ سرمایہ

زندہ سرمایہ وہ سرمایہ ہے جس سے مزدور کی کام کرنے کی صلاحیت یا طاقت خریدی جائے چونکہ مزدور کی کام کرنے کی طاقت اپنی قدر سے زیادہ قدر پیدا کرتی ہے اس لیے ہر کاروبار میں زندہ سرمایہ اپنی قدر سے زیادہ قدر پیدا کرتا ہے زندہ سرمایہ لچکدار ہوتا ہے اور کسی جنس میں یہی اصل قدر پیدا کرتا ہے جبکہ مردہ سرمایہ جس میں خام مال ، فیکٹری اور مشینیں

وغیرہ شامل ہیں کوئی اضافی قدر پیدا نہیں کرتیں کیونکہ مردہ سرمایہ جنس میں جو قدر پیدا کرتا ہے وہ اپنی کل قدر کے برابر ہوتی ہے اس لیے یہ کسی منافعے یا قدر زائد کا باعث نہیں ہوتا کیونکہ یہ جنس کی تیاری میں اپنی تمام قدر آہستہ آہستہ منتقل کرکے ختم ہو جاتا ہے۔اس لیے منافعے اور قدر زائد کا اصل محرک انسانی محنت ہے جو مزدور پیدا کرتا ہے۔

انسانی محنت

انسانی قوتِ عمل کے اخراج کا نام انسانی محنت ہے جس کے کرنے سے انسان تھک جاتا ہے ۔یعنی محنت انسان کو اعصابی طور پر تھکا دیتی ہے۔اسطرح تمام محنتیں برابر ہوتی ہیں۔وہ چاہیے جسمانی محنت ہو یا ذہنی محنت ،اعصاب شکن ہوتی ہیں۔لیکن وہ انسانی محنت جو جنس میں قدر پیدا کرتی ہے۔یہ محنت سماج کے لیے ضروری اور رواج کے مطابق ایک خاص قوام ،، محنت کا عرق ،، سے جنس تیار کرتی ہے۔جو محنت کسی استعمالی جنس میں قدر پیدا کرتی ہے۔معیاری ضروری سماجی محنت کہلاتی ہے۔

محنت کی نوعیت۔۔۔۔۔۔قدر استعمال۔۔۔۔محنت کمیت کے نقطہ نظر سے۔۔۔۔۔۔یہ انسانی محنت جنس میں قدر اصل پیدا کرتی ہیں۔جس میں محنت کرنے کی مدت اور شدت کو دیکھا جاتا ہے۔نہ کہ نوعیت کو جو جدا جدا بھی ہو سکتی ہیں۔یہ انسانی قوت عمل کے اخراج کی پیمائش کا نام ہے۔

مثلا ،۔۔۔دس پتلون برابر ہیں ایک کرسی کے جو برابر ہے ایک من گندم کے۔اس نسبتی زنجیر میں اجناس کو کیفیت ، نوعیت یا شکل کے اعتبار سے نہیں دیکھا جا رہا بلکہ کمیت ، شدت اور مقدار کے نقطہ نظر سے دیکھا جا رہا ہے۔یہ اجناس اس لیے مساوی ہیں کہ ان میں جو

انسانی محنت کی مقدار موجود ہے وہ برابر ہے۔ان تینوں چیزوں میں ایک شے مشترک ہے اور وہ ہے معیاری ضروری سماجی محنت۔

محنت کیفت کے نقطہ نظر سے

کیفیت کے نقطہ نظر سے محنت کسی خاص نوعیت کی ہوتی ہے مثلا ، درزی یا موٹر مکینک کی محنت۔درزی کی محنت ، نوعیت کے اعتبار سے موٹر مکینک کی محنت سے مختلف ہوتی ہے۔ہر مزدور کا اپنی صنعت میں کام کرنا اپنی محنت کو نوعیت کے سانچے میں ڈھالنا ہے۔محنت کی نوعیت جنس کو کسی خاص استعمال کے قابل بناتی ہے اور جنس میں صرف قدر استعمال پیدا کرتی ہے۔

محنت کمیت کے لحاظ سے

ہر محنت انسان کو اعصابی لحاظ سے تھکا دیتی ہے۔اگر چہ محنت کی نوعیت جدا جدا ہوتی ہے لیکن ہر حال میں قوت عمل صرف ہوتی ہے۔یہاں محنت کرنے کی مدت اور محنت کی شدت کو دیکھا جاتا ہے۔محنت کا یہ رخ جنس میں قدر اصل پیدا کرتا ہے جس کو سرمایہ دار یا کوئی بھی مالک اپنے مزدور سے خرید تا ہے اور اجرت ادا کرتا ہے جس کا اتار چڑھاو ہی منافع کا تعین کرتا ہے۔

قدر اصل

محنت کی کمیت کا اصل رخ قدر اصل پیدا کرتا ہے۔استعمال کی جس شے پر بھی نظر ڈالی

جائے وہ اس معیاری سماجی ضروری محنت اور وقت کا اظہار کرتی ہے جو اس کے بنانے میں صرف ہوتے ہیں جب کوئی شے سماج میں خرید وفروخت کے لیے بنائی جاتی ہے تو اس کی قدر کسی خاص کاری گر کی محنت سے پیدا نہیں ہوتی بلکہ اس شے کی قدر اس معیاری محنت سے متعین ہوتی ہے جو سماج عام طور پر اس شے کے بنانے میں صرف کرتی ہے۔

قدر زائد

اگر موجودہ سماج میں ایک مزدور کو اپنی کام کرنے کی طاقت یا صلاحیت برقرار رکھنے کے لیے پانچ سو روپے درکار ہوتے ہیں اور یہ رقم پانچ گھنٹے کی معیاری سماجی ضروری محنت کا نتیجہ ہو تی ہے یا ان پانچ گھنٹوں کی مزدوری سے حاصل ہوتی ہے۔تو ظاہر ہے کہ جب کوئی مزدور فیکٹری میں کام کرتا ہے تو صبح چھ بجے سے گیارہ بجے دن تک تو وہ پانچ گھنٹے کی سماجی ضروری محنت کرکے صرف اتنی قدر پیدا کرتا ہے جو اس کی اجرت کے مساوی ہوتی ہے۔لیکن مزدور کی اس پانچ گھنٹے کی محنت سے کارخانے دار کو ایک پیسے کا بھی نفع نہیں ہوتا کیونکہ یہاں مزدوری اجرت کے بالکل برابر ہے۔

مثلا ،۔۔۔فرض کریں ایک کپڑے کی فیکٹری میں مزدور چھ گھنٹے کام کرتا ہے اور یہ چھ گھنٹے وہ ضروری وقت ہے جس مدت میں یہ کسی جنس یعنی روئی میں سو روپے کے مساوی محنت کر کے ایک خاص قدر جنس یا روئی میں پیدا کرتاہے۔جس سے روئی کپڑا بن کر قابل استعمال ہو تی ہے۔اگر یہ رقم مزدور کو اجرت کی شکل میں مل جاتی ہے تب اسکا مطلب یہ ہو گا کہ سرمایہ دار کے نفع کی شرح صفر ہے۔اس طریقے سے سرمایہ دار کے لیے ملک کی صنعت و حرفت میں حصہ لینے کا کوئی مقصد نہیں رہتا۔کیونکہ سرمایہ دار کا مقصد حیات قدر زائد پیدا

کرنا ہے اس لیے وہ مزدوروں کے محنت کرنے کے اوقات کو ر زیادہ سے زیادہ طویل کرنا چاہتا ہے تاکہ اس کا منافع زیادہ سے زیادہ ہو۔

مزدور کے 6 گھنٹوں کا کام ضروری محنت ہے جس سے جنس قابل استعمال ہوتی ہے۔اب مزدور کے کام میں ایک گھنٹے کا اضافہ ہو گیا یعنی 6 گھنٹے کام سے مزدور نے اپنی مزدوری پیدا کی لیکن ایک 1 گھنٹہ زائد کام کر کے جو قدر پیدا کی وہ بلا معاوضہ سرمایہ دار نے لے لی ۔جس سے اس کو 12.6/3 فیصدی قدر مفت مل گئی اسی کا نام منافع یا نفع ہے جو سرمایہ دار ہمیشہ زیادہ سے زیادہ چاہتا ہے یعنی اس کا کاروبار میں بنیادی مقصد شرح منافع کا حصول ہوتا ہے۔اب 3 گھنٹے کے زائد کام سے جو اب 9 گھنٹے ہو گیا اور 6 گھنٹے کی اجرت 100روپے ادا کی گئی جس سے منافع 50 فیصد ہو گیا۔اور جب کام 12 گھنٹے ہو جائے تو اس کا مطلب ہے کہ سرمایہ دار کا منافع 100 فیصد ہو گیا۔اس سے ثابت ہوتا کہ اگر سرمایہ دار مزدور کی محنت کے برابر اسکو اجرت ادا کرئے گا تو اس کو کوئی پیسہ نہیں ملے گا اس لیے مزدور کی جتنی محنت سرمایہ دار غصب یا چوری کرئے گا اس کا شرح منافع اتنا ہی بڑھے گا آسان الفاظ میں سرمایہ دار کا نفع اصل میں مزدور کی چوری کی ہوئی محنت یا اجرت ہے۔لہذا وہ وقت جس میں مزدور سرمایہ دار کے لیے کام کرتا ہے اور اس سے جو زائد پیداوار ہوتی ہے اس پیداوار کی قدر کو قدر زائد کہتے ہیں۔

ناقابل مصالحت طبقاتی جدوجہد

سرمایہ دار کا فائدہ اس میں ہے کہ وہ مزدور کے کام کے اوقات کور زیادہ سے زیادہ بڑھائے یا انکی زیادہ سے زیادہ محنت کو کم سے کم وقت میں جدید آلات کے زریعے حاصل کرئے تاکہ

مزدور زیادہ وقت یا زیادہ محنت سے زیادہ قدر زائد پیدا کر سکے جبکہ مزدور کا فائدہ اس میں ہے کہ اپنے کام کے اوقات کار اور محنت کو گھٹائے یا محنت کے عمل اخراج کو بچائے تا کہ مزدور کے کام کرنے کی طاقت کم صرف ہو اور وہ لمبا عرصہ کام کرکے اجرت حاصل کرتا رہے جو اسکی زندگی کی واحد ضمانت ہے۔اس طرح یہاں مزدور اور سرمایہ دار کے مفاد میں ٹکراو اور تضاد پیدا ہوتا ہے۔دونوں طبقات میں سیاسی کشمکش شروع ہوتی ہے۔مغرب کے مزدوروں نے کئی دہائیوں تک سرمایہ دار طبقے سے سیاسی جنگ کی تب مزدوروں کے کام کے اوقات کار کا تعین ہوا۔اسی لیے تو کارل مارکس نے لکھا تھا کہ طبقاتی جدوجہد ناگزیر طور پر سیاسی جدوجہد ہوتی ہے۔ان دونوں طبقات کے درمیان جس میں مزدور اپنی زندگی اور صحت کے لیے اپنی محنت بچاتا ہے جسے سرمایہ دار اپنے زیادہ سے زیادہ منافع کے لیے جلد از جلد مکمل نچوڑتا ہے یعنی ایک استحصال زدہ ہے اور دوسرا استحصال کرتا ہے انکا متضاد سمتوں میں معاشی جدوجہد کرنا انکے متضاد سیاسی اور سماجی مفادات کا غماز ہے جو ناقابل مصالحت طبقاتی لڑائی کا آغاز اور اسکی کی بنیادی وجہ ہے۔

کارل مارکس کا قدر زائد کا نظریہ سرمایہ داری اور اشتراکیت میں تصادم کو ٹھوس حسابی قوانین سے بیان کرتا ہے اور طبقاتی جدوجہد کو ناقابل مصالحت ثابت کرتا ہے۔

آج پاکستان یا دنیا بھر میں مزدوروں سے آٹھ گھنٹے کام لیا جاتا ہے ان آٹھ گھنٹوں میں مزدور صرف ایک سے دو گھنٹے اپنے لیے کام کرتا ہے جس کی اسکو اجرت ملتی ہے بقیہ چھ سے سات گھنٹے سرمایہ دار کے لیے قدر زائد پیدا کرتا ہے یعنی نفع مہیا کرتا ہے اور پاکستان کی نجی فیکٹریوں میں تو کام کے کوئی اقات کار ہیں ہی نہیں جہاں مزدور بارہ بارہ گھنٹے یا اس سے بھی زیارہ گھنٹے کام امیروں کی عیاشیوں کے لیے کرتے ہیں۔

اس کے علاوہ سرمایہ دار محنت کا ضروری وقت کم سے کم کرنے کے لیے اور کثیر قدر زائد بٹورنے کے لیے انجینئر وں اور سائنسدانوں کو اجرت دے کر ان سے کم وقت میں زیادہ سے زیادہ پیداوار کرنے کے لیے جدید آلات اور مشینیں تیار کرائی جاتی ہیں۔جس کا نتیجہ یہ ہوتا کہ مزدورں کے لیے قابل استعمال اجناس یا پیداوار جو پہلے پانچ گھنٹے کی سماجی ضروری محنت سے پیدا ہوتی تھی اس کو مشینوں اور سائنس کی مدد سے دو گھنٹوں کی سماجی ضروری محنت سے پیدا کر لیا جاتا ہے۔یعنی اب مزدروں کی پہلے والی پانچ گھنٹے کی محنت مشین کے زریعے دو گھنٹوں میں نچوڑ لی جاتی ہے یعنی جدید آلات سے انسانی محنت پہلے سے کہیں گاڑی ہو جاتی ہے جہاں پہلے ایک مزدور ساٹھ سال کام کر سکتا تھا اب وہی کام پچیس سال میں کرتا ہے جس کے بعد اسکی محنت کرنے کی صلاحیت ختم ہو جاتی ہے۔اس لیے سرمایہ دار آلاتی اور جدید مشینی ترقی کا دلدادہ ہوتا ہے جو انکے بے تحاشہ نفع کا زریع ہیں۔لیکن جب سائنس اور آلات کی ترقی سرمایہ دار کے نفع سے خارج ہوتے ہیں یا مزید نفع کا باعث نہیں ہوتے تب سرمایہ دار انکو بے دریغ فنا بھی کر دیتا ہے اس لیے آج ترقی یافتہ دور میں بھی مزدوروں کی وہی حالت ہے جو تاریخ کے تاریک دور میں غلاموں کی ہوا کرتی تھی ، یعنی موجودہ سرمایہ دار ی جدید غلامی کی ایک کڑی ہے یہ موجودہ نظام بھی محنت کی غلامی یا طبقاتی استحصال کا نظام ہے۔

سرمایہ دار اپنے منافعوں کی شرح کو مسلسل بڑھانے کے لیے مختلف طریقہ کار اپنا تا ہے تاکہ وہ اس محنت کی لوٹ گھسوٹ کو مستقل جاری رکھ سکے اور مزدور اس کے خلاف آواز نہ اٹھا سکیں اس غرض کے لیے وہ محنت کش عوام کو سرمایہ دارانہ جمہوریت ، پارلیمنٹ ، فوج ، میڈے ،عدلیہ اور مختلف ریاستی اداروں میں جکڑ دیتا ہے تاکہ عوام کی مالیاتی استحصال کے

خلاف ہر مذاحمت کو کچلا جا سکے۔یہ سرمایہ دارانہ ریاستی ڈھانچہ بوژوازی نے خود تاریخی طور پر وقت کی ضرورت کے مطابق مالیاتی استحصال کے لیے تعمیر کیا ہے جس میں کبھی جمہوریت کبھی آمریت کبھی ملائیت اور کبھی سوشل ڈیموکریسی کی آڑ میں شرح منافع کو ہمیشہ قائم رکھا جاتا ہے موجود ریاستی ڈھانچے منڈی کی معیشت کو قائم رکھنے اور جمہوریت سیاسی انتظام کو چلانے کا طریقہ کار ہیں۔

پاکستان اور عالمی دنیا میں تمام سیاسی معاشی اور سماجی بحران اسی شرح منافع کو زیادہ سے زیادہ کرنے کے بحران ہیں کیونکہ ایک طرف وافر مقدار میں زائد پیداوار ہے جو دنیا بھر کے تمام انسانوں کی تمام ضروریات زندگی کو آسانی سے پورا کر سکتیں ہیں لیکن یہ عوامی غربت کی وجہ سے بازار میں فروخت کے بعد شرح منافع کی ہوص کو پورا نہیں کر سکتیں اس لیے ان کو ضائع اور برباد کر دیا جاتا ہے جس سے غربت اور محرومیاں بڑھ رہی ہیں۔ نفع اور اپنی عیاشیوں کی خاطر حکمران انسانی معاشرے کو بربریت کی اندھی کھائی میں دھکیل رہے ہیں۔ چند ہاتھوں میں دولت کے ارتکاز نے عوام کی قوت خرید کو تباہ کر دیا ہے جس سے سرد بازاری نے سیاسی اور سماجی بحرانوں کو پروان چڑھایا۔اس لیے کہ سیاست معیشت کا ہی عکس ہے اور یہ موجودہ سیاسی ، سماجی اور معاشی نظام بدلے بغیر اس کرہ ارض پر بسنے والے انسانوں کے مسائل کا حل ممکن نہیں ہے۔

آج اس لوٹ کھسوٹ اور استحصالی سماج کے خاتمے کے لیے ضروری ہے کہ استحصال زدہ عوام کو مارکسسٹ اور سوشلسٹ بنیادوں پر استحصال کرنے والوں کے خلاف منظم کیا جائے ایک انقلابی پارٹی جو مضبوط سماجی سائنسی نظرایات پر مبنی ہو اور اپنی سرمایہ دارانہ نظام کے خلاف عوامی تحریک کو ناقابل مصالحت طبقاتی بنیادوں پر مضبوطی سے قائم رہتے ہوئے اشتراکی

انقلاب کی جرات مند جدوجہد کو آگے بڑھایا جائے۔آج دنیا کے پاس واحد ایک حل ہے
سوشلزم یا پھر بربریت . جئے مزدور

سوشلزم کیا کفر ازم ہے ؟

جہاں آج تہذیبوں کے تصادم کے نظریہ کی جعل سازی کو بے رحیمی سے کچلنے کرنے کی ضرورت ہے وہاں سوشلزم اور کفر ازم کو گھڈ مڈ کرنے کی بھیانک سازش کو بھی بے نقاب کر کے اس کی وضاحت ضروری ہے تا کہ حکمرانوں کے بھیانک چہرے کو ننگا کر کے عوام کے سامنے لایا جاے جو محنت کشوں کی جدوجہد کی تباہی اور ان پر استحصالی جکڑ کے لیے ہر لمحے نئے نئے جال بونتے رہتے ہیں۔

آج پوری دنیامیں سوشلزم اور کیمونزم کے بارے میں بہت سی غلط فہمیاں اور جھوٹا منافقانہ پراپیگنڈہ موجود ہے جو عالمی اور مقامی حکمرانوں اور ان کے حواری میڈیہ کا پھیلایا ہوا ہے جو عوام اور محنت کشوں کے انقلابی شعور کو سرمایے کی زنجیروں سے جکڑ کر پسماندہ کھنے کی انتہائی کوشیش ہے تا کہ نہ صرف ان کے ظلم کی حکمرانی قائم رہے بلکہ ان کی لوٹ گھسوٹ اور مالیاتی جبر کو عوام اف کیے بغیر خاموشی سے سرخم تسلیم کریں اور اپنا مقدر یا قسمت سمجھ کر اسے قبول کریں یہ بہادر اور دلیر عوام کو خسی کرنے کا ہتھیار ہے تا کہ وہ اپنے مسائل اور اذیتی زندگی کے خلاف نہ لڑیں بلکہ سسک سسک کر زندگی گزرتے ہوے تڑپ تڑپ کر مر جائیں۔

سوشلزم کا نظریہ اور سوچ عوام کا وہ واحد سائنسی اور مضبوط ہتھیار ہے جس کے زریعے وہ اپنے تنگ دست حالات کے خلاف لڑکر فتح یاب ہو سکتے ہیں یہ نظریہ محنت کش عوام کا عالمی طبقاتی اتحاد اور ہر تعصب سے پاک ناقابل تسخیر جڑت ہے اور یہ عوام کا عالمی اتحاد ہی ان کی جیت اور حکمرانوں کی ہار ہے اس لیے آج کے ہر ظالم کے لیے سوشلزم اور کیمونزم ایک اچھوت ہے کیونکہ یہ انکی عیاشیوں اور تماش بینوں کی موت ہے اور موت بھلا کیسی بھی ہو کون خوشی سے گلے لگاتا ہے اور پھر عیاش اور دولت مند جو معمولی سی بیماری سے بھی خوف زادہ ہے۔اس لیے سرمایہ داروں،جاگیر داروں اور حکموں کے سوشلزم کے خلاف پراپیگنڈے کی جو تائیداور تقلید کر تا ہے وہ بھی عوام دشمن اور ظلموں کی صفوں میں شعوری یا لاشعوری طور پر کھڑا ہے۔

سوشلزم اور کیموم نزم کو جہاں تمام ممالک کے حکمران اور دولت مند غیریبوں ناداروں کانظریہ قرار دے کر حقارت اور نفرت کرتے ہیں اور عوام سے ان کے رویے اور سلوک میں بھی تمام منافقت کے باوجود یہ چیز نمایاں ہے سالانہ بجٹ اور تمام ملکی، سیاسی، سفارتی، معاشی، سماجی پالیسیاں اس کی غماز ہیں۔

غریب عوام بھی آخیر انسان ہیں جن کو یہ درلت مندانسان نہیں مانتے حالانکہ غربت ایک جرم ہے جو غیریبوں نے نہیں کیابلکہ یہ امیروں کے جرائم ہیں جنکی سزا عوام بھگت رہی ہے ان کے خون پسنے پر امارات کے قعلہ تعمیر کرنے والے ہی آج عوام اور ہر معاشرے اور دنیا کی ہر تباہی کے ذمہ دار ہیں جو اپنے منافوں کی اندھی حواص میں اضافوں کے لیے اس کرہ ارض کو جہنم بنا رہے ہیں خونی اور بھیانک طاقت کے استعمال سے تیل ،سرمایہ اور قدرتی وسائل کی لوٹ مار ہی آج جنگوں کا باعث ہے جنگل کے قانون کا ہر طرف راج ہے جو امن

اور جمہوریت کی آڑ میں ہے جسکی آج امریکہ سرپرستی اور سربراہی کرتا ہے۔

سوشلزم کے خلاف اور اپنے مفادات کے لیے یہ عالمی زر دار اور ان کے زرائع ابلاغ مختلف ممالک میں مختلف ہتھکنڈے اپناتے ہیں خاص طور پر مقامی تہذیب، اطوار، رسموں رواج، ثقافتوں، رشتوں اور ان سے منسلک جذبات احساسات اور تقدس کو بھرپور طریقہ سے استعمال کرنے کی کوشیش کرتے ہیں اس غرض کے لیے وہ یہاں کی ہر پارٹی، تنظیم ، خاندان، ویلفر سوسائٹی، حکومت، ریاستی ادارے، پارلیمنٹ، عدالتیں، پولیس، فوج، افسرشاہی، تعلیمی اور تربیتی ادارے، مذاہب، کو اپنے حق اور جواز کی دھوکہ دہی میں مکمل شامل کرتے ہیں اور انکی لیڈر شپ بھی انہی میں سے ہوتی ہے یا پھر انکی زر خرید غلام ہے جو امیروں کے ہر ظلم اور جرم کو ثواب اور عدل قرار دیتی ہے اور عوام کے اپنے حقوق اور زندگی کی ہر جدوجہد کو گناہ کبیرہ اور ناقابل معافی جرم کے فتوئے صادر کرکے قانون سازی کرتی ہے۔

پاکستان اور اسلامی ممالک میں سوشلزم کو کفر ازم بھی کہا جاتا ہے جو کم علمی و عقلی اور غلط انفارمیشن کی وجہ ہے یہاں اسلام کو سوشلزم کے خلاف استعمال کرنے کی سعی کی جاتی ہے اس کی وجہ لوگوں کا اسلام سے جذباتی لگاو ہے یہ استحصالی پراپیگنڈہ شائد عام حالات میں اثر رکھتا ہے، لیکن عوامی تحریک کے ادوار میں اس پراپیگنڈہ کا چھوٹ اپنے پاوں کھو دیتا ہے1967-68 کی عوامی تحریک میں اس کا ٹھوس ثبوت اور زندہ مثال ھمارے پاس ہے جب نہ صرف قومی اتحاد کے رد شدہ مولویوں بلکہ پاکستان کے تمام ملاو ں کے علاوہ خانہ کعبہ کے مولوی نے یہ فتوے صادر کیے کہ پاکستان پیپلز پارٹی کو جو ووٹ دے گا وہ کافر ہو گا سوشلزم کو ووٹ کفر ازم ہے اور پی پی کو ووٹ دینے سے شادی شدہ لوگوں کے نکاح ٹوٹ جائیں گئے۔ لیکن عوام نے تمام عالمی ملاوں کے عوام کے خلاف اس اتحاد کو ایک تاریخی شکست فاش دی

اور انکی سامراجی غلامی کو بری طرح رد کر دیا۔اور سوشلام کو ووٹ دیا۔اور تب عوامی طاقت نے پی پی کی جیت میں اپنا لوہا منوایا جس کا پروگرام ،مانگ رہا ہے ہر انسان روٹی کپڑا اور مکان ،طاقت کا سر چشمہ عوام ، جمہوری سیاست اور سوشلسٹ معیشت تھا یہ صرف ایک مثال نہیں ہے بلکہ ایک ٹھوس سچ اور زندہ حقیقت ہے کہ عام حالات میں جب کوئی عوامی تحریک موجود نہیں ہوتی یا پھر روائتی محنت کشوں کی پارٹیوں کی قیادتوں کی غداری اور بار بار کی دھوکہ دہی سے مایوسی کی غمازی رجعت پرستی کے رحجان سے ہوتی جو یہ کسی بھی تعصب،فرقہ واریت، قوم، نسل، زبان، علاقہ پرستی اور نفرت کی شکل میں اپنا اظہار کرتی ہے جو کہ دیر پا اور مستقل نہیں ہوتی بلکہ عارضی اور فروہی ہوتی ہے جسکو تھوڑا سا عوامی ارتعاش ہی اسے جھاگ کی طرح بیٹھا دیتا ہے حقیقی مسائل اور زندگی میدان عمل میں ہوتی ہے اور یہی انقلابی اور عوامی زندگی کی تبدیلی کی تحریکیں ہوتیں ہیں۔

پاکستان میں بھی آج رجعتی یلغار اور فوجی آمریت کی وجہ پاکستانی عوام کی روائتی پارٹی،پاکستان پیپلز پارٹی کی قیادت کا اپنے انقلابی منشور سے انحراف عوام کی معیار زندگی میں بہتری کی خواہشات کا قتل، اور اپنے سوشلسٹ پروگرام سے بار بار غداری نے پاکستان کے عوام میں مایوسی کو جنم دے کر بڑھایا ہے اور اس مایوسی میں ردانقلابی قوتیں اپنے پر پروزے نکل لیتی ہیں جسکو صرف اور صرف پھر محنت کش طبقہ کی انقلابی تحریک بھی شکست دی سکتی ہے،مشرف تو خود اسی رجعت پرستی کا حصہ ہے وہ بھلا کیسے اس بنیاد پرستی کی جنونیت کا خاتمہ کر سکتا ہے اس سے ایسی توقع کرنا احمقوں کی جنت میں رہنا ہے۔

سوشلزم کی تعریف اور مفہوم اس سے زیادہ کچھ نہیں کہ ،سوشلزم اور کیمونزم استحصال سے پاک معاشرے کا قائم ہے جہان انسان کی مانگ کا خاتمہ ہو گا۔مارکسزم ایک سماجی سائنس

ہے جس طرح زندگی کی بائیلوجی، مادے کی فزکس، کیمیکل کی کیمسٹری ہے جو معاشرے میں انسان کو اول حثیت دے کر اس کی تمام ضروریات کی باز یابی کی مکمل ضمانت ہے طبقاتی اور غیر مساویانہ سماج کے خلاف ٹھوس اور مادی جہدوجہد کے قوانین کی آگاہی دیتی ہے انسان کو اپنا مقدر خود بنانے کی ترغیب اور تمام سماجی زریعے پیداوار کو بھر پور استعمال کر کے انسانی سماج سے استحصال بھوک ننگ افلاس کا مکمل خاتمہ کر کے روٹی کمانے کی ذلت آمیز مزدوری سے نجات اور اس محنت کو تخلیق اور تسخیر کائنات کے لیے کار آمد بنانا ہے نہ کہ ساری زندگی انسانوں کی ایک بڑی اکثریت چند لوگوں کی مراعات اور عیاشیوں کے لیے مزدوری اور غلامی کرتی رہے۔اس لیے سوشلزم کا بھی تمام مذاہب سے وہی تعلق ہے جو دوسری سائنسیں کا مذاہب سے ہے پھر یہ سوچنے کی بات ہے کہ صرف سوشلزم کی سماجی سائنس کے خلاف ہر وقت ہر جگہ اسی کے خلاف اتنا پراپیگنڈہ کیوں ہے؟

یہ بالکل صاف اور واضح ہے اور مارکسزم کا تھوڑا سا بھی علم رکھنے والا اس کا منہ توڑ جواب بڑی آسانی سے دے گا کیونکہ یہ نظریہ عوام کو اس کی اپنی زبان،عزت نفس،اپنی قسمت، تقدیر اوراپنی بے پناہ طاقت اور اسکی آگاہی عطا کرتا ہے۔

اور یہی دولت مندوں کو قابل قبول نہیں جس سے ان کا سرمایہ پر قائم رتبہ اور فضلیت کو نقصان پہنچے ملا،پنڈت اور پادری بھی اپنی مراعات کے لیے انہیں کے محتاج ہیں اس لیے یہ بھی انہیں کے گن گاتے ہیں اور معصوم اور لا علم شہریوں کو اپنے جہالت کے پھندے میں پھنسا کر اپنے مفادات کے لیے استعمال کرتے ہیں خود کش حملے کرنے والے انہیں کے مہرے بنتے ہیں جو وہ اپنی معاشی اور سماجی ضرورتوں کے تحت ان بے چاروں کے حالات اور پسماندہ شعور سے فائدہ اٹھا کر چلتے ہیں۔یہ مذہب کی آڑ میں لوگوں کو تو اپنے آج کو کل پر

قربان کرنے کی نیک ہدایت اور تلقین کرتے ہیں جبکہ اپنا آج زیادہ سے زیادہ خونصورت اور حسین بناتے ہیں ہمیں خاموشی سے تکلیفیں، دکھ،درد اور عذاب جو کہ موجودہ نظام کی دین ہے برداشت کرنے کو گناہوں کا ازلہ اور امتحان کی گھڑی کہہ کر صبر کا درس دیتے ہیں جبکہ یہ خود ہر امتحان اور گناہوں سے بالاہیں اور اپنے مفادات کے حصول میں یہ کمال کی بے صبری کا مظاہرہ کرتے ہیں۔

آج پاکستان کے عوام کی شعوری تباہی اور ملکی تباہی، بربادی میں ان کا سب سے زیادہ ہاتھ ہے ۔جو یہ ہمیں علماء تبلیغ کرتے ہیں انکی اپنی ذاتی زندگی اس کے بالکل الٹ ہے انکا رہن سہن، خوراک، علاج سفر،غرض ہر سہولت اور آسائش موجود ہے انکی اولادیں یورپ اور امریکہ میں تعلیم اور ہر عیاشی کا مزہ لوٹ رہے ہیں،مذہبی جماعتوں کے رہنماو ں کی زندگیاں اور ان کے بچوں کے حالات آج عوام سے ڈھکے چھوپے نہیں ہیں جو عوام کی زندگیوں سے مختلف ہیں،جب کے یہ پھر بھی بڑی بے شرمی اور ہٹ دھرمی سے ہمیں صبر اور قناعت کا سبق دیتے نہیں تھکتے اور خود نہیں بلکہ صرف ہمیں ہی جہنم کے خوف سے ڈراتے ہیں، یہاں مجھے چور مچاے شور کی کہاوت یاد آتی ہے۔جبکہ یہ اپنے مفادات پر کسی قسم کی ہلکی سی چوٹ بھی برداشت نہیں کرتے ان کی حفاظت کی فکر ان کو ہر وقت لاحق رہتی ہے،ایم،ایم ،اے کا حدود آرڈنینس کے خلاف تمام بدبو دار شور اور پراپیگنڈے کے باجود اسمبلیوں کی عیاشوں سے دستبردار ہونے کو تیار نہیں ہیں ان کے قول اور فعل کا تضاد ایک بار بھر ثابت ہو چکا ہے اور یہ کوئی نیا اور پہلی بار نہیں ہوا بلکہ یہ ان کے جھوٹ، فراڈ اور دھوکہ دہی کا مسلسل تسلسل ہے،شرم مگر ان کو نہیں آتی۔اور شوسلزم کے خلاف ان کا سفید جھوٹ اور الہامی پراپیگنڈہ بھی ان کی مراعات ،آسائشوں، بالادستی اور حکمرانی کا دفاع ہے

اس سے زیادہ اس میں کوئی صداقت اور سچ نہیں ہے۔

آج عالمی سطح پر بھی سوشلزم کو نہایت توڑ موڑ کر پیش کیا جاتاہے تا کہ ظلم اور طبقاتی استحصال کی حکمرانی کو قائم رکھا جا سکے اس کے لیے جہاں وہ مسلم ممالک میں مذاہب کو بڑی بے دردی اور بھونڈے طریقہ سے استعمال کر تے ہیں وہاں وہ ترقی یافتہ ممالک میں اس کو آمریت اور ناکام نظریہ گردانتے ہیں اس کے لیے وہ روس اور مشرقی یورپ کو بطور بہترین مثال پیش کرتے ہیں۔یہ جھوٹ نہ صرف پاو ں کٹا ہے بلکہ سر کٹا بھی ہے اور یہ صرف ان حکمرانوں کا کمال ہے کہ انہوں نے اس کو کھڑا کیا ہوا ہے حالانکہ یہ کوئی انسانی نہیں بلکہ خدائی کام ہی ہو سکتا ہے ویسے تو یہ بھی خدائی طاقت کے دعوے دار ہیں۔

حقیقت اس کے بالکل الٹ ہے۔پہلی اور فیصلہ کن متفقہ بات یہ ہے کہ کسی ناکامی یا کامیابی کوانسانوں پر استحصال کے لیے استعمال کر نا غیر انسانی ،قابل نفرت اور قابل مذاحمت ہے روس اور مشرقی یورپ کی ناکامی کو ہم بھی تسلیم کر تے ہیں کھلے دماغ اور وسیع ظرف سے لیکن اس طرح جس طرح سچ اور حقائق ہیں نہ کہ ظلم کے لیے جواز اور تنگ نظری سے۔

روس اور مشرقی یورپ کی ناکامی کی بات کرنے سے پہلے ہمیں یہ معلوم ہونا ضروری ہے کہ سوشلزم، کیمونزم کیا ہے؟کیا ان ممالک میں سوشلزم آیا تھا؟ کیسے ؟اور کیوں؟ اور کس لیے؟ اور وقت کے ساتھ ساتھ اس میں کیا تبدیلیاں ہوئیں؟اور پھر ہم اس کی ناکامی کے اسباب پر بات کرنے کے قابل ہو سکیں گئے ہمارے حکمرانوں کی سب سے بڑی مصیبت یہ ہے اور ان کے ماننے والوں کی ان کے نزدیک اپنی جہالت پر ہٹ دھرمی سے ڈٹے رہناہی علم و دانش ہے اور اس کا ان کو چاہے رتی بھر بھی علم نہ ہو یہ ہر علم اور چیز کو چاہے ان کو اس کا علم

ہو یا نہ ہو یہ اپنی برتری اور افضلیت کے لیے استعمال کرتے ہیں۔نیم حکیم خطرہ جان اور نیم دانش علم کی دشمن ہوتی ہے۔

حقائق اور تاریخ ہمیں یہ بتاتے ہیں کے روس میں لینن اور ٹراٹسکی کی قیادت میں عوام کی ایک بڑی اکثریت نے ظالم ترین زار شاہی کی سرمایہ دارانہ حکومت کا تختہ الٹ کر مزدور جمہوریت قائم کئ تمام ذرائع پیداوار کو محنت کشوں کے جمہوری کنٹرول میں دے کر بھرپور استعمال میں لا کر زیادہ سے زیادہ پیداوار کر کے عوامی ضرورتوں کو پورا کرنے کی مکمل کوشش کی گئ۔جس کے نتیجہ میں اس انقلاب نے روس کو چند ہی دہائیوں میں ایک پسماندہ ترین ملک سے جو آج کے پاکستان سے بھی کہیں زیادہ ترقی پذیر اور پسماندہ ملک تھا نہ صرف ترقی یافتہ بنادیا بلکہ سوویٹ یونین دنیا کی دوسری بڑی سپر پاور بن کر ابھرا یہ ترقی نہ صرف انسانی تاریخ میں پہلی بار ہوئی تھی بلکہ سرمایہ دارنہ سماج میں ایسی اعلی اور تیز ترین ترقی کا تصور بھی ناپید ہے جس کی بدولت سماج میں انسان کی حقیقی آزادی کو ٹھوس مادی بنیادیں میسر آئیں ہمارے دشمن بھی اس کا اقرار کریں گئے۔

خوندگی 99فیصد تھی،دنیا میں سب سے زیادہ یونیورسٹی ہولڈر، ڈاکٹر،انجنیئر،سائنس دان اور ماہرین روس کے پاس تھے ترقی کی شرح 28فیصد سے30فیصد تک پہنچ گئ تھی ،خلائی نظام میں میں بھی روس کو دنیا میں اول حثیت حاصل ہے، اس نے سب سے پہلے چاند پر خلائی شٹل بھج کر دنیا کو حیران کردیا،30 سے زائدبنیادی اور اہم صنعتوں میں دنیا کی سب سے زیادہ پیداوار کرتا تھا ،آج بھی انڈر گرونڈ مترو کے نظام میں دنیا کے پہلے نمبر پر ہے، عورتوں کی مردانہ حاکمیت اور طبقاتی،درجاتی استحصال کے خلاف عملی اقدامات کیے گئے،بچوں،بوڑھوںاور عورتوں جو سرمایہ دارانہ سماج میں سب سے زیادہ ظلم کا شکار ہوتے ہیں

کو ریاستی مکمل تحفظ دیا گیا ، بنیادی اور ثانوی تعلیم تمام آبادی کے لیے مفت اور لازمی تھی ، بے روزگاری ایک جرم تھا ،وغیرہ وغیرہ۔

اس 1917 کے بالشویک انقلاب نے نہ صرف دنیا پر اس حقیقت کو آشکار کیا کہ مارکسزم ایک خیالی اور خوابی نظریہ ہی نہیں بلکہ عملی اور آج انسانی ترقی اور سماجی ارتقا کے لیے ناگزید ہے۔انقلاب کی تعمیر اور ثمرات کو نہ صرف قائم رکھنے بلکہ ان کو بڑھانے کے لیے لینن نے چار بنیادی اصول واضح کیے تھے۔

۔1 تمام ریاستی اہکار پنچائتوں سے منتخب ہو کر اوپر آئیں اور اپنا عرصہ پورا کرنے کے بعد واپس جائیں ، بدعنوانی کے الزام میں ملوث افراد کو اپنی مدت پوری کرنے سے پہلے بھی واپس بولانے کا اختیار پنچائتوں کو ہو۔

۔2ایک مخصوص فوج کی بجائے تمام عوام کواجتماعی طور پر مسلح کیا جائے۔

۔3کسی بھی ریاستی اہلکار کی تنخواہ ایک عام ہنر مند مزدور سے زیادہ نہ ہو۔

۔4تمام معیشت عوام کے جمہوری کنٹرول میں ہو۔

یہ ایک انقلاب کے عبوری دور کا عبوری پروگرام تھا۔جس کے ساتھ لینن نے کہا تھا کہ روسی انقلاب کی مضبوطی،اور استحکام صرف ایک عالمی انقلاب کے پھیلا و میں ہی ہے اور ہم کبھی بھی عالمی دنیا سے کٹ کر زندہ نہیں رہ سکتے ہمیں اپنی تمام تر قوتوں کو عالمی انقلاب کے لیے خاص اہمیت دے کر متحرک کرنا ہو گا۔لیکن 1923 میں جب جوزف سٹالن بر سر اقتدار آیا تو اس نے نہ صرف لینن کے عبوری پروگرام کے خلاف ہر اقدام کیا بلکہ انقلاب کی بنیاد

اور عالمی احساس تک کے نشان کو مٹا دیا۔تیسری انٹرنیشنل کو باقاعدہ ختم کر کے قومی سوشلزم کا تباہ کن نظریہ متعارف کروا کے عالمی انقلابات کو برباد کر دیا۔سامراج کو شکست دینے کی بجائے اس سے دوستانہ ،مفادپرستانہ معاہدے کیے۔اسرائیل کی خونی جنونی بنیاد پرست سامراج گماشتہ ریاست کو سب سے پہلے تسلیم کر کے انسانیت کے منہ پر کلک تھوپ دیا۔

لینن کے اسباق کو غلط رنگ میں پیش کیا گیا،ٹراٹسکی جو سرخ فوج کا وزیر تھا اور لینن کا قریبی دوست اور انقلاب کا بانی اور نظریہ دان سمیت مخلص اور دیانتدار بالشویک کیڈروں کا قتل عام کیا۔کیونکہ یہ سٹالن کی آمریت اور انقلاب دشمنی کے خلاف صف آر ہو چکے تھے ٹراٹسکی نے اپنی کتاب ،انقلاب سے غداری، میں لکھا تھا ،سوشلزم کو جمہوریت کی اتنی ضرورت ہے جتنی ایک زندہ جسم کو آکسیجن کی،اس نے مزید کہا کہ سٹالن افسر شاہی انقلاب کو تباہی کی طرف لے جا رہی ہے جو مزید70 سال بعداس کی زوال پزیری کی شکل میں سامنے آئے گئ یہ حقیقی مارکسی سائنس پر کیا گیا تجزیہ آج ایک ٹھوس سچ ہے۔جس سے انقلاب کی زوال پذیری کا عمل شروع ہوااور اپنے انجام کو پہنچاجو سٹالن ازم کی ناکامی،تباہی ہے نہ کہ سوشلزم کی بلکہ اس نے مارکسزم کی عالمی نظریاتی سچ کو اور بھی درست ثابت کیا ہے۔

آج عالمی مالیاتی نظام تاریخی استبداد کی نظر ہو چکا ہے یہی وجہ ہے کہ آج ہر ظلم اور زیادتی کے خلاف اٹھنے والی تحریک براہ راست سرمایہ داری اور سامراج کے خلاف اور سوشلسٹ انقلاب کے راستے پر چل پڑتی ہے،وینزویلاکا ہوگو شاویز جو ملک سے بدعنوانی اور غیریبوں پر ظلم کے خلاف میدان عمل میں آیا تھا یہ سوشلسٹ نہ تھا اور نہ سرمایہ داری ختم کر کے سوشلسٹ انقلاب چاہتا تھالیکن آج اس کو اپنے تجربے کی بنیاد پر یہ احساس ہو اچکاہے کے سرمایہ دارانہ نظام میں اصلاحات کی کوئی بھی گنجائش موجود نہیں ہے ملک میں کسی بھی برائی

کے خاتمے کے لیے سرمایہ داری اور سامراج کو شکست دینا ضروری ہے طاقت کو اشرفیہ سے چھین کر مزدوروں کو دینا ناگزیر ہے اور آج یہ ملکی اشرفیہ اور امریکی سامراج جو اس کے دشمن بن چکے ہیں کے خلاف سینہ سپر ہے ،ایک عالمی عوامی اتحاد کی اشدضرورت ہے تاکہ وینزویلا کے عوام اور انقلاب کا مضبوط دفاع اور تحفوظ کیا جائے اور عالمی سوشلزم کو پھیلایا جائے۔سوشلزم کے خلاف شور کرنے والے پسماندگی، جہالت، بھوک، ننگ، افلاس، جنگ، قتل، جرائم، لوٹ مار، استحصال، دین ،دھرم، ایمان، سب روپیہ، پیسہ اور اسکی حفاظت ہے اور اس فراڈ کے اوپر سبز چولا، پیلی ،سبز، کالی پگیں یا اسلام کا لیبل ہے اور بس۔

ہمیں ڈٹ کر یہ بات عام کرنی چاہیے کہ اسلام یا کسی بھی مذہب کے نام پر کمائی اور دوکانداری کا سلسلہ فورا بند کیا جائے۔مذہب خاص شخصی معاملہ ہے ہر انسان کو اپنے مذہبی فرائض کی ادائیگی میں مکمل آزادی ہونی چاہیے۔۔مذہب ایک ذاتی اور جذباتی مسئلہ ہے اس پر بات یا پراپیگنڈے سے نہ صرف دوسرے عقائد کے لوگوں کی دل آزاری ہوتی ہے بلکہ اس سے تفرقہ بازی ،جنونیت اور قتل وغارت ہوتی ہے جسکی قطعی اجازت نہیں ہونی چاہیے۔ ۔ریاست کو مذہب سے الگ کیا جائے تاکہ کسی ایک فرقہ یا مذہب کی بنیاد پر عوام کے طبقاتی استحصال کا خاتمہ کیا جاسکے۔تمام مذہبی اور تفرقاتی مدرسوں، پارٹیوں اور تنظیموں پر فورا مکمل پابندی عائد کی جائے۔

اس طرح ہم نہ صرف ترقی کی طرف ایک قدم اٹھائیں گئے بلکہ کفر ازم کے منافقانہ پراپیگنڈے کے استحصالی پردے کو بھی نوچ ڈالیں گئے اور تعصابات سے پاک خالص طبقاتی جدوجہد کو آگے بڑھیں جو تاریخ کا آج اہم ترین فریضہ اور وقت کی اشد ضرورت ہے۔

چودہ اگست یوم آزادی - میں نہیں مانتا میں نہیں جانتا

اگر آزادی کے معنی بھوک، ننگ، غربت ، افلاس، بے روزگاری، ذلت ، مہنگائی، ظلم، استحصال، خودکرشیاں، ریاستی قتل وغارت، بھیانک فوجی آمریتیں، بے بس اور لاغر جمہوری حکومتیں، سرمائے کا جبر، امریکی سامراج کی غلامی اور دلالی، ملائیت کی جنونیت، خونی فرقہ واریت، مظلوم قومتیں، اور جب ایسی آزادی میں زندگی عذاب اور موت سنہرا خوب بن جائے تو یہ آزادی نہیں اور اگر یہ آزادی ہے تو پھر ہمیں یہ کہنے کا حق حاصل ہے اور ہمیں کہنا چاہیے کہ ،، میں اسے نہیں جانتا، میں اسے نہیں مانتا۔

پاکستان کو بنے آج اکسٹھ سال ہوچکے ہیں اور وہ کون سا ایک بھی بنیادی مسئلہ ہے جو حل ہوا ہو؟بلکہ اس کے الٹ ہرروز نئے سنگین اور شدید معاشی ، سماجی ، ریاستی، سیاسی، داخلی اور خارجی مسائل کے اژدھا پاکستان میں تباہی اور بربادی پھیلا رہے ہیں۔نظام بے بس اور حکمران خاموش تماشائی ہیں۔جس سے ملک میں لوٹ مار اور انا کی کا بازار گرم ہو چکا ہے حکومت نے فلور ملوں کو آٹے کی بوری 380 تین سو اسی روپے میں فروخت کرنے کا حکم دیا تو ملز ملکان نے اسے ماننے سے انکار کر دیا اسی طرح کراچی میں دوھ بیچنے والے گوالوں نے حکومتی ریٹ پر دوھ فروخت کرنے سے صاف انکار کر دیا۔پی ٹی سی ایل کے ڈیلی ورکرز کی

ایک زبردست جدوجہد ک اور تحریک کے بعد وزیر اعظم یوسف رضا گیلانی نے انہیں مستقل کرنے کا اعلان کیا تھا جس کو ریاستی افسر شاہی ماننے سے انکاری ہے اور ان پی ٹی سی ایل ورکرز کو مستقل نہیں کیا گیا جس سے پی ٹی ایل کے مزدور آج پھر سڑکوں پر آ چکے ہیں۔ آج پاکستانی محنت کش عوام کے لیے جینا ایک دکھ ، درد اور عذاب بن گیا گیا۔

جبکہ بینک اربوں روپے کما رہے ہیں اور پچھلے چند سالوں میں پاکستان میں سب سے زیادہ غیر ملکی غیر پیداواری سرمایہ یعنی غیر ملکی بینک آئے اورانہوں نے منافع کمائے ہیں جبکہ کہ کسی بھی ملک کی ریڈی کی ہڈی صنعت وحرفت ہوتی ہے وہ بالکل تباہ ہوگئی ہے۔جب سے ملک میں جمہوری حکومت قائم ہوئی ہے اسکی ناکامی کی وجہ سے تب سے اب تک ملک سے تیس فیصد کے قریب پیداواری سرمایہ بیرون ملک منتقل ہوچکا ہے۔صدر مشرف کی فوجی وردی اتار کر سول صدر بنے سے اب تک پاکستان میں4000 چار ہزار سے زائد چھوٹی بڑی صنعتیں بند ہو چکی ہیں۔پاکستان آج دنیا میں غربت اور مالی مسائل سے تنگ آکر خود کرشیاں کرنے لوگوں کا نمبر ون ملک بن چکا ہے۔پاکستان جسکو ملا اپنی ذاتی جاگیر سمجھتا ہے یہاں آج افلاس کے ہاتھوں تنگ آئی عورتیں سب سے زیادہ جسم فروشی پر مجبور ہیں۔سماجی مسائل سے جنم لینے والے زہنی دباوا ور کھچاو سے پاکستان میں سب سے زیادہ قتل ہوتے ہیں آج پاکستانی عدالتوں میں 55000 پچپن ہزار سے زائد قتل کیس زیر سماعت ہیں جو دنیا میں بلند ترین شرح ہے اس میں ابھی وہ قتل شامل نہیں ہیں جو عدالتوں تک نہیں آتے اور پہلے ہی مک مکاو ہو جاتا ہے۔

ایک بچوں کی عالمی تنظیم نے پاکستان میں سال2008 دو ہزار آٹھ کو بچوں سے زیادتی کا ظالم ترین سیاہ سال قرار دیا اس سال25000 سوا دو ہزار سے زائد بچوں کو جنسی تشدد کا نشانہ بنایا

گیا۔اور یہ تعداد حقیقی تعداد سے آدھی بھی نہیں ہے۔پاکستان میں افراط زر20 بیس فیصد کے قریب ہے جو ترقی پذیر ممالک میں دوسرے نمر پر ہے۔585 پانچ سو بیاسی ارب روپے کا بجٹ خسارہ ہے،57 ستارہ ارب ڈالر کا تجارتی خسارہ ، گیارہ اعشاریہ چھ ارب ڈالر کا کرنٹ اکاونٹ خسارہ موجودہ بجٹ میں موجود ہے۔قومی اسمبلی کے ایک ممبر کی ماھوار تنخواہ ایک لاکھ بیس ہزار سے دو لاکھ روپے تک ہے۔اس کے دفتر کے لیے ایک لاکھ چالیس ہزار روپے ہر ماہ حکومت ادا کرتی ہے۔ایک ممبر کے لیے سال میں چالیس سفر بزنس کلاس میں بیوی اور تمام بچوں کے ساتھ مفت ہیں۔غرض سالانہ ایک قومی اسمبلی کے ممبر پر قومی خزانے سے سواتین ارب کا خرچ آتا ہے اور قومی اسمبلی جو پانچ سال کے لیے ہوتی ہے اس پر قومی خزانے سے آٹھ سو کڑور روپے سے زائد خرچ کئے جاتے ہیں۔اگر دیکھا جائے تو کیوں اور کس لیے؟ صرف پریس اور خبروں کے لیے یا سامراج کو اپنی اطاعت اور فرمابرداری کا یقین دلانے کے لیے۔اور انکی سامراجی پالیسیوں کو لاگو کرنے کے لیے۔ملک میں سرمایہ داروں جاگیر داروں کی مزید لوٹ مار اور اس کو قانونی تحفظ دینے کے لیے۔سا مراج ، منڈی اور مالیاتی استحصال کے مفادات کے تحفظ اور عوام دشمنی کے لیے۔اس کے علاوہ اسکا کوئی عملی کام نہیں ہے۔ پاکستان میں فوجی آمریتوں نے جہاں گہرے زخم لگائے وہاں جمہوریتوں نے ان اس پر مرہم نہیں بلکہ ان پر نمک چھڑکا۔آج پارلیمنٹری سیاست میں صدر مشرف کے مواخذے کا شور ہے لیکن عوام کے گھروں میں روٹی ، کپڑے ، مکان کی شام غریبا برپاہے۔عوام کے لیے سیاست زندگی اور موت کا مسئلہ ہے جبکہ روئتی قیادتوں اور حکمرانوں کے لیے ایک عیاشی جس کا تمام بوجھ بھی غریبوں کو اٹھانا پڑتا ہے۔

مسئلہ آج صدر کے مواخذے، ججوں کی بحالی، نئے صدر، فوج کی سیاست میں مداخلت،

جمہوریت اور آمریت کا نہیں کیونکہ یہ سب کھیل نظام زر جو عوام کے استحصال پر قائم ہے کو بچانے کے مہک ہتھیار ہی ہیں جو پاکستان میں آزمائے جا چکے ہیں مسائل آج پاکستان کی اکثریتی عوام کے لیے زندگی کی بنیادی ضرورتیں، سماجی اور اقتصادی مسائل کا حل ہے جو موجودہ نظام اور حکمران حل کرنے سے مکمل قاصر ہیں۔یہ آج کا تمام ریاستی ڈھانچہ عوام کے مسائل نہیں بلکہ امیروں کے مزید منافع کے مسائل حل کرتا ہے۔ہمیں موجودہ روائتی قیادتوں ، پارٹیوں، حکمرانوں، سیاست دانوں، سامراجیوں، اور ان کے سرمایہ دارانہ نظام سے بغاوت کرنا ہوگئ اور اس زمین پر انقلاب کرنا ہوگا ایک مارکسسٹ سوشلسٹ عوامی انقلاب۔ اور تب جا کر عوام اور انسانیت کو سرمایہ دارانہ زنجیروں سے آزادی حاصل ہوگئ اور یہی حقیقی آزادی ہوگئ اور تب ہی ہم جشن منائیں گئے اور پھر اس جش میں صرف پاکستان کی عوام نہیں بلکہ عالمی محنت کش عوام شامل ہوگئ۔چودہ اگست جشن کا نہیں بلکہ ایک عہد کا دن ہے کیونکہ اکسٹھ سال پہلے عوام سے ایک دھوکہ ہوا تھا عوام اور محنت کشوں کے نام پر انکے خون اور قربانیوں پر دولت مندوں نے اپنی لوٹ مار اور استحصال کے لیے ایک الگ علاقہ یا منڈی حاصل کی تھی۔یہ پاکستان کے جاگیرداروں، سرمایہ داروں ، فوجی آفسروں، نوابوں، اور امیروں کی آزادی تھی عوام کی نہیں کیونکہ عوام تو پہلے سے بھی زیادہ پس گئے ہیں۔اور تباہ حال ہیں۔ایک بار پھر عوام کو اپنی صفوں میں طبقاتی اتحاد پیدا کرنا ہوگا۔لڑناہوگا ، برصغیر پاک وہند کے انیس سو چھیالیس کے انقلاب اور پاکستان میں انیس سو اٹھاسٹھ کی انقلابی روایات کو زندہ کرکے جو مقاصد تب پورے نہیں ہوئے تھے اب پورے کرنے ہیں ان ادھورے انقلابوں کو اب پورا کرنا ہے۔اپنی آزادی کے لیے عوامی راج کے لیے۔اٹھو کہ اب وقت تھوڑا ہے

زبان و ادب اور ثقافت کی بقا کی تحریکیں ہی اسکی موت کا سبب کیوں؟

سامراجی مالیاتی یلغار نے جہاں ترقی پذیر ممالک کو اپنا مکمل معاشی غلام بنا لیا ہے وہاں ان ترقی پذیر ممالک کی ثقافتی اقدار اور زبانوں کو بھی روند ڈالا ہے جس سے پاکستان میں آج مقامی علاقائی زبانیں اور کلچر تباہ ہو چکا ہے یا تباہی کے دھانے پر ڈگمگا رہا ہے جس کی جگہ مغربی سامراجی زبانیں اور روایات لے رہی ہیں جبکہ کسی بھی قوم کی زبان اور ثقافت اسکی ہزاروں اور لاکھوں سالہ زندگی کا اثاثہ ہوتا ہے۔جو کسی بھی قوم کی پہچان اور اس کی زندگی کی احساس ہوتی ہے۔کسی قوم سے اسکی زبان اور ثقافت چھین لینا کا مطلب اسکی سفاکانہ جبری موت ہے یہ ایک الگ بحث ہے کہ زبان و ادب اور ثقافت کوئی مستقل اور مقدس چیز نہیں ہے بلکہ یہ سماجی ارتقا میں مسلسل تغیرو تبدل کا شکار رہتی ہے۔

سیاست جہاں معیشت کی اعکاس ہے وہیں پر منڈی کا یہ مسلمہ اصول ہے کہ جس کا پیسہ ہو گا اسی کی زبان اور اسی کی رسم ورواج بازار پر غالب ہوں گئیں۔موجودہ عالمی منڈی پر امریکی، جرمن ، فرانس اور چینی حکمران مسلط ہیں جنگی حکمرانی کے فرائض امریکی حکمران اپنی بڑی منڈی اور زیادہ جنگی اسلحہ کی بنیاد پر کر رہے ہیں۔اس لیے دنیا میں امریکی حکمرانوں کا طوطی بولتا ہے اور انکی زبان اور کلچر کا ہر جگہ بول بالا ہے۔حالانکہ چین اس وقت دنیا کا بڑا

ایکسپورٹر ملک ہے اور بڑی معیشت رکھتا ہے لیکن اس کے باوجود اسکو انگلش اور جرمن زبان کی ضرورت ہے۔کیونکہ چین کی بڑی منڈی امریکہ اور یورپ ہے جو چینی معیشت کی جان ہے۔ چینی معیشت جرمنی کی ہیوی انڈسٹری کا مقابلہ نہ کر سکنے کی وجہ سے چین میں آج انگریزی کے ساتھ ساتھ جرمن زبان بھی سکولوں اور یونیوسٹیوں کے نصاب کا حصہ ہے۔اسی طرح آج جرمنی میں چینی اور انگریزی زبان بھی تعلیمی اداروں کے نصاب کا حصہ ہے اور امریکہ میں جرمن اور چینی زبان نصاب میں شامل ہے۔دنیا میں آج انگریزی برطانیہ کی دم توڑتی کمزور منڈی کی وجہ سے نہیں بلکہ امریکہ کی بڑی منڈی کی وجہ سے حکمران زبان ہے۔

موجودہ عالمی مالیاتی نظام میں ہر شے کی پیداوار اور خاتمے کا مقصد سرمایے میں اضافہ ہے اس لیے ہر مقدس رشتہ ، مقدس پیشہ ، ہر بولی ، ثقافت اور ہر دوستی اور دشمنی کو سرمایہ کی سستی لونڈی بناکر اس کی عزت کو خاکستر کر ڈالا ہے۔آج سرمایہ داری نے موجودہ زندہ انسانی سماج میں مردہ مال وزر کو اتنا باعزت اور طاقت وار بنا دیا ہے کہ اس نے ہر انسانی مخلص جذبے اور رشتے کو کچل دیا ہے۔جہاں زندگی اور موت براہ راست سرمایہ کی محتاج ہو وہاں سرمایے کے جبر سے آزادی کے بغیر زبان و ادب اور کلچر کی بقا اور آزادی کے متعلق سوچنا بھی گناہ کبیرہ ہے جس کی سزا مالیاتی دنیا میں صرف جہنم ہی ہے۔

عمومی طور پر پاکستان اور خصوصی طور پر بیرون ملک میں اردو ، پنجابی اور پاکستان کی دوسری زبانوں اور ثقافتوں کو بچانے کے لیے کئی تنظیمیں اور تحریکیں بڑی بے چارگی سے ہاتھ پاوں مارتی نظر آتی ہیں۔اسی سلسلے میں بے شمار پروگراموں اور ادبی محفلوں کا انعقاد بھی کیا جاتا ہے۔ان ادبی اور ثقافتی محفلوں میں ادب ، شاعری اور زبان کی نوعیت اور ہیت کو پڑھائی ، لکھائی اور اسکے ہنر تک محدود رکھتے ہوئے اسکی تعمیر و ترقی کے بڑے بڑے لیکچر دیئے نہیں

بلکہ پلائے جاتے ہیں اور ان پروگراموں میں زبان و ادب اور کلچر کو کسی دوسرے پہلو سے جس میں معاشی ، سیاسی اور سماجی پہلو شامل ہیں جائزہ لینا اور بات کرنا بے ادبی اور شجر ممنوع ہے۔اس لیے اس شعبہ زندگی سے منسلک تمام شخصیتیں ، تنظیمیں اور تحریکیں اپنے نصاب کے علاوہ بقیہ تمام علوم کو اپنے لیے ناصرف اچھوت سمجھتے ہیں بلکہ زہر قاتل بھی مانتے ہیں اسی لیے تمام زبان و ادب اور ثقافتی پروگراموں کے آغاز اور اختتام میں اپنے غیر سیاسی اور غیر جانبدار ہونے کی دانش مندانہ یقین دہانی کرنے کی کوشیش کرتے ہیں۔حالانکہ وہ اس کوشیش میں اپنی غیر دانش مندی کا یقین دلادیتے ہیں۔کیونکہ زبان ، ادب اور ثقافت سماج سے کٹا کوئی الگ تھلگ مسئلہ نہیں ہے بلکہ یہ دوسرے سماجی مسائل کی طرح سماج میں گہرا پیوست معاشرتی مسئلہ ہے اور جب ہم اس کو دوسرے سماجی مسائل سے علیحدہ کرتے ہیں تو پھر یہ ایک تعصب اور کم ظرفی بن جاتی ہے جس پر استاد غالب نے کہا تھا ، ظرف خالی ہو صدا دیتا ہے۔بالکل اسی طرح آج زبان و ادب اور ثقافت کو ماننے والے اور اس کے علمبردار بے ہنگم صدائیں دے رہے ہیں جو فقروں کی صداوں سے مختلف نہیں ہیں جبکہ تفرقہ پرستی ان میں ملاوں سے بھی زیادہ ہے۔اور یہ ملا ہی تو ہیں لیکن یہ مذہب کی بجائے علم و ادب کا دھندہ کرتے ہیں اور وہ بھی زیادہ تر مفت میں اس لیے یہ ملاوں سے زیادہ زہریلے ہیں۔

ایک ہی زبان و ادب اور ثقافت کو ماننے والوں کی بے شمار تنظیمیں اور تحریکیں ہیں جو ایک دوسرے سے دست و گریباں ہی نہیں ہیں بلکہ آستینوں میں سانپ بھی رکھتے ہیں۔کوئی بھی اپنے علاوہ کسی دوسرے کو ماننے کو تیار ہی نہیں ہے۔سب اپنے آپ کو حسین اور دوسرے کو یزید سمجھتے ہیں۔اب آپ ہی فیصلہ کریں کہ یہ علم و ادب اور ثقافت کے پاسبان ہیں یا کہ اس کے حقیقی دشمن؟ سرکاری علم وادب کی تنظیمیں بھی ہماری سرکار جیسی بد عنوانیوں کے ڈھیر

ہیں جس میں کہیں کہیں علم و ادب دبا پڑا مل جاتا ہے۔ایواڈ اور سندیں تو آج اتنی ہیں جیتنی سائنس نے آج تک بیماریاں دریافت نہیں کیئں کیونکہ یہ بھی سستی شہرت کی گھٹیا نمائش ہے۔ان سب سے تو کئی درجے بہتر وہ جماعت احمدیہ ہے جس سے بے شک ہمارے ناقابل مصالحت نظریاتی تضادات ہیں جو رہیں گئے۔جنہوں نے جرمنی میں اردو بولنے اور سیکھنے کے لیے مفت سکول کھول رکھے ہیں جہاں بڑوں اور بچوں کو اردو پڑھائی اور لکھائی جاتی ہے اور فرینکفرٹ میں ایک بڑی ترین لائبریری بھی قائم ہے جس میں زیادہ تر اردو کی کتابیں موجود ہیں۔

پاکستان میں ایک قوم اور اسکی مشترکہ زبان اور ثقافت کی تعمیر وترقی نہ ہو سکنے میں موجودہ نظام کے پیدا کردہ معاشی اور سماجی مسائل کا عذاب حائل ہے جس وجہ سے اردو قومی زبان ہونے کے باوجود بھی عملی طور پر قومی زبان نہیں ہے۔پاکستان میں زبان و ثقافت بھی ایک طبقاتی مسئلہ ہی ہے۔حکمرانوں کی زبان انگریزی ہے اور ثقافت یورپی کیونکہ دنیا کے تمام حکمرانوں کی ثقافت ہمیشہ مشترک ہی ہوتی ہے جنکا تعین انکے مشترکہ مفادات کرتے ہیں۔ جبکہ عام غریب عوام انگلش میڈیم سکولوں میں تو کیا پڑھے گئے انکے پاس تو اردو پڑھنے لکھنے کے پیسے بھی نہیں ہیں جس سے یہی بدحال سماجی حالات انکے ثقافتی معیار کا تعین کرتے ہیں۔ پاکستان کے احساس کمتری کے مارے حکمران جب غیر ممالک جاتے ہیں تو انگریزی ہی بولتے ہیں جیسی اور جیسے بھی بولیں۔اور جب غیر ممالک کے حکمران پاکستان آتے ہیں تو انکی زبان کا بھی انگریزی میں ہی ترجمہ ہوتا ہے جس کو پاکستان کی اکثریتی عوام سمجھنے سے قاصر ہے تمام دفاتر میں انگریزی ہی چلتی ہے اس کے باوجود اردو ہماری قومی زبان ہے جو ایک سفید جھوٹ ہے اور ریاکاری ہے۔زبان پر ہمارا کوئی تعصبی اور بنیاد پرستانہ نقطہ نظر نہیں ہونا

چاہیے تمام بولیاں عوام کی ہیں اور سب قوموں کو اس پر مکمل آزادی اور خودمختاری حاصل ہونی چاہیے لیکن سرمایے کی بنیاد پر کسی بھی زبان پر استحصال ہمیں قابل قابل نہیں ہے جس کے خلاف تمام عوام کو متحد ہو کر لڑانا چاہیے جبکہ موجودہ ادبی فرقے اسی اتحاد کو توڑنے کے لیے کمر بستہ ہیں۔

پاکستان ایک ملک اور ایک قوم ہونے کے باوجود نہ تو ایک حقیقی ملک ہے اور نہ ہی ایک حقیقی قوم ہے۔بلکہ یہ بہت سی قومیتوں اور زبانوں کا ایک ریاستی مالیاتی جبر کے زریعے زبردستی اکٹھ ہے جسے برطانوی سامراج نے ترتیب دیا۔کیونکہ پاکستانی ریاست آج تک اپنے سماجی اور معاشی مسائل کو حل ہی نہیں کر سکی بلکہ اس میں مزید ناقابل برداشت اضافہ ہونے سے ہر روز بڑھتے عدم استحکام اور انتشار نے پاکستان کے قیام اور وجود پر خود ہی بڑا سوالیہ نشان لگا دیا ہے۔قومی اور مذہبی قتل و غارت نظریہ پاکستان کی دھجیاں بکھر رہی ہیں۔ یہ حالات پاکستانی ریاست کو ایک ناکام ریاست ثابت کرنے کے لیے کیا کافی نہیں ہیں جہاں انسانی زندگی کو اتنا بھیانک بنا دیا گیا ہے کہ عوام موت کی آغوش میں سکون محسوس کرتے ہیں۔

اردو کسی حد تک رابطے کی زبان ضرور ہے لیکن مکمل رابطے اور اشتراک کی زبان چونسٹھ سال بعد آج تک نہیں بن سکی اور مستقبل میں تو سماجی او ر معاشی بدحالی نے اس کے آثار بالکل ہی مخدوش کر دیئے ہیں۔کیونکہ پاکستانی ریاست آج تک وہ ٹھوس سماجی حالات پیدا ہی نہیں کر سکی جس پر ایک قوم اورایک زبان کی تعمیر ممکن ہو سکتی ہے جس طرح مغرب میں ہوا تھا ۔پاکستان کا قیام اس دور میں آیا جب دنیا میں سرمایہ داری عالمی مالیاتی شکل اختیار کرچکی تھی ۔قومی ریاستوں اور قومی منڈیوں کا تصور مٹ رہا تھا۔اور جب بھی تاریخ میں وقت کے

خلاف فیصلے کیے گئے تو وقت نے ایسی ہی سزا دی کیونکہ وقت بہت بے رحیم ہے اور اس کا انتقام بہت بھیانک۔

زبان ، ثقافت اور ادب کوئی غیر سماجی مسئلہ نہیں ہے کیونکہ ان عناصر کا وجود معاشروں کو تعمیر کرنے کی انسانی جدوجہد کے نتیجے میں وقوع پذیر ہوا جسے آج کے جعلی دانشواروں اور ادبی حلقوں نے سماجی جدوجہد سے کاٹ کر تعصب زدہ بہودگی بنا دیا ہے۔جو جہالت اور پسماندگی کی معراج ہے۔لوگ آج انگریزی اس لیے پڑھتے اور سیکھتے ہیں کہ اس سے اچھی ملازمت ملتی ہے اور معاشی زندگی میں آسانی پیدا ہوتی ہے جبکہ اردو ، پنجابی اور دوسری بولیاں آج پاکستانی عوام کو مالی سانسیں نہیں دے سکتیں اور یہ معاشی ضرورتیں ہی ہیں جو کسی بھی شخص کے لیے زندگی اور موت کا مسئلہ ہوتا ہے یہ کسی بھی انسان کے لیے پہلی لازمی ضروتیں ہیں جب انسانی زندگی ہوگئی تب ہی زبان و ادب اور ثقافت بھی زندہ رہ سکتے ہیں۔اس لیے جب تک اردو یا کسی علاقہ میں مقامی زبان یہ اہمیت ، حیثیت اور ضرورت اختیار نہیں کرلیتی جس سے عوام کی معاشی اور سماجی ضرورتیں پوری نہیں ہوتیں اردو یا علاقائی زبانوں کو انکی موت سے کوئی نہیں بچا سکتا ادبی فرقے چاہے جتنا شور مچا لیں۔

جبکہ دوسری طرف پاکستان کا تباہ حال سماجی ڈھانچہ ملک و قوم کا کوئی ایک مالی اور سماجی مسئلہ حل کرنے سے مکمل معذرت خواہ ہے۔جس میں بجلی ، پانی ، گیس ، سڑکیں ، ٹرانسپورٹ ، صحت مند اور ہنر مند مزدور ہیں جو کسی بھی قوم اور ملک کی تعمیر و ترقی میں بنیادی اور لازمی حیثیت رکھتے ہیں یہ سب آج کمیاب اور ناپید ہو چکے ہیں۔یہ سماجی ٹھوس بنیادیں پاکستان کو اپنے آغاز سے ہی میسر نہیں تھیں اور یہاں کے حکمرانوں میں اتنی صلاحیت اور طاقت بھی نہیں تھی اور نہ ہی ہے کہ وہ عالمی منڈی میں کسی قسم کا بھی مقابلہ کر سکیں جس سے وہ

عالمی منڈی میں ایک ایجنٹ ، بھکاری اور غلام بن کر رہ گئے آج پاکستانی ریاست اور معاشرہ اسی کا اعکاس ہے۔جس سے سامراجی ممالک نے انہیں ہمیشہ اپنے مفادات کے لیے ہر طرح سے استعمال کیا کیونکہ گماشتہ سرمایہ دار اور نیم جاگیردار پاکستانی ریاست صرف استعمال ہونے کے ہی قابل ہے۔اس طرح پاکستانی عوام کا خون مقامی اور عالمی حکمرانوں نے ملکر خوب چوسا جس سے اب بجلی ، گیس ، پانی اور پٹرول کی بلند ترین قیمتوں اور لوڈ شیڈنگ نے رہ سہی کسر بھی پوری کر دی اور یہی صنعت و حرفت جو کسی ملک و قوم کی زندگی کے لیے آکسیجن ہے آج تقریبا ناپید ہو چکی ہے۔انہیں کمزور اور لاغر سماجی حالات نے خون ریز مذہبی جنون ، جنگی قومی مسئلہ پسماندہ علم وادب، ثقافت اور زبان کی بربادی کو ٹھوس جواز مہیا کیا ہے۔جنگی تبدیلی کے بغیر ہر نعرہ نہ صرف یوٹوپیائی بلکہ رستے زخموں کا ناسور ہے۔

اس لیے علاقائی ثقافتوں ، زبانوں،علم وادب کی بقا کی جدوجہد براہ راست سماجی تبدیلی سے منسلک ہے جس کے لیے طبقاتی جدوجد ہی واحد راستہ ہے۔اشتراکی معاشرے کی تعمیر کے بغیر کوئی علم و ادب ، زبان اور ثقافت حقیقی آزاد اور انسانی نہیں ہو سکتے۔جہاں علم و ادب اور زبان و ثقافت سرمایے کے لیے ایک جنس اور ذاتی شہرت کی غلاظت نہیں ہو گئی بلکہ انسانوں کی انسانوں کے لیے ، انکی روح کا احساس اور اسکی حقیقی ترجمان ہو گئی۔موجودہ نظام میں جہاں آج انسانی زندگی کو اپنی بقا کا مسئلہ درپیش ہے وہاں بھلا کسی اور جنس کی بقا کی ضمانت ممکن کیسے ہو سکتی ہے۔یقیناً جھوٹے اور دغاباز ہی اس کی ضمانت دے سکتے ہیں۔لیکن ہم کہتے ہیں علم وادب ترقی پسند ہو تا ہے یا تنزل پسند۔رجعتی اور قدامت پسند ادب صرف سماجوں کی بے رحمانہ بربادی پر بندر کی طرح تماشہ ہی کر سکتا ہے۔اگر آج علم و ادب کو طبقاتی جدوجہد اور عوامی انقلاب سے منسلک نہیں کیا جا سکتا تو پھر اسے کسی تاریخ کی غلیظ ترین

ٹوکری میں پھینک دینا چاہیے۔کیونکہ دیر یا بدیر اسکا یہی انجام ہے۔اور یہی ایک ٹھوس سچ ہے اس کے علاوہ تمام علم و ادب کی باتیں زبان درازی کی بیہودگی کے علاوہ کچھ نہیں ہے۔کیونکہ جو علم وادب زندگی نہیں دے سکتا یا اس کا سبب نہیں بن سکتا یا اسکی جدوجہد نہیں کرتا توپھر وہ زندہ سماجوں کا قبرستان بن جاتا ہے۔

علم وادب کی بات چلی تو آخیر میں غالب کا ایک فارسی کا شعر یاد آگیا جو میرے نظریاتی استاد لال خان اکثر مجھے رات کی جوانی میں سنایا کرتے تھے جب آتش جوان تھا اس کے باوجود کے عمر میں وہ میرے سے کافی بڑے ہیں۔یہ شعر انہوں نے مجھے پہلی بار تب سنایا تھا جب میں نیا نیا انقلابی بنا اور روایتی بڑے ، بوڑھے اپنی روائتی باتوں سے انقلاب کے متعلق مجھ میں مایوسی پیدا کرنے کی مکمل کوشیش کرتے۔لیکن اس شعر نے مجھے ہمیشہ زندہ رکھا اس شعر کی فارسی تو یاد نہیں رہی لیکن اس کا ترجمہ کچھ ایسے ہے۔بوڑھوں کو چاہیے کہ وہ نوجوان کو مت سیکھائیں بلکہ ان سے سیکھیں کیونکہ بوڑھے گزرے ہوئے کل کی کمزور بیساکھیاں ہیں جبکہ نوجوان آنے والا مضبوط مستقبل۔غالب کو وہ آج بھی بڑا استاد شاعر کہتے ہیں۔نوجوانوں آگے بڑھو کہ مستقبل تمھارا ہے۔

چودہ اگست جشن آزادی یا ماتم آزادی

اگر آزادی کے معنی بھوک، ننگ، غربت ، افلاس، بے روزگاری، ذلت ، مہنگائی، ظلم، استحصال، خود کرشیاں، ریاستی قتل وغارت، بھیانک فوجی آمریتیں، بے بس اور لاغر جمہوری حکومتیں، سرمائے کا جبر، امریکی سامراج کی غلامی اور دلالی، ملائیت کی جنونیت، خونی فرقہ واریت، مظلوم قومتیں اور اقلیتوں پر وحشی جبر۔اور جب ایسی آزادی میں زندگی عذاب اور موت سنہرا خوب بن جائے تو یہ آزادی نہیں اور اگر یہ آزادی ہے تو پھر ہمیں یہ کہنے کا حق حاصل ہے اور ہمیں بلند آواز کہنا چاہیے کہ ،، میں اسے نہیں جانتا، میں اسے نہیں مانتا۔

پاکستان کو بنے آج چھ دئیاں گزر چکی ہیں اور وہ کون سا ایک بھی بنیادی مسئلہ ہے جو حل ہوا ہو؟ بلکہ اس کے الٹ ہرروز نئے سنگین اور شدید معاشی ، سماجی ، ریاستی، سیاسی، داخلی اور خارجی مسائل کے اژدہا پاکستان میں تباہی اور بربادی پھیلا رہے ہیں۔نظام بے بس اور حکمران خاموش تماشائی ہیں۔جس سے ملک میں لوٹ مار اور انا کی کا بازار گرم ہو چکا ہے حکومت نے فلور ملوں کو آٹے کی بوری کم قیمت میں فروخت کرنے کا حکم دیا تو ملز ملکان نے اسے ماننے سے انکار کر دیا اسی طرح کراچی میں دوھ بیچنے والے گوالوں نے حکومتی ریٹ پر دوھ فروخت کرنے سے صاف انکار کر دیا۔پی ٹی سی ایل کے ڈیلی ورکرز کی ایک

زبردست جدوجہد اور تحریک کے بعد وزیر اعظم یوسف رضا گیلانی نے انہیں مستقل کرنے کا اعلان کیا تھا جس کو ریاستی افسرشاہی ماننے سے انکاری ہے اور ان پی ٹی سی ایل ورکرز کو مستقل نہیں کیا گیا جس سے پی ٹی ایل کے مزدور آج پھر سڑکوں پر آ چکے ہیں۔آج پاکستانی محنت کش عوام کے لیے جینا ایک دکھ ، درد اور عذاب بن گیا گیا۔

جبکہ بینک اربوں روپے کمارہے ہیں اور پچھلے چند سالوں میں پاکستان میں سب سے زیادہ غیر ملکی غیر پیداواری سرمایہ یعنی غیر ملکی بینک آئے اورانہوں نے منافعے کمائے ہیں جبکہ کہ کسی بھی ملک کی ریڈی کی ہڈی صنعت وحرفت ہوتی ہے وہ بالکل تباہ ہوگئی ہے۔جب سے ملک میں جمہوری حکومت قائم ہوئی ہے اسکی ناکامی کی وجہ سے تب سے اب تک ملک سے 30 تیس فیصد کے قریب پیداواری سرمایہ بیرون ملک منتقل ہوچکا ہے۔صدر مشرف کی فوجی وردی اتار کر سول صدر بنے سے اب تک پاکستان میں4000 چار ہزار سے زائد چھوٹی بڑی صنعتیں بند ہو چکی ہیں۔پاکستان آج دنیا میں غربت اور مالی مسائل سے تنگ آکر خود کرشیاں کرنے والے لوگوں کا نمبر ون ملک بن چکا ہے۔پاکستان جسکو ملا اپنی ذاتی جاگیر سمجھتا ہے یہاں آج افلاس کے ہاتھوں تنگ آئی عورتیں سب سے زیادہ جسم فروشی پر مجبور ہیں۔ سماجی مسائل سے جنم لینے والے ذہنی دباو اور کھچاو سے پاکستان میں سب سے زیادہ قتل ہوتے ہیں آج پاکستانی عدالتوں میں55000 ہزار سے زائد قتل کیس زیر سماعت ہیں جو دنیا میں بلند ترین شرح ہے اس میں ابھی وہ قتل شامل نہیں ہیں جو عدالتوں تک نہیں آتے اور پہلے ہی مک مکاو ہو جا تا ہے۔

ایک بچوں کی عالمی تنظیم نے پاکستان میں سال2008 کو بچوں سے زیادتی کا ظالم ترین سیاہ سال قرار دیا اس سال 2225 سے زائد بچوں کو جنسی تشدد کا نشانہ بنایا گیا۔اور یہ تعداد حقیقی

تعداد سے آدھی بھی نہیں ہے۔پاکستان میں افراط زر 20 فیصد کے قریب ہے جو ترقی پذیر ممالک میں دوسرے نمر پر ہے۔582 ارب روپے کا بجٹ خسارہ ہے، 57 ارب ڈالر کا تجارتی خسارہ ، گیارہ اعشاریہ چھ ارب ڈالر کا کرنٹ اکاونٹ خسارہ موجودہ بجٹ میں موجود ہے۔قومی اسمبلی کے ایک ممبر کی ماھوار تنخواہ120000 ایک لاکھ بیس سے200000 دو لاکھ روپے تک ہے۔اس کے دفتر کے لیے140000 ایک لاکھ چالیس ہزار روپے ہر ماہ حکومت ادا کرتی ہے۔ایک ممبر کے لیے سال میں40 چالیس سفر بزنس کلاس میں بیوی اور تمام بچوں کے ساتھ مفت ہیں۔غرض سالانہ ایک قومی اسمبلی کے ممبر پر قومی خزانے سے سوا تین ارب کا خرچ آتا ہے اور قومی اسمبلی جو پانچ سال کے لیے ہوتی ہے اس پر قومی خزانے سے800 آٹھ سو کڑور روپے سے زائد خرچ کئے جاتے ہیں۔اگر دیکھا جائے تو کیوں اور کس لیے؟ صرف پریس اور خبروں کے لیے یا سامراج کو اپنی اطاعت اور فرمابرداری کا یقین دلانے کے لیے۔اور انکی سامراجی پالیسیوں کو لاگو کرنے کے لیے۔ملک میں سرمایہ داروں جاگیر داروں کی مزید لوٹ مار اور اس کو قانونی تحفظ دینے کے لیے۔سامراج ، منڈی اور مالیاتی استحصال کے مفادات کے تحفظ اور عوام دشمنی کے لیے۔اس کے علاوہ پارلیمنٹ کا کوئی عملی کام نہیں ہے۔

پاکستان میں فوجی آمریتوں نے جہاں گہرے زخم لگائے وہاں جمہوریتوں نے ان اس پر مرہم نہیں بلکہ ان پر نمک چھڑکا۔آج پارلیمنٹری سیاست میں صدر مشرف کے مواخذے کا شور ہے لیکن عوام کے گھروں میں روٹی ، کپڑے ، مکان کی شام غریبا برپاہے۔عوام کے لیے سیاست زندگی اور موت کا مسئلہ ہے جبکہ روائتی قیادتوں اور حکمرانوں کے لیے یہ ایک عیاشی ہے اور مراعات ہیں۔جس کا تمام بوجھ بھی غریبوں کو اٹھانا پڑتا ہے۔

مسئلہ آج صدر کے مواخذے، ججوں کی بحالی، نئے صدر، فوج کی سیاست میں مداخلت، جمہوریت اور آمریت کا نہیں کیونکہ یہ سب کھیل تماشتے نظام زر جو عوام کے استحصال پر قائم ہے کو بچانے کے مہک ہتھیار ہیں جو پاکستان میں آزمائے جا چکے ہیں جبکہ حقیقی مسئلہ پاکستان کی اکثریتی عوام کے لیے زندگی کی بنیادی ضرورتیں، سماجی اور اقتصادی مسائل کا حل ہے جو موجودہ نظام اور حکمران حل کرنے سے قاصر ہیں۔یہ آج کا تمام ریاستی ڈھانچہ عوام کے مسائل نہیں بلکہ امیروں کے مزید منافعوں کے مسائل حل کرتا ہے۔ہمیں موجودہ روائتی قیادتوں ، پارٹیوں، حکمرانوں، سیاست دانوں، سامراجیوں، اور ان کے سرمایہ دارانہ نظام سے بغاوت کرنا ہوگئی اور اس زمین پر انقلاب کرنا ہوگا ایک حقیقی عوامی انقلاب۔اور تب جا کر عوام اور انسانیت کو سرمایہ دارانہ زنجیروں سے آزادی حاصل ہوگئی اور یہی حقیقی آزادی ہوگئی اور تب ہی ہم جش منائیں گئے اور پھر اس جش میں صرف پاکستان کی عوام نہیں بلکہ عالمی محنت کش عوام شامل ہوگئی۔چودہ اگست جشن کا نہیں بلکہ ایک عہد کا دن ہے کیونکہ 61اکسٹھ سال پہلے عوام سے ایک دھوکہ ہوا تھا عوام اور محنت کشوں کے نام پر انکے خون اور قربانیوں پر دولت مندوں نے اپنی لوٹ مار اور استحصال کے لیے ایک الگ علاقہ یا منڈی حاصل کی تھی۔جو ایک زندہ جسم کی بے رحیم کاٹ تھی۔

یہ پاکستان کے جاگیرداروں، سرمایہ داروں ، فوجی آفسروں، نوابوں، اور امیروں کی آزادی تھی عوام کی نہیں کیونکہ عوام تو اس آزادی میں پہلے سے بھی زیادہ پس گئے ہیں۔اور تباہ حال ہیں۔ایک بار پھر عوام کو اپنی صفوں میں اتحاد پیدا کرنا ہوگا۔لڑنا ہوگا ، برصغیر پاک وہند کے1946 انیس سو چھیالیس کے انقلاب اور پاکستان میں 1968انیس سو اٹھاسٹھ کی انقلابی روایات کو زندہ کرکے جو مقاصد تب پورے نہیں ہوئے تھے اب پورے کرنے ہوں گئے۔

برصغیر کی ایک سوشلسٹ فیڈریشن قائم کرنا ہو گی۔ان ادھورے انقلابوں کو اب پورا کرنا ہے۔اپنی آزادی کے لیے عوامی راج کے لیے۔

حلال شراب

فرینکفرٹ آنے سے قبل میں ایک لمبا عرصہ نارتھ جرمنی کے صوبے شلسس ویگ ہولسٹین کے خوبصورت درالحکومت کیل شہر میں رہا جو دینا کا نیو یارک کے بعد دوسرا شہر ہے جو سمندر کے کنارے آباد ہے اور جس کے آگے ڈنمارک شروع ہو جاتا ہے۔جہاں آج بھی بہت زیادہ پاکستانی آباد نہیں ہیں اس لیے کہ یہاں صنعت بہت کم ہے اور زیادہ ٹورازم ہے جس وجہ سے روزگار کے مواقع بھی کم ہیں اور ویسے بھی ہر چیز تو ہر جگہ نہیں ملتی۔

کیل میں میرے ایک بہت اچھے واقف چٹھہ صاحب تھے جو ابھی حیات ہیں ، نہایت با اخلاق اور اعلی سماجی کردار کے مالک ہیں۔رمضان میں ایک بار ان کی طرف جانا ہوا تو باتوں باتوں میں روزہ افطار کا وقت ہو گیا۔میں تو روز کی طرح ہی تھا ، لیکن چٹھہ صاحب جن کا گجرات سے تعلق تھا ہر بار کی طرح اس بار بھی انکے پورے روزے چل رہے تھے اور آج بھی انکا روزہ تھا۔انہوں نے روزہ افطار کیا اور کچھ کھانے سے پہلے شراب کی ایک اچھی اور مہنگی سی بوتل کھول لی۔میں نے شراب کی بوتل دیکھی تو پریشان ہو گیا اور حیرت سے ادھر ادھر دیکھا تو تمام اپنے ہی دوست بیٹھے تھے جنہوں نے کوئی نوٹس نہیں لیا اور اتنی دیر میں چٹھہ صاحب نے پیگ بنایا اور ایک چوسکی بھی لے لی میں نے حیران ہو کر کہا

جناب آج کل رمضان ہیں اور آپ کا تو روزہ بھی ہے اور آپ نے شراب سے افطار کیا۔۔۔

۔

چٹھہ صاحب مسکرائے اور کہا دانیال صاحب روزہ خدا کے لیے اور شراب اپنے لیے رب بھی راضی اور میں بھی خوش۔اور پھر مزید کہتے ہیں، کیا ہمارے صرف خدا کے لیے تمام فرائض ہی ہیں کچھ حقوق بھی تو ہونے چاہیں آخیر ہم انسان ہیں۔۔۔اتنے صاف گو سادہ اور کھلا شخص جو آج کی منافقت بھری دنیا میں یقینا بہت کم ملتے ہیں ،شاید اسی وجہ سے میری ان سے دوستی ہوگئی۔

اس رات انہوں نے ایک بات کہی جو میں بہت دیر تک سوچتا رہا۔کہتے ہیں دانیال صاحب کاش شراب بھی حلال ملنے لگے تو، کم بخت یہ جو انجان سا حرام کا خوف ہے وہ بھی ختم ہو جائے ، زندگی اور آخرت دونوں سنور جائیں تب میں نے مسکرا کر کہا کہ چٹھہ صاحب حلال چیزیں تو عام چیزوں سے بہت مہنگی ہیں ، تو پھر یقینا حلال شراب بھی مہنگی ہوگئی انہوں نے کہا جہنم میں جائیں پیسے۔پیسوں کی تو کبھی پوری نہیں پڑنی ، کم از کم دل کو تو سکون ہو گا۔مہنگی ہی لے لوں گا، ملے تو سہی۔

میں نے دل میں سوچا کہ اگر کسی کارخانے دار یا سرمایہ کار کو یہ معلوم ہوجائے کہ بے شمار مسلمان حلال شراب کی تلاش میں ہیں ، تو وہ ایسے مسلمانوں کی نہایت خوبصورت حور نما لڑکیوں کی اشتہاری بازی سے خواب تسلی کرائیں اور یقینا بڑے منافع کا یہ مواقع ہاتھ سے کبھی نہ جانے دیں کیونکہ جہاں بہت سے چیزیں حلال کے سٹیکر سے مہنگے داموں بکتی ہیں وہاں شراب بھی سہی صرف ایک حلال کی مہر ہی تو لگنی ہے۔اور ویسے بھی مسلمانوں کا ایمان اور

عقائد آج ایک حلال سٹمپ ہی تو ہے۔لیکن یہ مہر سرمایہ کاروں کے لیے بہت بڑا بزنس ہے جن پر فلحال مسلمان اور یہودی سرمایہ کاروا کی اجارا داری ہے اور اس حلال ٹریڈ مارک کی برکات سے تو بہت سے چھوٹے چھوٹے دوکاندار بڑے بڑے سرمایہ دار بن گئے ہیں۔

گوشت تو گوشت اب تو ہم ، توتھ پیسٹ ، توتھ برش ، دوھ ، دہی ، ادویات ، جوس پانی بھی حلال کے ٹریڈ مارک کے بغیر نہیں خریدتے۔ہم تو حلال کی سٹمپ پر گدھے کا گوشت بھی کھا جاتے ہیں۔

جس طرح پاکستان لاہور میں ہیرا منڈی کی تمام داشتائیں(سماج اور نظام کے ہاتھوں مجبور اور لاچار عورتیں) مکمل با پردہ کوٹھوں سے باہر آتی ہیں کچھ اسی طرح لیکن مختلف انداز میں یورپ میں اکثر مسلم خواتین نیم بر ہنہ لباس میں حلال فورڈ تلاش کرتی نظر آتی ہیں۔نیوزی لینڈ اور آسٹریلیا کے شراب خانوں میں تو سبحان اللہ حلال فوڈ ملتا ہے اور جرمنی کے ایف کے کے چکلوں میں جو آزاد جسموں کا کلچر کہلاتے ہیں جہاں مردوں کو ماسوائے ایک چھوٹا سا تولیا بندھنے کے ، کپڑے پہن کر اندر داخل ہونے کی اجازت نہیں ہے جبکہ لڑکیاں وہ بھی نہیں پہن سکتیں۔ان کے بھی زیادہ گاہک حلال فوڈ کھانے والے پکے مسلمان ہی ہیں۔

معذرت بات کہیں اور کی اور ہی نکل گئی ، ہاں تو میں چھٹہ صاحب کا یہ واقعہ اکثر اپنے قریبی دوستوں کو سنتا تھا کہ کس کس طرح مسلمانوں نے اپنا اپنا اسلام بنا رکھا ہے۔

پرسوں کا واقعہ ہے میرا ایک کولیگ جو مصری عربی ہے ایک گھنٹہ دیر سے آفس آیا جو ہمیشہ وقت پر آتا تھا میں نے اس سے پوچھا ، کیا ہوا ، خیر تھی جو آج دیر سے آئے۔

اس نے مسکرا کر جواب دیا نہیں کوئی خاص بات تو نہیں بس رات ذرہ زیادہ شراب پی تھی

اس لیے دیر سے آنکھ کھولی۔

میں نے فوار کہا تم تو کوئی روزہ اور نماز نہیں چھوڑتے پھر یہ شراب ، سمجھے میں نہیں آیا

اس نے کہا ، کیا سمجھ میں نہیں آیا

میں نے بڑے اعتماد سے کہا ، شراب اسلام میں حرام ہے اور تم پیتے ہو

اس نے بڑی حیرانگی سے میری طرف دیکھا اور کہا تم کو کس نے کہا ہے کہ شراب اسلام میں حرام ہے۔

میں نے کہا ، بچپن سے پڑھتا اور سنتا آ رہا ہوں کہ شراب حرام ہے۔

اس نے ایک قہقہ لگایا اور کہا تم کو عربی آتی ہے اور کبھی قرآن پڑھا ہے۔

میں نے شرمندہ سا ہو کر ادھا سا جواب دیا کہ عربی تو نہیں آتی

اس نے جواب دیا مجھے عربی کے علاوہ کچھ اور نہیں آتا اور اسلام میں شراب حرام نہیں ہے۔پھر اس نے الٹا مجھ پر سوال کر دیا کہ شراب کس سے بنتی ہے۔

میں نے کہا سب کو معلوم ہے شراب پھلوں سے بنتی ہے

تو اس نے پوچھا ، کیا پھل حرام ہیں

میں نے فوار کہا نہیں پھل تو جنت میں بھی ملیں گئے۔

اس نے بڑے اعتماد سے جواب دیا کہ جو چیزیں جنت میں حلال ہیں اور خدا اپنے نیک بندوں

کو اچھے اور نیک اعمال کے بدلے دے گا وہ دنیا میں بھی حلال ہیں اور وہ کیونکر حرام ہو سکتی ہیں۔خدا ملا کی طرح دوغلا نہیں ہے بڑا انصاف اور رحم کرنے والا ہے(آخیر مسلمان مرد ہوں فوار حوروں کے خواب دیکھنے شروع کر دیئے سوچا کہ جنت میں تو نوئے حوریں بھی ملیں گئی اور دنیا میں۔۔۔مزید سوچنا میں نے پسند نہیں کیا کیونکہ خوف خدا سے زیادہ خوف بیوی سے ڈر گیا، کہ کہیں بیوی کو معلوم نہ ہو جائے کہ میں کیا سوچ رکھتا ہوں)۔

میرے اس کولیگ نے مزید کہا کہ اسلام غیر منطقی نہیں ہے اور یہ ایک واضح منطق ہے کہ اگر پھل حلال ہیں تو پھر پھلوں سے تیار ہونے والی ہر چیز بھی حلال ہے وہ جوس ہو یا شراب ، جام ہو ملک شیک، اور شراب تو خالصتا پھلوں کا عرق ہے جو کبھی بھی حرام نہیں ہوسکتی اور اب تو بہت جلد دبئ اور دوسرے ممالک میں حلال شراب بھی مارکیٹ میں آ رہی ہے۔

اس نے پھر پوچھا پاکستان میں مذہبی علما آپ کو کچھ نہیں بتاتے۔

میں نے کہا یہ وہی تو بتاتے ہیں کہ شراب حرام ہے اور ہر نشہ آوار چیز بھی حرام ہے۔۔

وہ سنجیدہ ہو گیا اور کہا اچھا اسی لیے پاکستان میں شاید مذہبی انتہا پسند اور دہشت گرد زیادہ ہیں کیونکہ انہوں نے اسلام اور قرآن پڑھا ہی نہیں اور ان کو اس کی سمجھا ہی نہیں جس سے وہ اسلام اور قران کی غلط تصویر پیش کر کے لوگوں کو بھٹکا رہے ہیں اور لوگوں کو خدا سے ڈراتے ہیں۔یہ تو خدا کی توہین ہے کہ خدا کو کوئی خوفناک چیز یا جن بنا کر پیش کیا جائے اور اس سے ڈرایا جائے اور اس کے نام پر کمائی کی جائے۔اسی دوران ایک ایرانی دوست بھی جو کافی مسلمان ہے اور میرے سے اکثر مذہب پر الجھتا رہتا ہے ہمارے پاس کھڑا ہو کر ہماری باتیں سننے لگا اور پھر اس نے اس دانشوارانہ گفتگو (ہاہاہا) میں ٹانگ آڑتے ہوئے کہا اگر

نشہ حرام ہے تو پھر اسلام بھی حرام ہے کیونکہ اس میں نماز ، روزہ ، قرآن کی تلاوت ،اور اس سے رقت یا جھومنا ، غرض ہر مذہب اور اسکی عبادت ایک نشہ ہی تو ہے جو انسانوں کو انکے تمام دنیاوی تکلف دہ مسائل کو بھولا دیتا ہے۔جس کی ایک دفعہ عادت پڑے جائے تو پھر آسانی سے نہیں چھوٹتی یہ الگ بات ہے کہ اس کی بنیاد خوف خدا ہے یا لالچ جنت۔جس کو مسلمان مقدس یا پاکیزہ نشہ کہتے ہیں لیکن نشہ نشہ ہی ہے ، جب کوئی اس کے عادی ہو جاتے تو تو پھر اس کو چھوڑ نہیں سکتا جبکہ شراب کا عادی تو بے ضرر ہوتا ہے لیکن مذہبی نشے کا عادی بہت خطرناک اور زہریلا ہوتا ہے حالیہ آئی ایس،، داعش اسی کا اظہار ہے شعوری یا لاشعوری طور پر۔اس نے چند مقدس اسلامی ہستیوں کے نام لیے اور کہا کے وہ بھی پیتے تھے اور ایک ہستی کی تو زیریلی شراب سے وفات ہوئی۔اس سے آگے میں مزید کچھ لکھنا نہیں چاہتا کیونکہ ہمارے پاکستانی بھائی بہت جذباتی ہیں قتل اور کفر کا فتوا تو جیسے انکی زبان ہر ہی رہتا ہے اس لیے عزت اور جان کی امان اسی میں ہے کہ آگے بڑھا جائے۔

اس عربی اور ایرانی کولیگ کی باتوں سے مجھے جیالے مسلمان یاد آئے گئے اگر وہ ہوتے تو ان کا ناجانے کیا حال کرتے۔جواب نہ ہونے پر بھی یہ یقین محکم رکھتے ہیں کہ ایک مرد مومن ہار کیسے مان سکتا ہے وہ تو تلوار کے بغیر بھی لڑجاتا ہے جس طرح اقبال نے کہا ہے۔ میں صرف اس لیے خاموش ہو گیا کہ مجھے کم از کم یہ علم ضرور تھا کہ اس کو قران کی زبان آتی ہے اور مجھے نہیں آتی اور عقل وعلم کا تقاضہ بھی یہ ہے۔

ہم ویسے بھی عربی سے متاثر نہیں بلکہ عربی کے نیچے لگے ہوئے ہیں۔جرمنی میں آزادی اظہار رائے کے سخت قوانین کی وجہ سے اکثر مذہبی مجاہدین یہاں دانت پیس کر رہ جاتے ہیں اور پھر دل کو یہ کہہ کر تسلی دیتے ہیں کہ محبت سب کے لیے اور نفرت کسی کے لیے نہیں

ہونی چاہیے لیکن میں دل ہی دل میں سوچ رہا تھا کہ کاش یہ پاکستان ، سعودی عرب یا کسی اسلامی ملک میں ہوتے تب ان کو ملا بتاتے کہ شراب حلال ہے کہ حرام۔

نوٹس